Funk • Koenig • Koithan • Scherling

Deutsch als Fremdsprache für Jugendliche

Lehrerhandbuch A2

von
Hermann Funk
Michael Koenig
Ute Koithan
Theo Scherling

unter Mitarbeit von
Susy Keller und Maruska Mariotta

Langenscheidt

Berlin · München · Wien · Zürich · New York

Lehrerhandbuch A2 von
Hermann Funk, Michael Koenig und Ute Koithan

unter Mitarbeit von Susy Keller und Maruska Mariotta

geni@l A2, Kursbuch und Arbeitsbuch wurden erstellt von
Hermann Funk, Michael Koenig, Ute Koithan, Susy Keller,
Maruska Mariotta und Theo Scherling

Kursbuch:
Layout: Andrea Pfeifer und Theo Scherling
Illustrationen: Theo Scherling und Stephen Bennett (Die Clique)
Redaktion: Lutz Rohrmann

Lehrerhandbuch:
Satz: Franzis print & media GmbH, München
Umschlaggestaltung: Andrea Pfeifer unter Verwendung eines Fotos von Corbis, Düsseldorf
Redaktion: Carsten Schmidt, München

Autoren und Verlag danken allen Kolleginnen und Kollegen, die geni@l erprobt, begutachtet sowie mit Kritik und wertvollen Anregungen zur Entwicklung des Lehrwerks beigetragen haben.

geni@l

Deutsch als Fremdsprache für Jugendliche

A2: Materialien

Kursbuch A2	3-468-47570-5	Lernglossar Deutsch-Englisch A2	3-468-47580-2
CD zum Kursbuch	3-468-47574-8	Lernglossar Deutsch-Französisch A2	3-468-47581-0
Audiokassette zum Kursbuch	3-468-47573-X	Lernglossar Deutsch-Italienisch A2	3-468-47582-9
Arbeitsbuch A2	3-468-47571-3	Lernglossar Deutsch-Spanisch A2	3-468-47583-7
CD zum Arbeitsbuch	3-468-47576-4	Testheft A2	3-468-47578-0
Audiokassette zum Arbeitsbuch	3-468-47575-6		
Lehrerhandbuch A2	3-468-47572-1		

Symbole in geni@l A2:

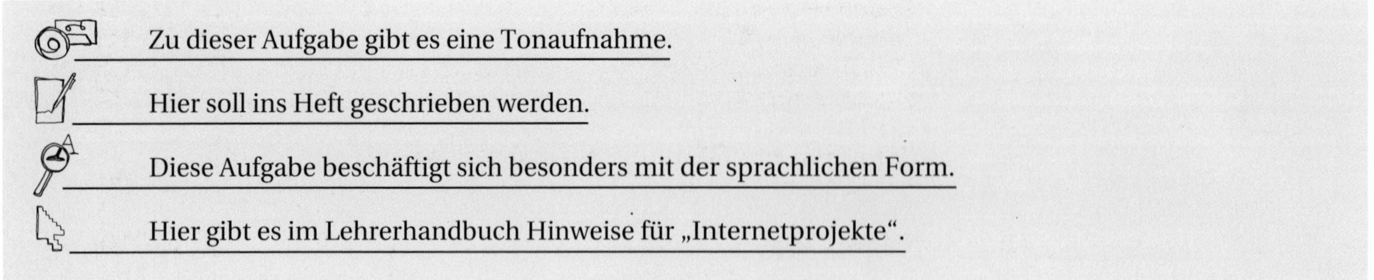

Besuchen Sie auch unsere Homepage **www.langenscheidt.de/geni@l**

Umwelthinweis: gedruckt auf chlorfrei gebleichtem Papier

Druck: Landesverlag Druckservice, Linz
Printed in Austria · ISBN 3-468-**47572**-1

1. 2. 3. 4. 5. • 08 07 06 05 04

Deutsch als Fremdsprache für Jugendliche

Lehrerhandbuch A2

Inhaltsverzeichnis

A *geni@l* auf einen Blick

Das Lehr-/Lernsystem ***geni@l A2*** baut auf ***geni@l A1*** auf. Alle Konventionen, das grafische System und die einzelnen Komponenten des Lehrangebots, die wir in diesem Vorwort beschreiben, werden vom ersten Band übernommen und führen die Progression bis zum Niveau A2 des **Europäischen Referenzrahmens für Sprachen** fort.

Frage: Kann man mit *geni@l A2* auch arbeiten, wenn man nicht mit dem ersten Band gearbeitet hat?

Problemlos, wenn die Schüler auf A1-Niveau sind, d. h. evtl. mit einem Lehrwerk gearbeitet haben, das zu diesem Niveau geführt hat.

Falls Sie sich in Bezug auf das Einstiegsniveau nicht sicher sind, gehen Sie folgende Checkliste durch:

- Überprüfen Sie die Grammatikliste von A1 in „Profile Deutsch" bzw. besorgen Sie sich den Band ***geni@l A1***. Sind die Schüler mit den dort genannten Strukturen vertraut?
- Haben die Schüler Vorkenntnisse zu folgenden Wortfeldern: „Schulsachen", „Schulfächer", „Wochentage", „Monatsnamen", „Uhrzeiten", „Jahreszeiten", „Hobbys", „Familie", „Positionsangaben", „Speisen und Getränke", „Berufe" (einige) und „Tätigkeiten"?
- Vergleichen Sie die „Kannbeschreibungen von „Profile A1" mit den Kenntnissen Ihrer Schüler.
- Falls verfügbar: Verwenden Sie ggf. in Auszügen einen für Schüler konzipierten A1-Test (z. B. „Fit für Deutsch") zur Sprachstandsdiagnose.

Hinweis:

- **Falls Sie mit einem anderen Lehrwerk gearbeitet haben bzw. Ihre Arbeit mit *geni@l A1* schon länger zurückliegt, sollten Sie die folgende Beschreibung des didaktischen Systems von *geni@l* genau lesen.**

- **Falls Sie gerade mit *geni@l A1* gearbeitet haben, sind Ihnen die folgenden Ausführungen zum Konzept bereits vertraut. Sie können dann unter dem Punkt „Progression" (S. 12) lesen, wie wir es fortgeführt haben.**

Zu den einzelnen Komponenten des Lehr-/Lernsystems *geni@l*

geni@l A2 enthält in 15 Kapiteln Texte, Übungen und Aufgaben, die **die Niveaustufe A2 des Europäischen Referenzrahmens** abdecken. Der Band A2 enthält somit Unterrichtsmaterial und -anregungen für ca. 150 Stunden Deutschunterricht. Er richtet sich an Jugendliche, die im In- und Ausland Deutsch als erste oder zweite Fremdsprache lernen. Das vorliegende Buch ist Teil eines Materialangebots, das aus folgenden Komponenten besteht:

Druckmaterial	**Medienangebot**
Kursbuch	Kursbuchkassette / CD
Arbeitsbuch	Arbeitsbuchkassette / CD
Lehrerhandbuch	
Lernglossar	Internetseite www.langenscheidt.de/geni@l
Testheft	

= optional

1 Die Druckmaterialien

Das Kursbuch

... enthält 12 Einheiten, in denen neue Themen, kommunikative Szenarien, sprachliche Handlungen, Lernstrategietipps, Wörter und Grammatik eingeführt werden. Drei Plateaueinheiten (Einheiten 5, 10, 15) sind speziell der Wiederholung und der Vertiefung gewidmet. Dort werden keine neuen sprachlichen Handlungen und Grammatikstrukturen eingeführt. Das Kursbuch ist das Ankermedium des Kurses, die Basis des Unterrichts im Kurs, es macht Vorschläge für die Organisation der Kursarbeit und zeigt den Lernfortschritt an. In einem Referenzteil enthält es eine Grammatikübersicht und eine Liste aller Wörter des Lehr-/Lernsystems.

Das Arbeitsbuch

... enthält ebenfalls 15 Einheiten. Die 12 Kapitel, die den Basiseinheiten des Kursbuches zugeordnet sind, beginnen immer mit einer Seite, die Schülerarbeiten (Lieder, Comics, Spiele, Plakate etc.) vorstellt und somit Modell- und Anregungscharakter haben will, und enden mit den Rubriken „Das kann ich schon", die aus einem Mini-Selbsttest besteht, und „Das finde ich in Einheit ...", die den Lernstoff der jeweiligen Einheit zusammenfassend wiederholt. Die drei Plateaueinheiten enthalten einen umfangreichen Selbsttest, dessen Ergebnisse in eine Lernfortschrittsgrafik eingetragen werden, zusammen mit den Resultaten der einzelnen Mini-Tests, und mit dem Lehrer diskutiert werden können.

In den ersten Einheiten sollten die Schüler in die Arbeit mit dem Arbeitsbuch nochmals eingeführt werden. Fragen Sie, wie die Schüler im Band A1 mit dem Arbeitsbuch gearbeitet haben. Erklären Sie die Komponenten und machen Sie klar, wie Sie es in die Kursarbeit einbeziehen wollen.

Das Testheft

... enthält Lernfortschrittstests sowohl zu den einzelnen Kapiteln als auch zu den Blöcken des Basisbuches (1–4, 6–9, 11–14) in einfacher, standardisierter, korrekturfreundlicher und durch die Lehrenden erweiterbarer und veränderbarer Form.

Das Lernglossar

... enthält den Wortschatz Einheit für Einheit. Daneben finden die Schüler hier Lerntipps, wie sie zum Beispiel effektiver Dialoge üben, Wörter besser behalten und Texte rascher und systematischer lesen können.

Das Lehrerhandbuch

... enthält in verkleinerter Form das gesamte Kursbuch. Die Kommentare zu den Aufgaben sind damit den Aufgaben direkt zugeordnet. Es ist im Unterricht möglich, aus einem einzigen Buch zu unterrichten. Es enthält generelle Lehrtipps und landeskundliche Zusatzinformationen. Dort, wo dies möglich ist, enthält das Handbuch Lösungsvorschläge für Übungen und Aufgaben sowie zusätzliche Arbeitsblätter als Kopiervorlagen. Am Ende finden Sie die Transkripte der Hörtexte.

2 Die Audiomaterialien (CD oder Audiokassette)

Die CD (Kassette) zum Kursbuch

... enthält Audiotexte zu jedem der Kapitel des Buches und ist im Kurs selbst unverzichtbar: Interviews, Dialoge, Ausschnitte aus Radiosendungen, Gedichte, Lieder sind integraler Bestandteil der Kapitel des Buches und der Übungen und Aufgaben.

Die CD (Kassette) zum Arbeitsbuch

... enthält weitere Audiotexte, Lieder und Übungsanregungen in gleicher Vielfalt wie die CD zum Kursbuch. Sie sollte von den Schülern vorwiegend zu Hause genutzt werden. Viele entsprechend markierte Übungen des Arbeitsbuches beziehen sich auf die Audiotexte und sind ohne CD (Kassette) nicht lösbar.

Die CD zu den Tests

... enthält die Vorlagen zum Hörteil der Tests.

3 Kann man das Video zu *geni@l A1* auch mit Band 2 verwenden?

Der Spielfilm von ca. 35 Minuten, in dem deutsche Jugendliche im Umfeld ihrer Schule und in der Freizeit vorgestellt werden, greift kommunikative Szenarien und Wortschatz aus dem Basisbuch A1 auf. Er ist deshalb auch zur Wiederholung und Festigung von Wortfeldern geeignet. Bestimmte Szenen des Videos sind auch eng verbunden mit Themen von ***geni@l A2*** und können in diesem Zusammenhang wiederholt gezeigt werden. Wir geben Ihnen in den entsprechenden Einheiten (z. B. E10) Hinweise. Darüber hinaus enthält das Video eine Vielzahl von landeskundlichen Informationen, die im ersten Band von den Lernern wahrgenommen und in der Muttersprache besprochen wurden, aber noch nicht auf Deutsch formuliert werden konnten, z. B. „eine deutsche Familie am Frühstückstisch", „eine Jugendgruppe", „das Zimmer deutscher Jugendlicher" usw. Der punktuelle Einsatz des Videos ist also auch zu empfehlen, wenn die Stufe A1 bereits erreicht ist. Die landeskundlich authentischen Bilder bieten auch hier noch über den unmittelbaren Lernstoff des Kursbuches hinaus viele Anlässe für die Kommunikation im Kurs, auch in der Muttersprache der Lernenden, und beleben damit Unterricht und Motivation. Das gilt besonders für die Wortschatzarbeit.

4 Für Lehrende und Lernende: die *geni@l*-Internetseite

Die Internetseite **www.langenscheidt.de/geni@l** enthält neben zusätzlichen Übungen **Links** zu Internetseiten, die von den Autoren geprüft wurden und in ihren Inhalten und Aufgabenvorschlägen auf das jeweilige Niveau der Lernenden abgestimmt wurden. Auf diese Weise wird Ihnen eine aufwendige Suche nach passenden Internetseiten für Sprachanfänger erspart. Die Seite wird ständig aktualisiert und erweitert. Für Hinweise sind wir Ihnen dankbar.

B Allgemeine didaktische Grundlagen und Tipps zur Arbeit mit *geni@l*

1 Landeskunde

Ein wichtiges Motivationselement für den Sprachunterricht ist ein die Lernenden inhaltlich ansprechendes Landeskundeangebot. Wir haben die Perspektive Jugendlicher beim Blick auf das Zielsprachenland auch auf dem Niveau A2 zum Auswahlkriterium landeskundlicher Inhalte gemacht. Wir versuchen, Neugier zu wecken, Bekanntes, Vertrautes und Unbekanntes zu präsentieren. Im Sinne der didaktischen Forderung nach einer „reichhaltigen Lernumwelt" bieten wir Landeskundeinhalte in Texten, mehr noch in Fotos und im Video, die der Motivation dienen und der Förderung des beiläufigen Lernens: Die Lernenden machen sich im wahrsten Sinne des Wortes ein Bild vom anderen Land, vergleichen automatisch mit eigenen, bekannten Bildern und Erfahrungen, erweitern dadurch ihre fremdkulturelle Begriffswelt und bereiten damit sprachliches Lernen vor. Unsere Landeskundekonzeption versteht sich damit auf ganz konkrete Weise als Brücke zwischen eigener und fremder Erfahrung. Im Unterricht sollte solchen Vergleichen und Beobachtungen, auch in der Muttersprache der Lerner, Raum gegeben werden.

2 Die Fertigkeiten

Jede Einheit des Lehr-/Lernsystems ***geni@l A2*** trainiert alle Fertigkeiten – in unterschiedlicher Abfolge und Gewichtung.

2.1 Hören

Die Arbeit mit Hörtexten hat drei Schwerpunkte:

- Verstehen lernen: Viele Hörtexte in ***geni@l*** müssen nicht vollständig verstanden oder gar nachgesprochen werden. Es geht oft um das Aufnehmen von einzelnen Informationen und Eindrücken, um das selektive Entnehmen fremdsprachlicher und fremdkultureller Informationen.
- Modelle für die eigene Sprachproduktion: In Dialogen und vielen Übungen werden Muster bereitgestellt, die von den Lernenden nachgesprochen und eingeübt werden sollen. Ohne Hören kein Sprechen.
- Emotionale Stützung abstrakter Lerninhalte: Durch Gedichte, Lieder und ganz allgemein durch den Klang der Sprache wird auch abstraktes, z. B. grammatisches Lernen gefördert. Klang, Rhythmus und Tonfolgen sind emotionale Erinnerungshilfen und sollten bewusst dort eingesetzt werden, wo Abstraktion gefordert ist. Die „phonologische Schleife" unseres Gedächtnisses unterstützt zudem die Automatisierung von Grammatik.

2.2 Lesen

Im Alltag wie im Fremdsprachenunterricht unterscheiden wir zwei Formen des Lesens: Lesen zum Spaß und Lesen zur Informationsaufnahme. Für beides finden Sie in ***geni@l*** ein reichhaltiges Textangebot. Dabei gehen wir davon aus, dass die Lernenden mit der Zeit die drei Ebenen des Verstehens selbständig unterscheiden lernen:

- global: Es geht nur um eine allgemeine Einschätzung des Textes und seiner wichtigsten Aussage.
- selektiv: Es geht nur um das Verstehen bestimmter Informationen des Textes.
- detailliert: Es geht um das Verstehen aller Einzelheiten.

2.3 Sprechen

Ein Fremdsprachenunterricht, in dem man die fremde Sprache nicht sprechen lernt, ist wenig motivierend. Auch wenn die Dialogarbeit nicht in jeder Einheit im Zentrum steht: Die Gelegenheit, die fremde Sprache zu sprechen, in Partnerarbeit, einzeln und in der Gruppe, ist unverzichtbarer Bestandteil jeder Unterrichtsstunde. Wir orientieren uns dabei an dem **Europäischen Referenzrahmen A2** und den dortigen Kategorien und Vorgaben für diesen Bereich („kann vertraute Dinge und Personen beschreiben, kann von persönlichen Erfahrungen und eigenen Aktivitäten berichten, kann mit einfachen Mitteln beschreiben, wie man etwas macht" etc.). Das Sprechen ist untrennbar mit dem Hören verbunden. Hören und Sprechen sind ein „interaktives Duo". Nur wer einen fremden Laut richtig hört, kann ihn reproduzieren.

Unverzichtbarer Bestandteil des Unterrichts ist ein bewusstes Training von **Aussprache und Intonation**. ***geni@l*** ist ein internationales Lehrwerksystem. Aussprache und Intonation werden aber im Kontrast zur Ausgangssprache erworben. Diesbezügliche Übungen im Lehrwerk können nur Anregungen sein, Probleme aufzugreifen und die richtige Aussprache von Anfang an zu trainieren. In ***geni@l*** beschränken wir uns auf diejenigen Lernprobleme, die die Lernenden im Falle der meisten Ausgangssprachen haben. Ein umfassendes Angebot von Aussprache- und Intonationsübungen ist in diesem Rahmen nicht möglich. Die Übungen können und müssen also, je nach Ausgangssprache, ergänzt werden.

2.4 Schreiben

Zu vier Formen des Schreibens regen wir in ***geni@l*** an:

- Schreiben, um etwas mitzuteilen (z. B. Postkarten)
- Schreiben, um Informationen zu sichern (z. B. Notizzettel)
- Schreiben als Ausdruck der eigenen Persönlichkeit (Ich-Texte im Sinne des Portfolio-Ansatzes, z. B. Tagebuch)
- Schreiben, um etwas zu lernen: das schriftliche Üben von Wortschatz und Grammatik

Schreiben verlangsamt und konkretisiert gedankliche Abläufe. Es ist daher sowohl unverzichtbare Lernhilfe als auch ein wertvolles Mittel zum Ausdruck der eigenen Persönlichkeit. Gerade das Schreiben in der neuen Sprache kann durch seinen Verfremdungseffekt die Lernenden ermutigen, ihre Gefühle und Gedanken mitzuteilen. Auch auf der Grundstufe. Wir weisen Sie an entsprechender Stelle in ***geni@l*** auf diese Möglichkeiten und zusätzliche Ideen aus der neueren Fachliteratur zu diesem Aspekt des Lernens hin.

3 „Lernen lernen" – zur Arbeit mit Lernstrategien und Lerntipps in *geni@l*

Lerntipps und das Training von Lernstrategien gehören zu allen Kapiteln von ***geni@l***. In diesem Unterrichtshandbuch erhalten Sie ebenfalls Hinweise zur Bewusstmachung von Strategien. Die jeweiligen Schwerpunkte können Sie dem Inhaltsverzeichnis auf den Seiten 16/17 entnehmen. Die Lernenden erhalten darüber hinaus praktische Tipps im Lernglossar. Unsere Erfahrung ist: Lerntipps in der Muttersprache präsentiert, erreichen die Lerner am ehesten und werden so tatsächlich von ihnen ausprobiert.

Zu jedem Kapitel gehört eine Vielzahl methodisch-didaktischer Überlegungen und Tipps, die wir zum Teil aus Ausbildungs- und Weiterbildungsseminaren, zum Teil aus der eigenen Praxis, zum Teil aus der Fachliteratur beziehen und an Sie weitergeben. Wir haben sie in die Kommentare zu den Kapiteln integriert, um sie praxisnah und anschaulich beschreiben zu können.

Lehrerrolle/Lernerrolle: Wie können Lehrende und Lehrmaterialien den Lerner auf seinem Weg zu einer aktiveren Rolle unterstützen?
Zwei Grundprinzipien:

- Prinzip 1: Lehrende und Lernende denken über die eigene Rolle im Unterricht nach.
- Prinzip 2: Zuweisung aktiverer Rollen und Freiräume, z. B. durch Beteiligung von Lernenden an der Produktion von Materialien.

Prinzip 1: Nachdenken über die eigene Rolle

Lerner sind in der Regel an passive, reproduktive Rollen gewöhnt. Das Bild des Schwamms drängt sich auf. Wissen wird präsentiert, aufgenommen und dann in ritualisierten Formen (Abfragen/Testen) wiedergegeben. Das Reflektieren über die eigene Person, über die eigene Rolle im und Einstellung zum Lernprozess fehlt. Allerdings: Auch Jugendliche können und sollen über ihre Rolle im Lernprozess reflektieren. Wir unterstützen diesen Prozess in Lehrwerkkapiteln, Arbeitsbuch und Lernglossar. Beispielfrage: Wie war meine Beteiligung in der Stunde? (Sehr gut / gut / gering / gar nicht.) Neben Fragebögen, die zur Reflexion anleiten oder Lerngewohnheiten bzw. Lernstrategien bewusst machen, unterstützen besonders auch der Austausch von Erfahrungen und die Diskussion in der Lerngruppe die Fähigkeit, über den eigenen Unterricht kritisch nachzudenken. Die Gelegenheit zum Erfahrungsaustausch mit Kolleginnen und Kollegen fehlt oft auch Lehrenden. Lehrerrolle und Lernerrolle sind komplementär. Die eine ist nicht ohne die andere denkbar oder veränderbar. Durch viele Aufgabenvorgaben in ***geni@l*** und Vorschläge in diesem Unterrichtshandbuch unterstützen wir das Nachdenken über und das Verändern von Lehrer- und Lernerrollen.

Prinzip 2: Zuweisung aktiverer Rollen und Freiräume (z. B. durch Beteiligung der Lernenden an der Produktion von Materialien)

Das Nachdenken über die eigene Rolle reicht allerdings nicht aus, wenn der Unterricht oder das Lehrwerk keine andere als die traditionelle Rolle des „Konsumenten" vorsieht, wie dies sehr oft der Fall ist. Wir versuchen daher, die Lerner, wo immer möglich, vom Konsumenten zum Produzenten von Unterrichtsmaterial zu machen: Lernkarten, Lernplakate, Partnerübungen, bei denen Sätze ausgetauscht werden, unterstützen diesen Prozess.
Ihr eigenes Nachdenken darüber, welche Rollen jeweils in Lehrwerken für die Lerner angelegt sind, kann dabei helfen.

a) Die Rolle ist „nicht definiert"

Das heißt, vom Lerner wird keine zielgerichtete Aktivität erwartet.
Z. B.: Aufforderungen wie „Hört zu", „Lest den Text" usw. sollten in Lehrwerk und Unterricht vermieden werden.

b) Reagieren

Vom Lerner wird erwartet, dass er sich, mit einer begrenzten Sprache, durch das Lehrwerk gesteuert, ausdrückt.
Z. B.: gelenktes Schreiben. Satzmuster und Wörter werden vorgegeben, der Lerner ergänzt. Vorgaben dieser Art sind ein wichtiger Bestandteil eines progressional gestuften Lehrwerkangebots.

c) Initiative ergreifen

Der Lerner soll sich hier nach eigenem Interesse und mit seinen selbst definierten sprachlichen Mitteln ausdrücken, ohne eine allzu spezifische Vorgabe.
Z. B.: freie Diskussion mit hohem Anteil von Lernersprache und Lernerinitiative. Produktion eines Plakats im Unterricht. Vorgaben dieser Art können im Lehrwerk angelegt werden.

Auf der Grundlage dieser Überlegungen haben wir in ***geni@l*** öfters Unterrichtssequenzen angelegt, in denen Lernende eigenes Material einbringen.

4 Zur Rolle der Grammatik in *geni@l*

Allgemein

Mit der Grammatikplanung für ***geni@l*** berücksichtigen wir Erkenntnisse der Zweitsprachenerwerbsforschung und der didaktischen Forschung der letzten zehn Jahre. Für die Auswahl der zu thematisierenden und zu übenden Grammatikstrukturen legen wir die Liste der **Profile DaF** und die „Kannbeschreibungen" des **Europäischen Referenzrahmens** des Europarats zugrunde. Der erste Band von ***geni@l*** orientiert sich an der Stufe A1 des Referenzrahmens, der zweite deckt die Stufe A2 ab.

Die Unterscheidung von Lernen und Erwerben

Lernen bedeutet bewusstes und gesteuertes Aufnehmen von Strukturen und Abstraktion. Lernen geschieht durch die Konzentration auf die Sprache, auf die Grammatik und als bewusstes Lernen von Wörtern. Erwerben bedeutet die Integration dieser Erkenntnisse in das automatische sprachliche Handeln. So sind es vor allem die Versuche, eigene Gedanken auszudrücken, die den Erwerb fremder Strukturen ermöglichen. Fremdsprachenunterricht konzentriert sich aber in der Regel auf das Lernen. In dem Moment, in dem eine Struktur gelernt und getestet ist, wendet man sich neuen Lernproblemen zu. Die Anwendung gelernter Strukturen und Wörter, und damit der Rahmen für den Erwerbsprozess, kommt in der Schule oft zu kurz.

Grammatische Progression

Grundprinzipien

→ Vom Leichten zum Komplizierteren	(Komplexität einer Struktur / Lehrbarkeit)
→ Vom Häufigen zum Selteneren	(Frequenz einer Struktur / Häufigkeit)
→ Von Strukturen mit hoher Leistungsbreite zu Strukturen mit geringer Leistungsbreite	(Transferpotenzial einer Struktur / Brauchbarkeit)
→ Von plausiblen, bekannten Kontexten zu neuen Inhalten	(Lernerbezug/Vorwissen)
→ Pragmatische Aufteilung grammatischen Lernpensums	(Portionierung)
→ Hinweise auf universalgrammatische Lernreihenfolgen	(Lernbarkeit)

Darüber hinaus haben wir wie in A1 darauf geachtet, dass Erkenntnisse aus der Erwerbsforschung, die die Reihenfolge der Einführung von Strukturen betreffen – etwa aus dem Genfer DIGS-Projekt –, in der didaktischen Konzeption des Lehrwerks berücksichtigt wurden. Das betraf in A1 vor allem die Fragen der Reihenfolge und der Bewusstmachung. In A2 betrifft es die didaktische Form der Präsentation der Grammatik.

Die Notwendigkeit von bedeutungsvollen Inhalten als Ausgangspunkt von sprachfokussierten grammatischen Lernprozessen

Wir können davon ausgehen, dass ausschließlich solche sprachlichen „Daten" bei den Lernenden als Grundlage des Erwerbs und der Automatisierung von Strukturen genutzt werden, die auch von ihnen inhaltlich als interessant und motivierend eingeschätzt werden. Grammatikarbeit ohne ansprechende Inhalte ist im Wortsinne „sinnlos".

Die Notwendigkeit von inhaltlich sinnvoller Anwendung von Sprachstrukturen

Die Integration neuer sprachlicher Formen in die eigene Sprachproduktion erfolgt nur dann, wenn sie die Lerner unmittelbar zu persönlich als sinnvoll empfundenen Aussagen nutzen. Die Tendenz, sich stattdessen bei knapper Unterrichtszeit ständig auf neue Wörter und Strukturen zu konzentrieren und dem Lösen eines Lernproblems gleich die Arbeit am nächsten folgen zu lassen, führt praktisch zum Vergessen des eben Gelernten. Die Anwendung, das Flüssigkeitstraining und damit die Chance der Integration von neuem Wissen in sprachliches Handeln – das Erwerben des Gelernten – kommt oft zu kurz. Für den Unterricht folgt daraus:

Die Notwendigkeit von Übungen und Aufgaben zur fremdsprachlichen Flüssigkeit als Voraussetzung für den Erwerb grammatischer Strukturen:

Übungen zur flüssigen und spielerischen Anwendung von erlernten Sprachmustern und Wörtern. Diese Übungen finden ihren Platz auch **vor** dem Erarbeiten der Struktur.

Prinzipien der Grammatikarbeit im Unterricht

- Die Verbindung von grammatischen Strukturen mit pragmatisch schlüssigen und inhaltlich motivierenden Themen. Prinzip: Inhalt zuerst, „form follows function".
- Anschauliche visuelle Verstehenshilfen bei der Präsentation.
- Die Nachrangigkeit des grammatischen Lernens vor dem inhaltlichen (Wortschatz, Landeskunde, Dialoge); Grammatik in dienender Funktion.
- Das Aufteilen grammatischer Strukturen in lernbare und funktional begründbare Teileinheiten: Lernbarkeit vor Vollständigkeit.
- Keine isolierten Übungen zur grammatischen Form, stattdessen inhaltliche Übungen unter fokussierter Verwendung grammatischer Strukturen.

Aus den beschriebenen Überlegungen ergibt sich ein Vorschlag für die Aufteilung des „Kuchens Unterricht" nach dem folgenden Modell:

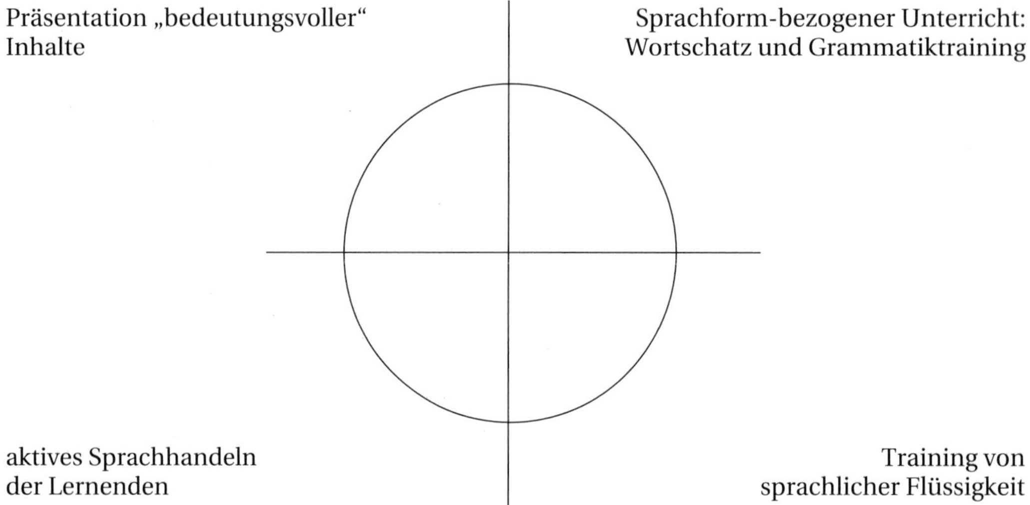

Im Lehrwerk beanspruchen dabei die Präsentation von Inhalten und die Anlage einer entdeckenden Grammatikarbeit naturgemäß einen breiteren Raum als im Unterricht insgesamt. Aktives Sprachhandeln und ein auf die konkrete Lerngruppe abgestimmtes Flüssigkeitstraining müssen im Kurs das Angebot des Lehrwerks ergänzen.

Präsentation

Für die Präsentation gilt: Wir geben den Lernenden Hilfen zum eigenständigen Entdecken der grammatischen Regelmäßigkeiten und verzichten daher in der Regel auf vorgefertigte Grammatiktabellen im Lehrbuch. Die Referenztabellen finden die Lernenden bei Bedarf im Anhang, der wie ein Nachschlagewerk gebraucht werden sollte. Dort sind die Grammatiktabellen zu jedem der drei Blöcke des Lehrwerks übersichtlich zusammengestellt. Lerntipps, klärende Tabellen und Visualisierung mit sparsamer, aber einprägsamer Farbgebung ergänzen das gestufte Angebot an induktiven Lernwegen mit „deduktiven" Elementen, mit Lernhilfen.

Progression

Grundsätzliche Überlegungen zur Progression wurden oben dargestellt. Mit dem zweiten Band wird die Progression von A1 in gleicher Form fortgeführt. Die folgenden drei Beispiele, die Einführung der Tempora, der Präpositionen und des Dativs, zeigen die pragmatisch-thematische Schwerpunktsetzung unserer Grammatikarbeit und den Zusammenhang zwischen den Bänden A1 und A2.

Beispiel Tempora:
A1: Präsentation von „haben" und „sein" (E11)
A2: Perfekt → E3; Präteritum der Modalverben → E4; Präteritum insgesamt → E11

Beispiel Präpositionen:
A1: → E11: Ortsangaben („Wo?") mit „in", „an", „auf", „bei", „vor", „neben", „hinter" + Dativ (funktionsorientiert)

A2: → E2: Richtungsangaben („Wohin?") mit „in", „über", „durch" + Akkusativ, „zu" + Dativ (funktionsorientiert)
Wechselpräpositionen und Dativpräpositionen systematisch (formorientiert; teilw. Wiederholung)
→ E13: Präpositionen mit Zeitangaben

Beim Beispiel „Präpositionen" wie auch beim folgenden Dativ-Beispiel werden zwei weitere Progressionsprinzipien von ***geni@l*** deutlich:

- Gleichmäßige Verteilung von Lernschwierigkeiten auf kleinere Lerneinheiten schaffen automatische Anlässe für Wiederholungen und Ergänzungen.
- Funktionale und Themen-zentrierte Grammatikarbeit statt Formorientierung von Anfang an („form follows function").

Beispiel Dativ:
Der Schweizer DIGS-Studie konnten wir entnehmen, dass auch fortgeschrittene Schüler den Dativ am liebsten vermeiden oder ihn fehlerhaft benutzen. Wir haben daraus den Schluss gezogen, dass in diesem Fall eine besonders sorgfältige Aufteilung und Wiederholung über die Bände A1 und A2 nötig ist.

A 1:	Erster Fokus auf Ortsangaben (Räume in der Schule): „Wo ist ...?"	→ E12
	Verwendung der Präposition „mit" + Dativ ohne expliziten Form-Fokus	→ E13
A2:	Personalpronomen im Dativ komplett, wichtige „Dativ-Verben"	→ E1
	Präposition „zu" + Dativ (Thema: Richtung, Orientierung)	→ E2
	Wiederholung: „Wo?" → Präposition + Dativ (Ü13)	
	Durchgängige Verwendung ohne expliziten Form-Fokus (Ü2–4, 6, 13)	→ E3
	Possessivartikel im Dativ	→ E8
	Wechselpräpositionen	→ E12
	Gesamtwiederholung	

Angesichts der vielfältigen Anwendungsfelder des Dativs in grundlegenden Bereichen der Alltagskommunikation, die sich auch in den „Kannbeschreibungen" von „Profile Deutsch" auf den Niveaus A1 und A2 wieder finden („Orientierung"/Präpositionen, „Geschenke" usw.), geht es uns um eine Funktions- und Themen-orientierte Einführung mit wiederholten Übungsmöglichkeiten. Der Aspekt der Korrektheit wird erst gegen Ende des A2-Niveaus verstärkt betont (siehe oben).

Training von sprachlicher Flüssigkeit

Grundprinzipien des Flüssigkeitstrainings sind:

- hoher „Umsatz" an Sprache: Die Lernenden sprechen viel.
- Sie verwenden Sprachstrukturen inhaltsbezogen, ohne besonders auf formale Korrektheit zu achten (keine **bewusste** Anwendung von Grammatikregeln).
- Die Übungen werden schnell durchgeführt („ein Wort gibt das andere").
- Es gibt auch bei Fehlern keine formalen Korrekturen (ggf. nach der Übung).
- Die Lernenden üben gemeinsam (Partnerarbeit u. a.).

Beispiele in ***geni@l A2***: → E7, Ü7–9, Ü12 u. v. a.

Aktives Sprachhandeln der Lernenden

... bedeutet, dass die Lernenden „sinnvolle" Aussagen machen, z. B. über sich selbst, über andere Kursteilnehmer, eigene Erfahrungen und Wünsche. Das heißt, dass sie nicht einfach Übungssätze aus dem Buch wiedergeben. Das ist eine wichtige Voraussetzung für den Erwerb neuer Strukturen und Wörter und für die Integration des gelernten Sprachmaterials in aktives eigenes sprachliches Handeln.
Beispiele in ***geni@l A2***: → E7, Ü14 und Ü16 u. v. a.

5 Zur Rolle der multimedialen Lernkomponenten in *geni@l*

Allgemein

Lernen am Computer kann potenziell alle Aspekte des Lernens unterstützen: alle Fertigkeiten (Hören, Lesen, Sprechen, Schreiben), die Landeskunde, die Grammatik und das Lernen selbst. Die Grenzen sind meistens durch die technischen und praktischen Möglichkeiten der Schulen gezogen. Idealerweise können die Lernenden individuell das Tempo und den Weg ihres Lernprozesses („route & rate") an ihrem eigenen Arbeitsplatz bestimmen. Wir wollen hier nur wenige Aspekte hervorheben:

Eine Vielzahl von **E-Mail**-Projekten zwischen Schulen und Schülern sind inzwischen dokumentiert. Sie alle haben gemeinsam: Die Grenzen des Unterrichtsraums wurden überwunden, direkte Kontakte zu Muttersprachlern und anderen Lernenden wurden hergestellt. Kommunikation wurde nicht simuliert, sondern realisiert, trug damit ganz offensichtlich zur Motivation der Lernenden bei und regte ihre produktiven Fähigkeiten im Umgang mit der fremden Sprache an. ***geni@l A2*** gibt Anregungen. Die Internetseite bietet Kontaktmöglichkeiten.

Landeskunde: Manche landeskundlichen Lehrwerksinhalte sind in dem Moment veraltet, in dem sie erscheinen. Lehrwerklandeskunde ist „tiefgefroren". Das Internet liefert landeskundliche „Frischware" – allerdings ohne jegliche Qualitätskontrolle und ohne Garantie auf Haltbarkeit und Verdaulichkeit, um im Bild zu bleiben. Durch unsere Internetseite, auf der wir ein Angebot bereitstellen, das auf die Fähigkeit der Lernenden jeweils auf dem Niveau eines bestimmten Kapitels abgestimmt ist, ersparen wir Ihnen langes und aufwendiges Suchen im Internet und liefern zudem noch kontrollierte, genau auf die Lehrwerkprogression abgestimmte Tipps für den Unterricht.

Die Autoren und der Verlag wünschen Ihnen gute Arbeit und viel Erfolg beim Unterricht mit ***geni@l***!

Im Lehrerhandbuch verwendete Abkürzungen:
KB = Kursbuch ***geni@l***
AB = Arbeitsbuch ***geni@l***
LHB = Lehrerhandbuch ***geni@l***
S. = Schüler/Schülerin(nen)

geni@l
Deutsch als Fremdsprache für Jugendliche

Herzlich willkommen zu Band 2!
Schön, dass ihr wieder da seid! Weiter viel Spaß!

	Themen	Kommunikation	Textsorten
1	Freundschaft Neu in der Klasse	Über Freunde sprechen Menschen mit Adjektiven beschreiben Vorschläge zu Problemlösungen machen Informationen weitergeben Meinungen äußern	Leserbrief · Jugendzeitschrift · Dialog
2	Klassenfahrt nach Wien I	Sich in einer Stadt orientieren Nach dem Weg fragen Wege beschreiben Rollenspiel: Touristen in meiner Stadt	Tagebuch · Stadtpläne
3	Klassenfahrt nach Wien II	Über Erlebnisse berichten Sagen, was man gemacht hat Vermutungen äußern	Postkarten · Tagebuch · Fotoroman · Gedicht
4	Medien: Vor- und Nachteile Früher und heute	Über Vor- und Nachteile diskutieren Zustimmen – ablehnen – begründen Vergleichen Über Vergangenheit berichten Entschuldigungen	Zeitungsnotizen · Interview
5	Perfekt wiederholen: Wochenende, Pantomime in der Klasse, mit Sprache spielen · Minidialoge: *Gehört das Fahrrad dir?* · Ein Liebesbrief · Freunde: Eine Geschichte · Orientierung in der Stadt Aussprache: Varianten zu einem Dialog · Wortakzent/Satzakzent Lernen mit System: Strategien zum Hörverstehen · Die Lernziehharmonika		
6	Sport und Rekorde · Bundesjugendspiele · Körperteile · Krankheiten · Entschuldigungen	Über Sport sprechen Aktivitäten begründen Aktivitäten vergleichen Entschuldigungen und Gründe nennen	Ein Sporttest · Interview · Dialoge · Entschuldigungen
7	Kleidung Modenschau	Über Mode sprechen Sagen, wie man etwas findet Kleidung beschreiben	Collage · Interview · Eine Geschichte
8	Landeskunde: Essen und Trinken in Deutschland Essen und Sprache	Über eigene Essgewohnheiten sprechen und schreiben Vorlieben äußern Idiomatische Sprache gebrauchen	Lied: Geschmackssache · Zeitungsnotiz: Jugend und Essen · Ein Witz · Redewendungen
9	Eine Partygeschichte Gute und schlechte Laune Konflikte	Eine Bildgeschichte beschreiben Über Gefühle sprechen Widersprechen – sich entschuldigen	Tagebuch · Lied · Psychotest · Dialoge
10	Mode selbst machen · Mein Top-Star · *Was ist in/out?* · Lesetext: Einen Kilometer Bratwurst bitte! Wem bringt Conny was mit? · Sportarten · Tipps fürs Leben · Ein Rezept: Arme Ritter Aussprache: Vokale mit Gedichten üben Lernen mit System: Szenen spielen und variieren		
11	Ein Krimi: Einstein und die falsche Fährte	Vermutungen äußern und Gründe nennen, indem man sich auf Informationen aus einem Text bezieht	Eine Kriminalgeschichte · Radiomeldung · Zeitungsnachricht
12	Wohnen Das eigene Zimmer Probleme mit den Nachbarn	Das eigene Zimmer beschreiben Sagen, wo sich etwas befindet Anweisungen geben Einen Beschwerdebrief schreiben	Landeskundetext: Wohnen in Deutschland · Fotos · Informationstexte · Ein Spiel: Diamantensuche
13	Taschengeld Tipps für mehr Taschengeld	Meinungen zu einem Thema sammeln und äußern Preise vergleichen Tipps und Ratschläge zum Geldverdienen Gründe und Konsequenzen nennen	Eine Geschichte: Die SMS-Katastrophe · Collage · Statistik · Interview
14	Typisch deutsch? Interkulturelle Missverständnisse	Allgemeine Aussagen über Länder und Nationen machen Dialogarbeit: indirekte Fragesätze Über das Wetter sprechen	D-A-CH-Quiz · Aussagen von Austauschschülern · Collage · Interviews · Ein Lied
15	Eine Stadt – meine Stadt: Ein Gedicht · Einen Brief schreiben · Relativsätze wiederholen · Fehler finden und korrigieren Aussprache: Einen Dialog sprechen und spielen · Ein Spiel zur Aussprache; Lernen mit System: Selbstevaluation zu den Themen von geni@l A2 · Spiel: Eine Rallye durch das Buch · Landeskunde: Weihnachten und Ostern		

Wortschatz	Grammatik	Lernen lernen
Eigenschaften von guten Freunden Adjektive in Gegensatzpaaren	Personalpronomen im Dativ Verben mit Dativ Nebensätze mit *dass* Adjektive prädikativ	Ein Lernplakat machen Adjektive in Gegensatzpaaren lernen Arbeit mit Lernkarten Hörstrategien Kommunikationstipps
Orte und Wege in einer Stadt	Präpositionen mit Akkusativ und Dativ	Wortschatz systematisch ordnen (Vokabelstadtplan) Übungen selbst machen Ein Rollenspiel vorbereiten
Aktivitäten in einer Stadt	Perfekt mit regelmäßigen und unregelmäßigen Verben	Eine Grammatikregel selbst finden (S-O-S) Eine Geschichte mit Stichwörtern erzählen
Wortfeld Medien	Adjektive – Komparation: *groß – größer, größer als, so groß wie* Präteritum der Modalverben: *Ich wollte, konnte, durfte …*	Ein Lernplakat machen Lesestrategien trainieren Lernkarten schreiben
Wortfeld Sport Wortfeld Körperteile	Adjektive – Superlativ: *am schnellsten, der Schnellste* Nebensätze mit *weil* (Gründe) Gegensätze mit *aber*	Beim Hören Notizen machen Wörter mit Musik lernen Lernplakat: Körperteile Eine Regel entdecken
Wortfeld Kleidung/Mode Adjektive	Adjektive vor den Nomen (Nominativ/Akkusativ): *ein roter Schal / einen roten Schal*	Mit einer Grammatiktabelle arbeiten
Wortfeld Essen/Lebensmittel Redewendungen mit Lebensmitteln	Possessivartikel im Dativ: *Wie geht es deiner Schwester?*	Eine Grammatiktabelle selbst machen Gedächtnishilfe: Präpositionen mit Dativ Lesestrategien und Notizen machen Arbeit mit dem Wörterbuch
Wortfeld Gefühle (gute/schlechte Laune)	Nebensätze mit *wenn – dann* Modalverb *sollen* Wiederholung: Imperativ	Eine Regel selbst finden Dialoge entwickeln Neue Wörter erschließen
Verben im Präteritum	Präteritum von regelmäßigen und unregelmäßigen Verben	Lesestrategien trainieren · Eine Regel finden (S-O-S) · Lernkarten schreiben · Verbformen mit Rhythmus lernen
Wortfeld Möbel Wortfeld Wohnen	Präpositionen mit Akkusativ und Dativ (Wechselpräpositionen) Relativsätze (N/A): *Der Film, den ich gestern gesehen habe, war langweilig.*	Wortschatz ordnen Mit Stichwörtern arbeiten Eine Regel finden Übungen selbst machen
Wortfeld Geld/Konsumartikel	Gründe/Konsequenzen: *weil* und *deshalb* Fragewörter: *Wofür?* und *Für wen?* Präpositionen mit Zeitangaben	Satzmuster vergleichen Hypothesen überprüfen
	Indefinita: *viele, manche* etc. · Indirekte Fragesätze mit W-Wörtern: *Weißt du, wo …? Ich weiß nicht, warum …* · *es* (*Es regnet.*)	Strategien zum Hörverstehen Über kulturelle Unterschiede nachdenken Ein Projekt vorbereiten

Einheit 1

Allgemeines:
Thema der Einheit sind Aspekte von freundschaftlichen Beziehungen zwischen Jugendlichen. Die S. beschäftigen sich mit Freundschaften, erhalten Redemittel und Strukturen, um ihre Freunde zu beschreiben, und setzen sich mit Ratschlägen für das Gewinnen von Freunden auseinander. Eine typische Situation – „Neu in der Klasse" – bietet Anlass zur Diskussion sozialen Verhaltens. Adjektive (prädikativ), die Personalpronomen, Verben mit Dativ und die dass-Sätze sind grammatische Schwerpunkte der Einheit.

1 Die S. sollen die Texte a–d lesen und den Fotos 1–4 zuordnen.
Variante: Lesen Sie einen Text langsam und deutlich als Beispiel vor und die S. benennen das passende Foto. Danach lesen die S. die Texte vor (einfühlend und mit richtiger Intonation).
Lösung: 1d, 2c, 3b, 4a

2 Die S. ordnen die Aussagen den Texten zu.
Lösung: 1. = Foto 1; 2. = Foto 4; 3. = Foto 2; 4. = Foto 3

3 Die S. sollen die Aussagen in den Texten auf ihre eigene Situation beziehen. An dieser Stelle können noch keine komplexen Äußerungen erwartet werden. Es würde ausreichen, wenn die S. sich auf ein Foto oder einen Text beziehen und ähnliche Strukturen verwenden.

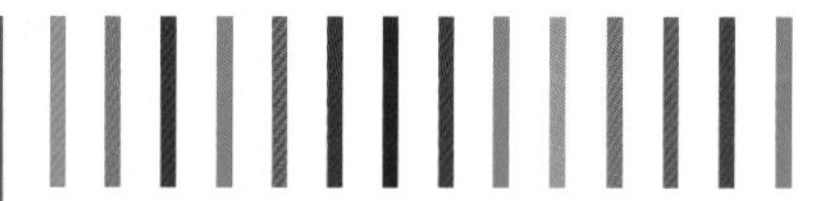

Freundschaft

Die beste Freundin von Vera ist Nilgün. Leider gehen sie nicht in dieselbe Klasse, aber in der Freizeit sind sie immer zusammen. Am liebsten unterhalten sie sich über das Thema „Jungen".

b

Frank, Kolja und Dirk sind „dicke Freunde". Sie machen alles zusammen. Frank sagt: „Auf Kolja und Dirk kann ich mich immer verlassen. Ich vertraue ihnen 100 Prozent! Nächstes Jahr machen wir eine Radtour nach Polen."

„Mein bester Freund heißt Rudi. Er ist lustig, ehrlich und sehr intelligent. Ich kann ihm alles erzählen. Er hilft mir immer. Wir machen Sport zusammen und wir helfen uns bei den Hausaufgaben. Wir haben viel Spaß."

d

Der beste Freund für Nina ist Mister Allister. Sie sieht ihn jeden Tag. Sie gibt ihm Futter, sie erzählt ihm alles und er hört ihr immer zu. Sie lieben beide die Natur.

1 **Texte und Bilder – Was passt zusammen? Lest und ordnet zu.**

2 **Zu jedem Text passt eine Aussage. Ordne sie zu.**

1. Tiere verstehen mich manchmal besser als Menschen.
2. Jungen sind oft blöd!
3. Mit ihm ist es oft sehr lustig.
4. Wir machen sogar zusammen Ferien.

3 **Welches Foto, welcher Text passt zu dir?**

Meine beste Freundin heißt ...

6 sechs

1

4 Wie muss ein guter Freund / eine gute Freundin sein?

a Lest die Adjektive und macht ein Plakat: Deutsch – eure Sprache.

treu – lieb – intelligent – stark – lustig – zuverlässig – mutig – ehrlich – offen – hilfsbereit – sportlich – aufmerksam – interessant ...

b Adjektive in Gegensatzpaaren lernen – Was passt zu den Adjektiven in 4a?

feige – unzuverlässig – dumm – böse – schwach – langweilig – unehrlich – untreu – traurig ...

5 Einen Freund / Eine Freundin beschreiben

Welche Eigenschaften passen?

Mein Freund ist ...

6 Leserbrief 1 – Habt ihr einen Tipp für Anna?

Ich habe keine Freunde

Seit 4 Monaten wohnen wir jetzt in Hannover. Die Stadt gefällt mir aber nicht. In Jena hatte ich viele Freunde. Aber jetzt bin ich ganz allein. In der Klasse spricht niemand mit mir. Niemand ruft mich an, keiner lädt mich ein. Ich bin gut in der Schule, aber die Lehrer mögen mich auch nicht. Was kann ich nur tun?

Anna, 13

Dipl.-Psych. Dr. Leman Schulze

Das Problem von Anna haben bestimmt auch andere Schüler. Aber man kann ihr helfen. Auf Seite 8 findet ihr „Tipps und Tricks für neue Freunde".

Kein Problem, Anna. Komm zu uns! Mit uns macht das Leben Spaß! Bei uns ist immer was los!

sieben 7

4

a) Welche Adjektive können die S. aufgrund ihrer Muttersprache (oder z. B. auch vom Englischen her) schon verstehen („intelligent", „offen", „sportlich", „interessant")? Die Zeichnung rechts soll eine Anregung für die Erstellung eines zweisprachigen Lernplakats sein, das von den S. natürlich auch etwas ansprechender gestaltet werden kann.

b) Lassen Sie die S. Paare „entdecken" und helfen Sie bei den Problemfällen. Der korrekte Gegensatz kann im Deutschen leider nicht immer mit „un-" gebildet werden (auch wenn so das Gemeinte dann meistens dennoch verständlich wird). Weisen Sie auf den Lerntipp mit Kärtchen hin.

Lösung: feige – mutig, unzuverlässig – zuverlässig, dumm – intelligent, böse – lieb, schwach – stark, langweilig – interessant, unehrlich – ehrlich, untreu – treu, traurig – lustig

5 Die S. sollen die Adjektive nun bei der Beschreibung ihrer Freunde benutzen. Helfen Sie ihnen beim Ergänzen noch unbekannter Adjektive oder verweisen Sie auf das Wörterbuch.

6 Wir haben hier eine kleine Sequenz angelegt, die sich mit den Problemen einer neuen Schülerin, Anna, beschäftigt. Lassen Sie die S. den kurzen Leserbrief lesen und Vorschläge für Anna entwickeln, z. B.: „Du kannst in den Sportklub gehen", etc. Die „sozial eingestellte" Clique meldet sich hier auch zu Wort. Das Foto rechts stellt eine „typische" Psychologin dar, wie man sie oft in Jugendzeitschriften findet. Auf der nächsten Seite finden sich dann auch entsprechende Ratschläge.

7 Die Tipps und Tricks sind in verschiedene Kategorien eingeteilt. Dabei sind weniger die Überschriften wichtig als eher die direkten Aussagen, die von den S. richtig ausgesprochen und behalten werden sollten, da sie diese immer wieder im Alltag verwenden können. Besonders die Kategorie 6, „Nett zu Lehrern sein", könnte den S. auch in einem ironischen Sinn gefallen. Sie können hier mit der Kopiervorlage 1 arbeiten und mit der Folie und den Kopien die Markierungen für Satzintonation und Wortakzent mit den S. erarbeiten.

8 Hier stehen positive Aussagen zur Gewinnung von Sympathien im Mittelpunkt und sollten von den S. möglichst „authentisch" reproduziert werden. Vielleicht gibt es ja aktuelle Anlässe in der Klasse, auf die die Aussagen zutreffen. Helfen Sie den S. bei der Aussprache. Beim Vorsprechen dürfen Sie und die S. ruhig ein wenig übertreiben. Gute oder kreative S. können aus den Aussagen kurze Minidialoge erstellen, indem sie jeweils positiv oder negativ (nicht alle reagieren immer positiv auf Komplimente) antworten, wie im Beispiel angedeutet.

9

a) In den bisherigen Texten und Dialogen kommen zahlreiche Verben und Personalpronomen mit Dativ vor, die die S. bisher unbewusst verwendet haben. Hier ist der Ort für die Systematisierung: Sammeln Sie zunächst an der Tafel die bekannten Personalpronomen im Nominativ und Akkusativ und lassen Sie sie dann von den S. im Dativ ergänzen. Vielleicht erinnern sich einige an die Beispiele aus den Texten. Wenn nicht, so finden die S. die Lösung unter **b)**, allerdings ungeordnet.

7 **Lest die Tipps – Was findet ihr gut oder nicht so gut?**

Tipps und Tricks für neue Freunde

1 Hilfen geben – um Hilfe bitten
Eine Schülerin hat Probleme mit den Hausaufgaben.
- Kann ich dir helfen?
- Ist alles o.k.?

Selbst um Hilfe bitten.
- Kannst du mir helfen?
- Ich habe ein Problem.
- Kannst du mir das erklären?

2 An andere denken
Kennst du die Geburtstage von deinen Klassenkameradinnen?
- Heute hast du doch Geburtstag, oder? Herzlichen Glückwunsch!
- Gefällt dir der Kuli? Ich schenk ihn dir. Ich hab zwei davon.

Gute Wünsche finden alle gut.
- Viel Glück beim Mathetest!
- Alles Gute!

3 Komplimente machen
Ein Mitschüler hat etwas Neues.
- Die Jeans steht dir gut!
- Das T-Shirt sieht gut aus. Ist das neu?
- Dein Füller ist echt cool.

(Tipp: Ein Lächeln hilft immer!)

4 Kreativ sein
Einen Mitschüler mit einem „Trick" einladen.
- Ich habe noch eine Karte für das Rockkonzert am Samstag. Meine Freundin ist krank. Hast du Lust? Kommst du mit?

5 Andere einladen
- Ich mache am Samstag eine Party. Habt ihr Lust? Zeit?

6 Nett zu Lehrern sein – Interesse zeigen
- Wie geht es Ihnen?
- Waren Sie beim Frisör?
- Schönes Auto, Herr Schmidt!

8 **Komplimente/Vorschläge / gute Wünsche**

a Lest die Aussagen. Welche passen zu welchem Tipp in Aufgabe 7?

b Schreibt Antworten wie im Beispiel.

1. Deine Frisur gefällt mir! (+) … (–) …
2. Eine Zwei in Mathe? Toll! (+) … (–) …
3. Ich habe die Lösung. Es ist ganz einfach, willst du mal sehen? (+) … (–) …
4. Meine Familie fährt morgen nach Jena. Kommst du mit? (+) … (–) …
5. Super Discman! War der teuer? (+) … (–) …
6. Viel Glück beim Zahnarzt! (+) … (–) …
7. Willst du meine Tafel Schokolade? Ich mache gerade eine Diät. (+) … (–) …
8. Ist der Pullover neu? Der sieht echt gut aus. (+) … (–) …

1. (+) Danke, ich war gestern beim Frisör. / (–) Die hab ich schon immer.

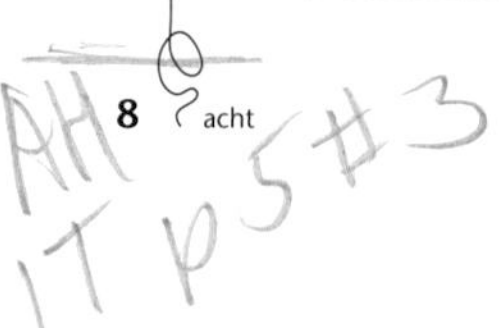

8 acht

Personalpronomen und Verben mit Dativ

9 **Nominativ – Akkusativ – Dativ**

a **Nominativ und Akkusativ – Sammelt an der Tafel.**

Nominativ	Akkusativ	Dativ
ich	mich	…
du	…	

b **Dativ – Ergänzt die Liste an der Tafel. Die Texte in den Aufgaben 1–8 helfen.**

mir – ihm – dir – ihnen – euch – ihr – uns – Ihnen

10 **Verben mit Dativ**
Sucht vier Beispiele auf Seite 6–8.

Er hilft mir immer.
helfen

Wie geht's dir?
Es geht.

Lerntipp

Lerne die Verben mit Dativ. Schreibe Lernkarten.

Die Pizza schmeckt [?] nicht.

mir

11 **Sätze mit Dativ – Ergänzt die Personalpronomen.**

1. Ich habe eine Eins in Mathe, aber mein Vater glaubt … nicht.
2. Peter mag Anna. Er schreibt … jeden Tag einen Brief. Aber Anna antwortet … nie.
3. Gefällt … unsere Musik? Wir sind die Clique und spielen hier jeden Samstag.
4. Eure Musik gefällt … gut. Wir kommen wieder!
5. ● Hallo, Herr Schmidt, kann ich … helfen? ○ Ja, danke, ich suche meine Tasche.
6. Lieber Otto, danke für die E-Mail, ich antworte … morgen.
7. Ich schenke … den Comic. Den musst du unbedingt lesen.

12 **Fragen und Antworten – Schreibt Minidialoge und spielt sie vor.**

1. Wie gefällt …? 2. Schmeckt …? 3. Gehört …? 4. Wie geht …? 5. Könnt …? 6. Schreibst …? 7. Hilfst … 8. …

Wie gefällt dir Herr Schmidt?

Der ist o.k. Das ist unser bester Lehrer.

neun 9

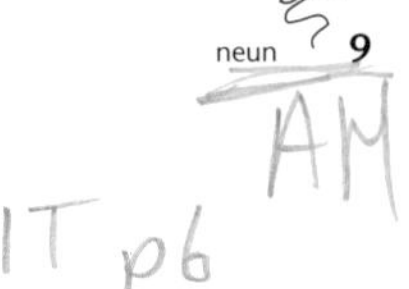

10 Die Zahl der Verben, die immer den Dativ verlangen, ist begrenzt. Die meisten tauchen in den behandelten Texten auf und die S. sollten sie dort auch suchen. Teilen Sie am besten die Klasse schnell in zwei Gruppen. Gruppe A sucht auf Seite 6, Gruppe B auf Seite 8. Schreiben Sie einige kurze Beispiele mit Ovalen um die Verben an die Tafel und verweisen Sie auf den Lerntipp mit den Kärtchen. Am besten, Sie entwickeln mit den S. zusammen einige Beispiele für die Beschriftung der Kärtchen. Hilfreich kann dabei das Angeben des ersten Buchstabens für das Personalpronomen sein, z. B.: „Wie schmeckt d… die Pizza?", „Die Frisur steht I… wirklich gut!", etc.
Beispiele: helfen, vertrauen, gefallen, stehen (steht mir gut), schmecken, gehören, schenken

11 Gesteuerte Einsetzübung zu den Personalpronomen. Tipp: Sie können die Übung zunächst mit der ganzen Klasse (Bücher geschlossen) folgendermaßen machen: Lesen Sie z. B. den ersten Satz vor und füllen Sie die Lücke mit einem „Mmh", also: „Ich habe eine Eins in Mathe, aber mein Vater glaubt – mmh – nicht." Fragen Sie dann, was in die Lücke kommen könnte. Spielen Sie alle Sätze so durch und lassen Sie dann die S. in Ruhe die Lücken zu den Aussagen im Buch ins Heft schreiben. Sollte dies zu schwer sein, dann können Sie diese Variante auch **nach** der schriftlichen Bearbeitung durchspielen.
Lösung: 1. mir 2. ihr, ihm 3. dir/euch 4. uns 5. Ihnen 6. dir 7. dir

12 „Offenere" Übung. Die S. können nun freiere Minidialoge schreiben und vorspielen. Hinweis: Wenn die Personalpronomen richtig verwendet werden, sollten Sie bei möglichen anderen Fehlern großzügig sein, da die S. hier ja kreativ mit der Sprache umgehen.

13 Die S. hören und lesen in **13** und **14** ein längeres Gespräch auf dem Schulhof. Thema ist die „neue", etwas unbeliebte Schülerin Anna. Lassen Sie die S. kurz das Foto beschreiben und fragen Sie: „Worüber reden die drei Mädchen?" Lesen Sie dann mit den S. die Arbeitsanweisung in **13** und spielen Sie den Hörtext ganz vor. Lassen Sie die S. danach die Fragen aus **13a** beantworten.
Lösung: Die drei Schülerinnen mögen Anna nicht sehr.

b) Schreiben Sie die Ziffern 1–6 untereinander an die Tafel, die S. sollen das auch in ihr Heft übertragen. Lassen Sie nun jeweils die Aussagen a) und b) vorlesen. Die S. können nun schon Hypothesen aufgrund dessen bilden, was sie behalten haben. Spielen Sie jetzt den Text abschnittsweise (je nach Leistungsstand der S.) vor. Die S. kreuzen im Heft a) oder b) an.
Lösung: 1a, 2b, 3b, 4b, 5a, 6a

14 Teilen Sie die S. in Dreiergruppen auf und lassen Sie das Gespräch einige Minuten „üben". Klären Sie dabei Wortschatzfragen etc. Weisen Sie die S. auf die „authentische" Aussprache hin. Es geht nicht darum, dass die Dialoge nur einfach monoton abgelesen werden! Lassen Sie danach zwei, drei Gruppen vorspielen. Tipp: Sie können auch die Kopiervorlage 2 verwenden, eine Folie ziehen und darauf markieren, was betont wird, wo die Stimme sich hebt etc.

Neu in der Klasse

13 **Gespräch über Anna – Hört zu. Gibt es das auch bei euch?**

a Express: Sind Sandra, Chrissi und Petra Freundinnen von Anna?

b Schnüffel: Lest die Sätze 1–6 und hört den Text in Abschnitten. Was kommt im Dialog vor: a) oder b)?

1. a) Anna passt nicht zu den anderen. — b) Anna passt zu den anderen.
2. a) Anna erzählt viel. — b) Anna erzählt nicht viel.
3. a) Annas alte Schule war nicht so gut. — b) Annas alte Schule war besser.
4. a) Anna hat schöne Klamotten. — b) Anna hat schreckliche Klamotten.
5. a) Anna ist gut in der Schule. — b) Anna ist nicht gut in der Schule.
6. a) Anna ist nicht hilfsbereit. — b) Anna hilft immer.

14 **Auf dem Schulhof – Lest den Text und spielt die Szene.**

Sandra, Chrissi und Petra unterhalten sich auf dem Schulhof.

Sandra: Hey. Wie findet ihr die Neue?
Chrissi: Anna? Ich weiß nicht. Die ist komisch.
Petra: Genau. Ich finde, die passt nicht zu uns.
Sandra: Frau Johnen sagt, dass sie aus Jena kommt.
Petra: Ist mir doch egal. Sie erzählt uns nichts. Sitzt immer nur da und beobachtet uns.
Chrissi: Findet ihr sie nicht auch arrogant?
Petra: Genau! Zu mir hat sie gesagt, dass ihre alte Schule viel besser war und dass sie da viel mehr Freunde hatte.
Chrissi: Und die Klamotten!
Sandra: Aber sie ist ziemlich gut in der Schule, überall Einsen und Zweien.
Petra: Streberin.
Sandra Ich glaube, sie findet uns blöd.
Chrissi: Wir sind wohl nicht gut genug für sie, oder was?
Petra: Also ich finde, dass sie ziemlich blöd ist.
Sandra: Stimmt. Sie gibt uns nie ihre Hausaufgaben und sie hilft uns nie.
Petra: Streberin! Sag ich doch!
Sandra: Achtung, da kommt sie.
Alle: Hallo, Annaaaa, wie geeeeht's?

10 zehn

1

Nebensätze mit *dass*

15 Im Gespräch über Anna findet ihr viele *dass*-Sätze. Wie heißt die Regel?

In Nebensätzen mit *dass* steht das Verb am … vom Satz.

16 Informationen weitergeben – Wer sagt was über Anna? Schreibt Aussagen wie im Beispiel. Markiert das Verb.

- Sie erzählt nichts.
- Sie hilft uns nie.
- Sie passt nicht zu uns.
- Sie ist gut in der Schule.
- Sie ist komisch/blöd/arrogant.
- Sie kommt!

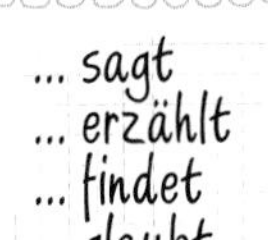

, dass … .
Sandra sagt, dass Anna nie hilft.

17 Eine Meinung äußern – Und was meint ihr zu dem Problem?

Ich glaube, dass alles besser wird.

Ich glaube, dass das normal ist.

Ich finde …

18 Berichten – Was hat er gesagt?

Anna !

Was sagt er?

Er sagt, dass er Anna mag.

19 Leserbrief 2 – Was war der gute Tipp? Diskutiert in der Klasse.

Liebe Christine,
danke für deinen Tipp. Ich glaube, es funktioniert. Es geht mir jetzt viel besser und ich habe sogar einen Freund, Peter. Nur die anderen Mädchen sind noch ein Problem, aber in der nächsten Woche probiere ich auch die anderen Tipps aus.

20 Mein Freund Rudi – Hört zu. Vergleicht mit der Zeichnung und beschreibt Rudi.

3

elf 11

15 Systematisierung der dass-Sätze aus dem Gespräch auf dem Schulhof. Die S. müssten eigentlich durch die intensive Beschäftigung mit dem Text für die Struktur sensibilisiert sein, sodass sie schnell erkennen sollten, welche Regel die Stellung des Verbs im dass-Satz bestimmt.
Lösung: In Nebensätzen mit „dass" steht das Verb am Ende vom Satz.

16 Hier werden die Äußerungen der drei Schülerinnen mit einleitenden Verben und dem dass-Satz in Verbindung gebracht. Schreiben Sie zunächst ein Beispiel an die Tafel und betonen Sie das Komma durch eine Pause sowie das „dass" und markieren Sie die Endstellung des Verbs, wie im Beispiel. Lassen Sie dann die Übung mit dem Text lösen. Dabei sollten die S. beim Vorlesen jeweils ein anderes einleitendes Verb („meint", „sagt", „findet" etc.) verwenden.

17 Die S. äußern sich hier zum Konflikt mit Anna und sagen ihre Meinung. Achten Sie auch hier auf die Varianten.

18 In der lustigen Darstellung soll deutlich werden, dass man die Struktur mit „dass" auch vor allem dann verwenden kann, wenn etwas nicht ganz klar ist oder man etwas nicht genau verstanden hat. Weitere Beispiele hierzu auf Kopiervorlage 3. Bei kreativen Klassen bietet es sich an, dass sie kleine Zeichnungen an die Tafel (auf Folien) machen und die anderen raten, was gesagt („gemeint" etc.) wird.

19 „Happy End" für Anna. Die S. lesen das Dankesschreiben an die Psychologin aus **6** und diskutieren, welchen Tipp Anna wohl beherzigt hat.

20 Abschluss und Abrundung des Themas „Freunde". Lassen Sie den Anfang des Telefongesprächs hören. Rudi wird hier in den höchsten Tönen als Freund gelobt, die Zeichnung sagt aber etwas anderes. Die S. sollen die „Realität" beschreiben, z. B.: „Er sitzt den ganzen Tag herum und sieht fern, er hilft gar nicht, er …"

Einheit 2

Allgemeines:
Die Einheiten 2 und 3 stehen in einem inhaltlichen Zusammenhang. Sie schildern die Fahrt einer Jugendgruppe nach Wien, ihre touristischen Aktivitäten in der Stadt, einen kleinen Zwischenfall und ein kleines „Eifersuchtsdrama". Die Geschichte wird jeweils in den blauen Kästen fortgesetzt. Während in Einheit 2 der Schwerpunkt auf Tourismus und Orientierung in Wien liegt, geht es in Einheit 3 dann um das Berichten über die Erlebnisse.

In Einheit 2 wird ein landeskundlicher Schwerpunkt (Wien) mit einem pragmatischen (Orientierung / nach dem Weg fragen) und einem dazugehörigen grammatischen Fokusthema (Präpositionen in Antworten auf die Frage „Wohin?") verbunden.

Vorschlag: Orientieren Sie sich vor Beginn der Arbeit mit dem Kapitel auf der aktuellen Internetseite der Stadt Wien. Gibt es Seiten/Informationen, die von den S. sprachlich verarbeitbar wären?

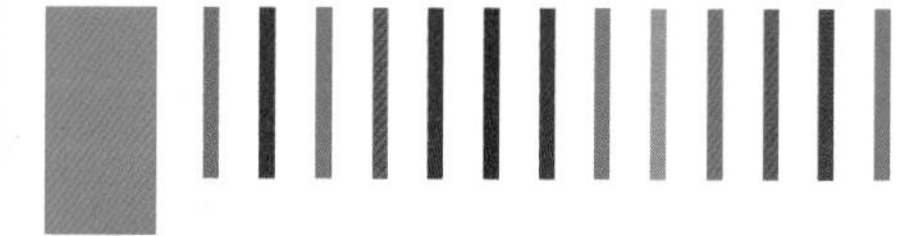

Die Reise nach Wien – Wiener Impressionen

Die Jugendabteilung des „TV Göttingen" will in den Herbstferien eine Gruppenfahrt machen. Fünf Tage Ende September. Die Jugendlichen diskutieren über das Ziel. Sie sammeln Prospekte und informieren sich im Internet. Wohin können sie fahren? Nach Rügen an die Ostsee? Nach Österreich in die Berge? Oder in eine Stadt, nach Wien? Am Ende möchten die meisten nach Wien. Sie wollen mit dem Zug fahren.

Sabrinas Tagebuch (1)

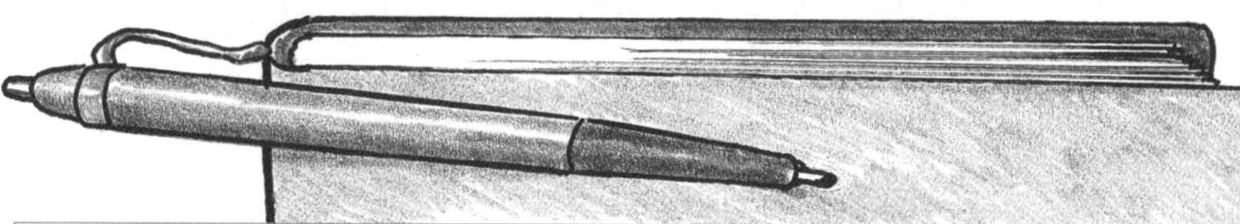

25.–26. September

Um halb zwölf geht es endlich los. Wir waren alle pünktlich um elf am Bahnhof. Herr Marquart, der Gruppenleiter, hat unsere Personalausweise kontrolliert. Stefans Ausweis war weg! Nach zehn Minuten findet er ihn unten im Koffer zwischen seinen Strümpfen. Stefan ist echt nett, aber Voll-Chaot!! Die Zugfahrt war super. Eine Party!!! Niemand hat gepennt, nur Herr Marquart. Um 9 Uhr morgens waren wir in Wien. Alle waren fix und fertig. Nur Herr Marquart nicht!!! Nachmittags haben wir einen Spaziergang gemacht. Die Donau ist nicht weit vom Jugendgästehaus. Über die Brücke auf die Donauinsel.

Mareike geht mit Stefan natürlich ganz nah ans Wasser. Da kommt plötzlich eine Welle. Mareike springt zurück, aber Stefans Schuhe und Strümpfe sind total nass. Mareike lacht, aber Stefan ärgert sich: „Mist! Das ist saukalt. Ich muss ins Gästehaus." Wir gehen zusammen zurück. Er ist so süß! Leider mag er mich nicht. Er mag Mareike. Schade!

12 zwölf

Das Programm

25. 9.		15.00	frei
23.25	Abfahrt Göttingen, Nachtexpress nach Wien-Westbahnhof	18.00	Treffen am Rathaus
26. 9.	**1. Tag**	**28. 9.**	**3. Tag**
8.55	Ankunft in Wien Fahrt zum Jugendgästehaus Brigittenau Friedrich-Engels-Platz 24.	9.00	Museen: Kunsthistorisches Museum oder Naturhistorisches Museum
		12.00	Bummeln im Zentrum
nachmittags:	Ausruhen, Spaziergang an der Donau	nachmittags:	Prater und Riesenrad
		29. 9.	**4. Tag**
abends:	Informationen über Wien	vormittags:	Hofburg, Stadtbummel: Kärntnerstraße, Graben
27. 9.	**2. Tag**		
9.00	Stadtrundfahrt (Abfahrt: Staatsoper): Ringstraße, Hofburg, Donau	nachmittags:	frei (Einkaufen)
		19.10	Westbahnhof: Rückreise

1 Stimmt das oder nicht?

a Lest die Aussagen 1–5.

1. Die Reise beginnt am 26. September um 10 Uhr.
2. Vom Jugendgästehaus ist man schnell an der Donau.
3. Stefan findet seinen Ausweis im Koffer.
4. Die Zugfahrt war langweilig.
5. Man kann in der Donau nicht schwimmen. Das Wasser ist zu kalt.

b Hört die Aussagen 6–10. Sehr

6 S N

2 Lest das Programm und seht die Fotos an. Was findet ihr auf dem Stadtplan?

dreizehn 13

6 Stimmt nicht
7 Nein
8. Nein
9. Ja
10. Ja

2

1 Geben Sie den S. zwei Minuten Zeit, einen Überblick über die Seite zu gewinnen. Sie sollen so viele Informationen wie möglich sammeln. Lassen Sie dann die Bücher schließen. Frage: „Worum geht es in diesem Kapitel?"

a) Lesen Sie dann gemeinsam den Kasten auf S. 12 unten und lassen Sie die S. in Partnerarbeit die ersten fünf Aussagen prüfen.

Lösung: Richtig: 2, 3, 5

b) Lassen Sie die S. zunächst das Programm kurz lesen. S. bedienen den CD-Player, stoppen nach jeder Aussage und überprüfen sie am Text.

Lösung: Richtig: 7, 9, 10

2 Arbeit mit dem Stadtplan von Wien. Kopieren Sie den Stadtplan (Kopiervorlage 4) auf eine Folie. Dann können Sie jeweils markieren, was die S. im Kurs gefunden haben.

Lösung: Zu finden auf S. 13: Ringstraße (Dr.-K.-Renner- und Dr.-K.-Lueger-Ring), Hofburg, Rathaus, Naturhistorisches Museum. Auf dem Plan vom Zentrum (Kopiervorlage) zusätzlich: Staatsoper, Kunsthistorisches Museum, Kärntnerstraße, Graben.

3 Übung zur Aussprachesensibilisierung und zum Training der Vokabeln des Wortfeldes „Stadt“. Sie können die Liste hier schon mit Vokabeln erweitern lassen, die den S. in diesem Zusammenhang wichtig erscheinen.

4 Legen Sie die Folie mit dem Stadtplan nochmals auf und zeichnen Sie einen Punkt in den Plan am Michaelerplatz, während die S. die Geschichte im blauen Kasten auf S. 14 weiterverfolgen. Überleitung zum Dialog: „Wie kommt man zum Rathaus?“

Den Dialog hören und auf der Karte (Folie) den Weg mit einem Stift verfolgen. Das Burgtheater ist in der Karte nicht bezeichnet. Fragen Sie die S., ob sie es finden können (gegenüber vom Rathaus, auf der anderen Seite des Parks). Anschließend den Dialog mit verteilten Rollen lesen lassen.

5 Den Dialog nur mit der Karte (S. 13 oder Folie) ohne Textvorlage üben und die Geschichte anschließend weiterlesen lassen.

Orientierung in der Stadt

3 **Wortakzent – Schreibt die Wörter, hört zu und markiert die Vokale: kurz • oder lang – .**

der Platz – die Straße – die Gasse – der Ring –
der Weg – der Dom – die Kirche – die Akademie –
das Museum – das Theater – die Universität

4 **Lest den Text und hört den Dialog. Sucht den Weg auf dem Stadtplan.**

Am dritten Tag macht die Gruppe die Stadtrundfahrt. Sie fahren zum Rathaus und zur Hofburg und sie gehen in den Stephansdom. Der Nachmittag ist frei. Mareike findet in einer Konditorei „Mozartkugeln“. Sie geht hinein und kauft zwei Packungen. Eine ist für Stefan. Hm, sind die süß! Ach du Schreck! Es ist schon zehn vor sechs. Um sechs müssen alle am Rathaus sein. Aber wo ist das Rathaus?

- ● Entschuldigung, können Sie mir helfen? Wie komme ich zum Rathaus?
- ○ Tut mir Leid, keine Ahnung, ich bin auch Tourist.
  …
- ▶ Du gehst am besten hier über den Michaelerplatz und gleich rechts in die Herrengasse. Dann geradeaus bis zur Bankgasse, das ist die dritte Straße links. Dann gehst du immer geradeaus, am Burgtheater vorbei und durch den Rathauspark.
  Dann siehst du das Rathaus.
- ● Danke, also zuerst geradeaus und dann die dritte Straße rechts … äh …
- ▶ Nein, die erste rechts, dann geradeaus, dann links …
- ● Vielen Dank!

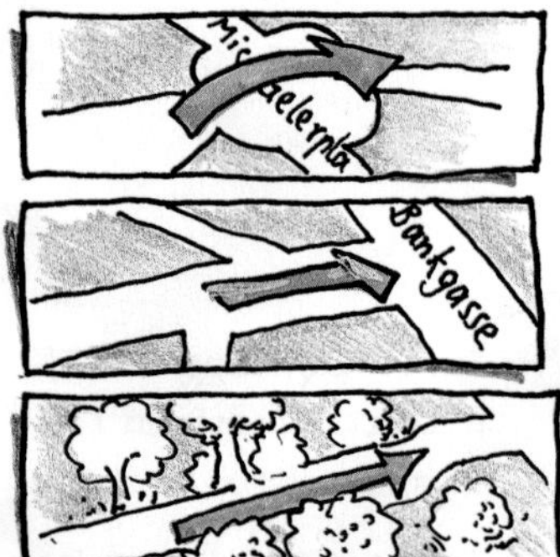

5 **Übt den Dialog. Lest dann die Geschichte weiter.**

Um 20 vor sieben ist Mareike am Rathaus. Die Gruppe wartet seit 40 Minuten. Alle sind sauer. „Tut mir Leid, Leute“, entschuldigt sich Mareike. „Ist schon gut“, sagt Herr Marquart. Sie gehen dann zusammen zur Haltestelle und fahren zurück. Mareike geht neben Stefan und schenkt ihm die Mozartkugeln. Aber Stefan mag sie nicht. „Igitt!“, sagt er „Die sind mir zu süß“!

14 vierzehn

6 **Lernplakat: Orientierung – Sammelt wichtige Wörter. Macht einen „Vokabelstadtplan".**

über die Brücke / den Fluss – zum Bahnhof / am Bahnhof– an der Kreuzung / über die Kreuzung – durch den Park / im Park – über den Platz / auf dem Platz

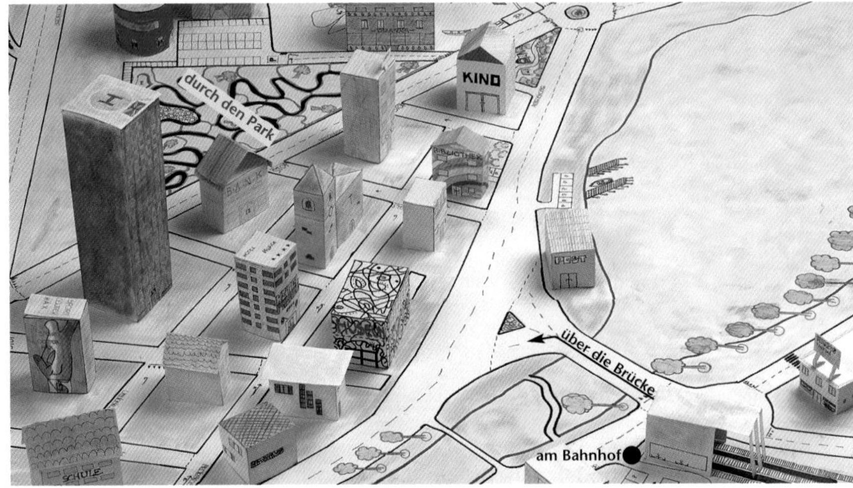

Stadtplan: Klasse 9a, Scuola Media Bedigliora, Lugano, Tessin

7 **Ich suche die Beethovenstraße – Welche Wegbeschreibung passt nicht?**

1

„Gehen Sie zuerst geradeaus an der Kirche vorbei bis zur Ampel, an der Ampel rechts und dann geradeaus. Die zweite links ist die Beethovenstraße."

2

„An der zweiten Kreuzung rechts, dann geradeaus über den Platz, und dann die zweite Straße rechts. Das ist die Beethovenstraße."

3

„Geh zuerst hier geradeaus, an der zweiten Kreuzung rechts, dann geradeaus über den Platz und danach die erste Straße links."

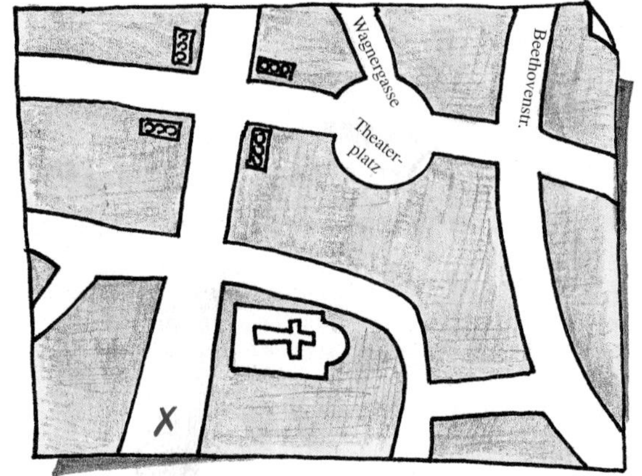
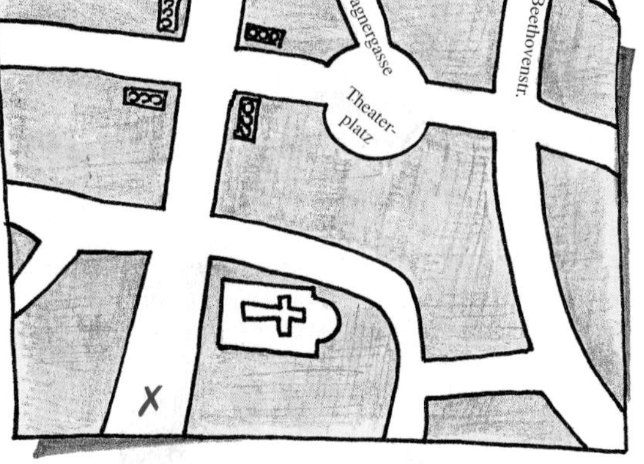

8 **Zwei Wegbeschreibungen – Hört zu. Welche passt zum Plan in Aufgabe 7?**

9 **Wege beschreiben in der Klasse – Macht Skizzen wie in 7 für eine andere Gruppe. Die Gruppe spielt den Dialog.**

6 Die Schüler aus Lugano haben in einem Projekt eine Stadt gebastelt und auf diese Weise die Vokabeln und die Orientierung geübt. Zu den Orten wurden die Präpositionen eingetragen, die im Zusammenhang mit den Orientierungsdialogen benutzt wurden. Auf diese Weise wurde deren Automatisierung vorbereitet.
Vorschlag: Lassen Sie in Gruppen nach diesem Modell oder unter Verwendung eines Plans der eigenen Stadt einen Vokabelstadtplan zeichnen. Hierbei können nahezu alle Wörter berücksichtigt werden, die man sich so merken will. Hängen Sie die Ergebnisse im Kurs aus und lassen Sie sie einige Zeit hängen. Auf diese Weise prägen sich Vokabeln und Präpositionen ein.

7/8 Fokus auf Präpositionen und Richtungsangaben durch Kombination von Skizze, Text und Hörtext. Die S. lesen die Beschreibungen und lösen die Aufgabe in Partnerarbeit.
Vorschlag: Die S. können Wegbeschreibungen anhand von Stadtplänen aus dem Internet geben, siehe z. B.: http://www.stadtplandienst.de oder http://www.falk.de
Lösung 7: Nr. 2 passt nicht.
Lösung 8: Nr. 2 passt.

9 Diese Übung mit einem Plan der eigenen oder einer anderen deutschen Stadt durchführen lassen. Eine Gruppe schreibt eine Skizze für die nächste Gruppe, die dann damit den Dialog trainiert.

10 Nachdem in den Dialogen nun schon vielfach die Verwendung der Präpositionen mit dem Akkusativ geübt und automatisiert worden ist, wird der Fokus nun auf die korrekten Formen gerichtet. Die Ordnung der Präpositionen ist funktional, da hier nur solche bei Richtungsangaben auf die Frage „Wohin?“ zusammengefasst werden. Daher gehört auch die Präposition „zu“ + Dativ in diese Einheit. Wir gehen davon aus, dass diese Einteilung eher zu einem fehlerfreien flüssigen Gebrauch verhilft als eine nach Kasuskategorien (Akkusativ-/Dativ-/Wechselpräpositionen), die somit nicht vorgenommen werden sollte. (Siehe auch Teil B, Punkt 4 im Vorwort zu diesem LHB.)

Lassen Sie die S. die Tabelle in ihr Heft übertragen und ergänzen Sie sie mit ihnen gemeinsam auf der Folie oder an der Tafel. Nach Möglichkeit auch als Plakat gestalten und aufhängen lassen.

11 Verstehenskontrolle.
Lösung: 1. zum 2. Zum 3. durch 4. über 5. über 6. zur 7. In 8. an 9. über 10. zum 11. in

12 Übung zum korrekten schriftlichen Gebrauch der Präpositionen.
Vorschlag: Jeder S. schreibt einen kurzen Text mit Wegbeschreibungen für die eigene Stadt und baut hierbei einen Fehler ein, den die anderen finden müssen.
Lösung: über den Marktplatz, bis zum Bahnhof, an den Rhein, durch die Stadt zur Oma

13 Training zum Zusammenhang zwischen Verb und Präposition als Voraussetzung für die Automatisierung. Partnerarbeit. Es gibt jeweils mehrere Lösungsmöglichkeiten.

Wohin?

10 Verben und Präpositionen – Vergleicht die Beispiele. Ergänzt die Tabelle.

		gehen	fahren	laufen	***Wohin? + Akkusativ***
der Prater	Stefan	geht			in den Prater.
das Kino					ins Kino.
die Kirche					in die Kirche.
der Marktplatz	Der Bus	fährt			über ...
die Brücke		...			über ...
der Park		...			durch ...
das Dorf		...			
die Altstadt					
der Rhein	Familie Schröder	fährt			an den Rhein.
das Meer		...			
die Nordsee		...			

⚠ Zu und an ... vorbei immer mit Dativ.

Mareike geht/fährt/läuft zum Bahnhof/Rathaus / zur Kirche.
Mareike geht/fährt/läuft am Bahnhof/Rathaus / an der Kirche vorbei.

11 Dialoge – Hört zu und ergänzt dann die Präpositionen.

an – durch – über – in – in – über – über – zum – zum – zum – zur

- ● Entschuldigung, wie komme ich [1] Bahnhof?
- ○ [2] Westbahnhof? Das ist ganz einfach. Zuerst gehst du [3] den Park, dann [4] eine Brücke und [5] den Marktplatz. Danach einfach geradeaus.

- ● Entschuldigen Sie, wie komme ich [6] Altstadtbrücke?
- ○ Moment, gehen Sie hier geradeaus. Das ist die Korngasse. [7] der Korngasse gehen Sie dann [8] der zweiten Ampel rechts, dann [9] den Karlsplatz [10] Rathaus. Sie sind jetzt [11] der Altstadt und sehen die Brücke rechts.

12 Stefans Oma hat Geburtstag. Schreibt den Text.

Stefans Oma hat am Wochenende Geburtstag. Stefan geht (Marktplatz)	über
bis (Bahnhof) und kauft Blumen. Dann fährt er mit dem Zug (Rhein).	zu – an
Das dauert 20 Minuten. Seine Oma wohnt in Boppard.	
Er läuft vom Bahnhof (Stadt) (Oma). Seine Oma freut sich über den Besuch.	durch – zu

13 Wo/Wohin – Was passt gut zusammen? Schreibt Beispielsätze.

über den Platz
auf dem Platz
an der Ampel
durch den Park
auf der Bank
in der Stadt
in die Stadt

laufen

stehen

gehen

fahren

sitzen

sein

Turba läuft über den Platz. Der Bus fährt ...

16 sechzehn

14 Eine Wochenendreise nach Hamburg – Erinnert ihr euch? Ergänzt den Text mit den passenden Verben.

ankommen – besuchen – fahren – liegen – machen – sein – fahren

Familie Schröder [1] nach Hamburg. Um 18 Uhr [2] sie in der Jugendherberge [2]. Die Jugendherberge [3] am Hafen. Am ersten Tag [4] sie einen Flohmarkt. Am Abend [5] sie im Theater.
Am zweiten Tag [6] sie eine Rundfahrt durch den Hafen und [7] wieder nach Hause.

15 Touristen in eurer Stadt – Ein Rollenspiel.

1. Was suchen Fremde?
   Notiert interessante Orte in eurer Stadt.
2. Wie fragen sie nach dem Weg?
   Notiert Fragen und bereitet die Antworten vor.
3. Spielt die Dialoge.

16 Lest den Tagebuchauszug. Wie geht die Geschichte weiter?

Sabrinas Tagebuch (2)

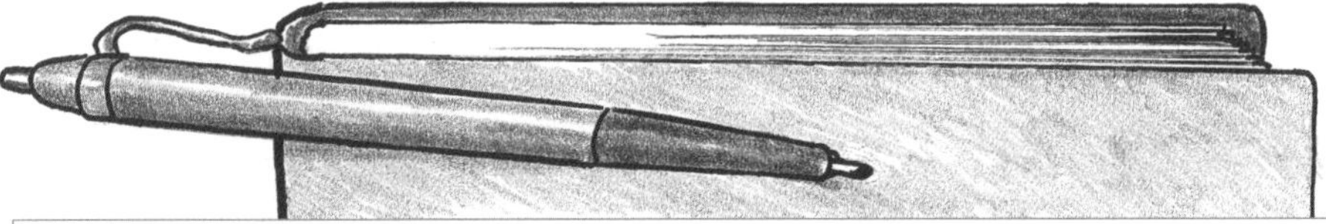

27. September

Ein super Tag war das heute. Zehn Stunden Wien total. Vier Stunden Stadtrundfahrt. Das Wetter war fantastisch. Wir haben jetzt tausend Wien-Fotos: vor der Staatsoper, hinter der Oper, neben dem Stephansdom, auf dem Stephansdom, vor dem Burgtheater, im Burgtheater und so weiter ... Abends um sechs waren alle am Rathaus. Wir waren fix und fertig – und sauer. Mareike war nicht da. Typisch! Sie kommt immer zu spät. Wir haben dann ein Foto gemacht: Stefan und ich zusammen ...

siebzehn 17

2

14 Training von Verben im Kontext.
Lösung: 1. fährt 2. kommen ... an 3. liegt 4. besuchen 5. sind 6. machen 7. fahren

15 Projekt zur Integration und Automatisierung des Gelernten. Hier übertragen die S. Vokabeln und gelernte Ausdrücke in die eigene Sprachumgebung. In Gruppen arbeiten lassen. Jede Gruppe sollte eine Sehenswürdigkeit nennen bzw. kurz beschreiben und einen Dialog vorstellen.
Variante: in Stichworten einen kleinen Reiseführer für den eigenen Ort erstellen.

16 Als Hausaufgabe geeignet. Im Kurs zuvor Vermutungen der S. zur Frage „Wie könnte die Geschichte weitergehen?" sammeln. Besprechung in der nächsten Stunde.

Einheit 3

Allgemeines:
Inhaltlich schließt diese Einheit an Einheit 2 an. Es geht auch hier um die Reise der Jugendlichen nach Wien. Das Thema eignet sich, um über Erfahrungen und Erlebnisse während der Reise zu berichten. Der kleine „Fortsetzungsroman" wird weitergeführt. Das Perfekt wird in dieser Einheit in zwei Stufen erarbeitet. Stufe 1: die regelmäßigen Verben. Stufe 2: die unregelmäßigen Verben. Durch die Stufung soll den S. das eigenständige Erkennen der Regeln bei der Partizipbildung erleichtert werden. Dabei wird das Wortfeld „touristische Aktivitäten" wiederholt.

1 Ziel der Aufgabe ist die Erinnerung an die bisherigen Ereignisse auf der Reise der Jugendgruppe. Partnerarbeit.
Lösung: (von oben nach unten) Mareike, Stefan, Mareike und die Gruppe, Stefan / die Mozartkugel, Stefan, Mareike, Sabrina, Stefan

2 Lesen in Einzelarbeit, Auswertung im Kurs.
Lösung: Die Informationen über das Riesenrad und den Flohmarkt sind neu.

3 Kurze Zusammenfassung der bisherigen Ereignisse unter Verwendung der Perfektformen. An dieser Stelle sollten die Partizipien noch nicht formal erklärt werden. Sie werden von den S. lediglich verwendet. Partnerarbeit.
Lösung: 1. Zug 2. Spaß 3. ersten 4. Spaziergang 5. Tag 6. Museum 7. haben 8. eingekauft

4 Wiederholungsübung zum Präteritum von „sein". Lassen Sie die S. drei Sätze in Partnerarbeit auf Folienstreifen notieren und werten Sie die Ergebnisse aus. (Folien in Streifen schneiden und von den S. auf den Projektor legen lassen.) Den neuen Text in der Klasse laut vorlesen lassen.

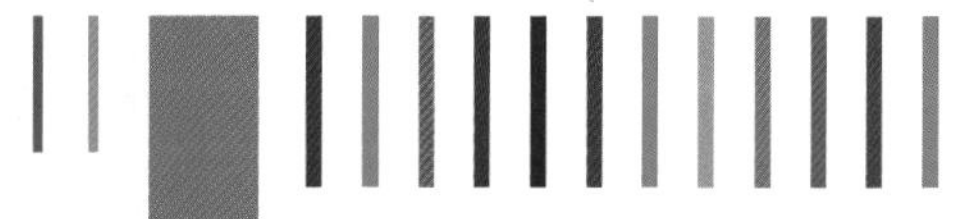

Die Reise nach Wien – Mareike ist sauer

1 Stefan, Sabrina und Mareike – Was weißt du noch über die drei?

... mag Mozartkugeln.
... mag Mareike.
... waren am Rathaus.
... ist süß.
... hatte nasse Füße.
... kommt immer zu spät.
... schreibt Tagebuch.
... ist chaotisch.

2 Sabrinas Postkarte – Welche Informationen sind neu?

Wien, 28. 9.

Liebe Corinna,

Wien ist toll. Gestern waren wir im Zentrum und heute im Prater. Das Riesenrad ist fantastisch. Der Blick auf Wien ist super. Wir haben viele Fotos gemacht. Stefan ist ganz süß. Morgen wollen wir zwei noch zum Flohmarkt in der Neubaugasse. Das ist der beste Flohmarkt in Österreich.

Liebe Grüße
Sabrina

Corinna Spors
Blumenbachstr. 56
D-37075 Göttingen
DEUTSCHLAND

3 Drei Tage in Wien – Was haben die Jugendlichen gemacht? Ergänzt den Text.

ersten – Museum – haben – Spaß – Spaziergang – Tag – eingekauft – Zug

Zuerst waren sie eine ganze Nacht im [1]. Sie haben viel [2] gehabt. Am [3] Tag haben sie das Jugendgästehaus gesucht und einen [4] gemacht. Am zweiten [5] haben sie eine Stadtrundfahrt gemacht und viel fotografiert. Am dritten Tag haben sie ein [6] besucht. Danach [7] sie im Zentrum [8].

4 Lest den Tagebuchtext und Seite 12/13 noch einmal. Wo waren die Jugendlichen?

Sie waren im Jugendgästehaus. Sie waren im/am / an der ...

Sabrinas Tagebuch (3)

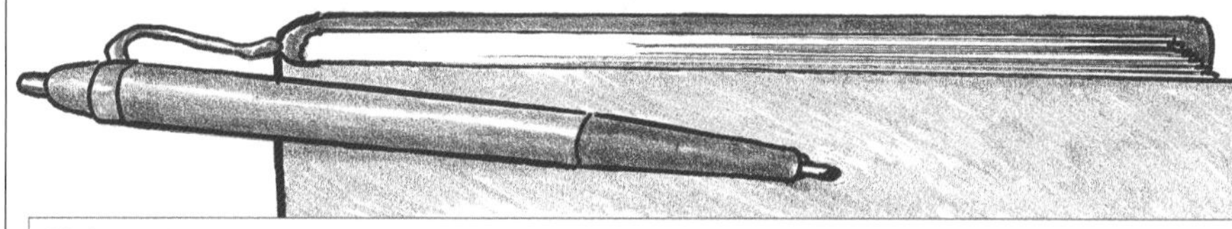

29. September
Am Vormittag waren wir in der Hofburg. Das hat zwei Stunden gedauert. Dann haben wir einen Bummel durch die Stadt gemacht. Es hat geregnet, aber es war besser als die Hofburg. Wir haben viel Spaß gehabt und ein bisschen eingekauft. Später haben wir im Fotoladen die Fotos abgeholt und uns in ein Cafe gesetzt. Mareike hat sich die Fotos angeschaut. Stefan und ich zusammen ...

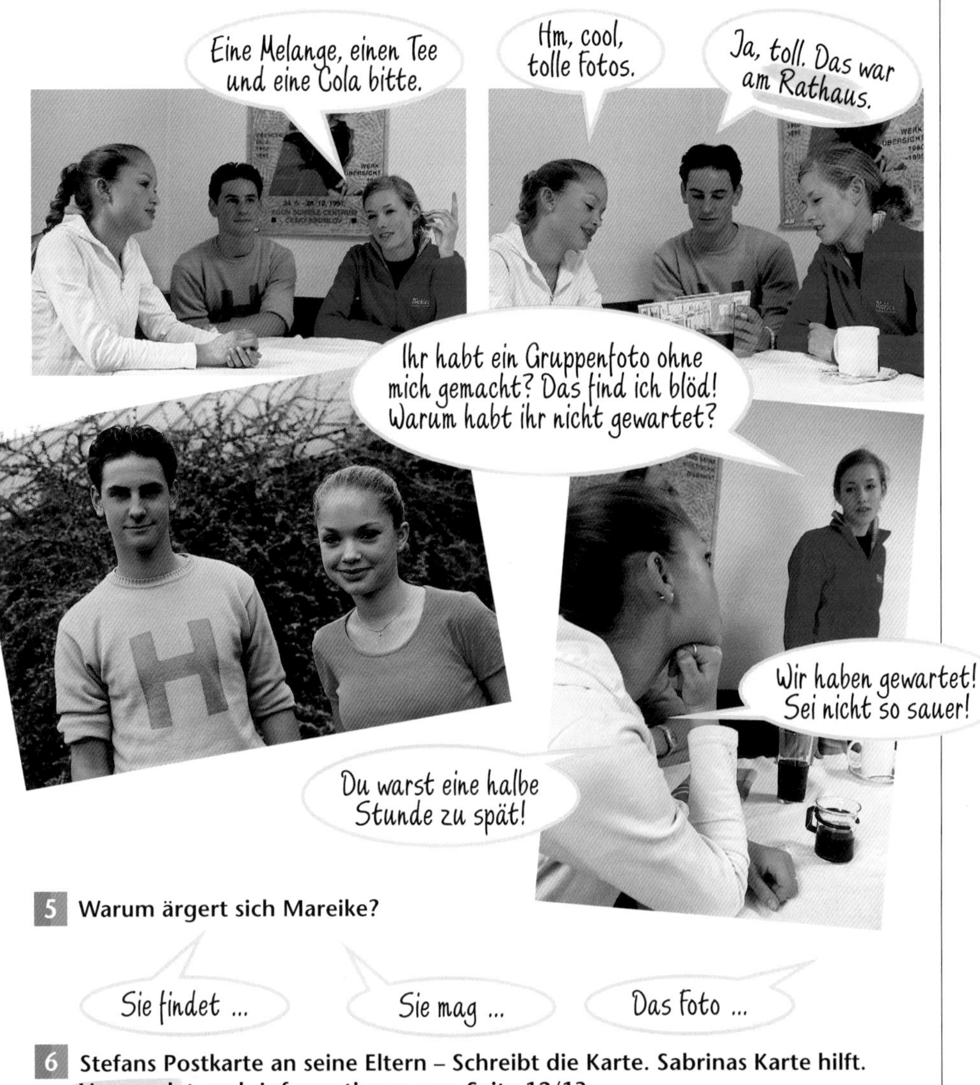

5 **Warum ärgert sich Mareike?**

Sie findet ... Sie mag ... Das Foto ...

6 **Stefans Postkarte an seine Eltern – Schreibt die Karte. Sabrinas Karte hilft. Verwendet auch Informationen von Seite 12/13.**

Lieber Papa, liebe Mama,
heute waren ...

3

5 Einstieg über die Fotos auf einer Folie. Das Buch ist geschlossen. Machen Sie eine Folienkopie von Kopiervorlage 5 (Fotos ohne Text in den Sprechblasen): „Was sagen die Jugendlichen?“ Die S. notieren ihre Antworten und verwenden dabei die Satzanfänge in den Sprechblasen unten. Anschließend vorlesen lassen und die Sprechblasen oben nacheinander aufdecken.

6 Als Hausaufgabe geeignet. Teilen Sie Karten in der Größe einer echten Postkarte aus (DIN A6). Sammeln Sie die geschriebenen Karten wieder ein und teilen Sie sie an jeweils andere S. aus: „Ihr habt Post bekommen. Lest doch mal vor!“

7/8 Einstieg in die Erarbeitung der regelmäßigen Perfektformen nach dem S-O-S-Verfahren (Sammeln – Ordnen – Systematisieren).

Die S. bearbeiten die Aufgaben in Partnerarbeit. Helfen Sie einzelnen S. dort, wo es Probleme gibt; die S. erreichen die Lernziele in ihrem eigenen Tempo. Wenn einzelne Gruppen fertig sind, schreiben sie ihre Ergebnisse auf Folien. Mit diesen (evtl. korrigieren) können Sie dann die Aufgaben im Plenum auswerten.

Besprechen Sie nach dem dritten Schritt in **7**: Wo hat es Lernschwierigkeiten gegeben? Wie wird das Gleiche in der Muttersprache ausgedrückt? Die Regel „Man bildet das Perfekt mit dem Partizip und mit ‚haben'" ist eine Interimsregel. Das Perfekt mit „sein" folgt auf S. 34 (KB, S. 22).

8 als offene Übung: Die S. sollen mindestens sieben kurze Sätze aufschreiben. Anschließend laut vorlesen lassen.

9 Gelenkte Lernkontrolle.

10 Freie Weiterarbeit mit den Sätzen aus **9**: Die S. schreiben nach der Vorlage eigene kurze Texte zum Thema „Über mich" (Portfolio-Text; vgl. „Lehrtipp", LHB A1, S. 39 unten).

Über Vergangenheit sprechen – Perfekt (1)

7 S-O-S – Grammatik systematisch

1. Schritt: Sammeln

Auf S. 18 und 19 findest du neue Verbformen. Notiere sie.

... haben die Fotos abgeholt.
... haben viel Spaß gehabt und viel fotografiert.

Diese Verbform heißt Partizip.

Partizip	Infinitiv
gehabt	haben
abgeholt	abholen
fotografiert	fotografieren

2. Schritt: Ordnen

gehabt
abgeholt
fotografiert

Lerntipps
– Regelmäßige Verben tun nicht weh, vorne *ge-* und hinten *-t*.
– Bei Verben mit *-ieren* kann nichts passieren, **ohne** *ge-* und hinten *-t*.

3. Schritt: Systematisieren

a) Hört zu und schreibt die Sätze mit.
b) Markiert das Perfekt im Satz.
c) Was weißt du jetzt über das Perfekt?
   1. Man bildet das Perfekt mit dem Partizip und mit ...?
   2. Das Partizip steht ...

Sie haben die Fotos abgeholt.

8 Das Perfekt üben – Was habt ihr im Unterricht schon gemacht?

Informationen	Fotos	sammeln	machen
Wörter	Prospekte	suchen	anschauen
Interviews	Zeitungen	planen	hören
Texte		ordnen	notieren

Wir haben Prospekte gesammelt.

9 Cora hat in Madrid gelebt. Sie erzählt. – Setzt die richtigen Verben ein.

arbeiten – studieren – leben – haben – lernen – wohnen

1. Meine Eltern haben zwei Jahre in Spanien ...
2. Wir haben in El Escorial bei Madrid ...
3. Mein Vater hat in Madrid als Ingenieur ...
4. Ich habe Spanisch und Gitarre ...
5. Meine Schwester hat an der Universität ...
6. Es war toll. Ich habe viele Freundinnen ...

10 Eine „Biografie" schreiben – Verwendet die Verben aus Aufgabe 9.

20 zwanzig

Mareike ist weg

11 Was ist bis jetzt passiert? Wer findet die Antworten am schnellsten?

1. Was hat die Gruppe am ersten Tag gemacht?
2. Wo haben sie am meisten Spaß gehabt?
3. Wo haben sie die meisten Fotos gemacht?
4. Wo hat Sabrina Tagebuch geschrieben?

a) Vor dem Stephansdom und am Rathaus.
b) Einen Spaziergang.
c) Im Park.
d) Im Prater.

12 Fragen ohne Antworten – Wer hat Ideen?

Wo ist Mareike?
Ja, sie war um drei hier und hat ihre Sachen mitgenommen.
Sie weiß, dass wir um 7 Uhr fahren. Warum hat sie nicht angerufen?
Hat sie die Zeit vergessen?
F
Keine Ahnung!
Kriegen wir den Zug noch?
H

13 Lest den Text. Auf welche Frage aus Aufgabe 12 gibt er eine Antwort?

29. September. 18 Uhr im Jugendgästehaus. Der Zug geht in einer Stunde, aber sie ist noch nicht gekommen. Niemand weiß, wo sie ist. Herr Marquart sagt, dass er Mareike am Mittag noch gesehen hat. Sie hat mit zwei spanischen Jugendlichen im Jugendhotel in der Cafeteria Kaffee getrunken und eine Semmel gegessen. Stefan hat eine Idee. „Wo sind ihre Sachen? Ihre Tasche? Hat sie gepackt?" Er fragt an der Rezeption. Ja, Mareike war um drei hier. Sie hat den Schlüssel zurückgebracht, hat ihre Tasche mitgenommen und ist dann weggegangen. Sie hat gesagt, dass sie spazieren geht. 19 Uhr. Der Zug ist praktisch abgefahren. So ein Mist. Marquart hat telefoniert und hat dann gerufen: „Ruhe, Leute. Es gibt noch einen Zug um 20 Uhr 21. Es sind auch noch Plätze frei gewesen. Aber wir müssen umsteigen. Hoffentlich kommt sie noch. Ich habe die Plätze mal reserviert. Aber ich glaube, wir müssen die Polizei anrufen." Da hat Stefan eine Idee. „Ich glaube, ich weiß, wo sie ist."

14 Wie geht die Geschichte weiter?

11 Hier wird nach der grammatischen Arbeitsphase der inhaltliche Faden der Geschichte wieder aufgenommen. Die gelernten Formen werden jetzt im Kontext verwendet. **Lösung:** 1b, 2d, 3a (d), 4c

12 Die S. diskutieren die Fragen zuerst zu zweit und beantworten sie schriftlich. Dann Vermutungen vorlesen und vergleichen lassen.

13 Zu zweit lesen und Verstehensfragen klären lassen. **Lösung:** Antwort auf die Frage „Kriegen wir den Zug noch?".

14 Als Hausaufgabe geeignet. Evtl. zur Hilfe Stichworte an der Tafel vorgeben. In Intensivkursen als Partnerschaftsübung. Die (korrigierten) Texte vorstellen lassen und gute Ideen – nicht allein den besten Text – in der Klasse prämieren.

15 Wiederaufnahme der Grammatikarbeit: Erarbeitung der unregelmäßigen Perfektformen. Erinnern Sie eingangs an das S-O-S-Modell und lassen Sie nochmals Beispiele für die bisher eingeführten Formen an der Tafel sammeln (links beginnen, damit genug Platz für die Erweiterung der Modelle nach rechts bleibt). Vgl. Tafelbild im KB. Unterstützen Sie in dieser Phase S., die mehr Schwierigkeiten bei der Regelfindung haben.
Vorschlag: Die S., die schon fertig sind, können versuchen, einen gereimten Lerntipp in der eigenen Sprache zu formulieren.

16 Die relativ wenigen, aber sehr gebräuchlichen Verben mit „sein“ im Perfekt sind in dem Gedicht verpackt und sollten extra gelernt werden.

ist
gewesen
passiert
gekommen
gegangen
geblieben

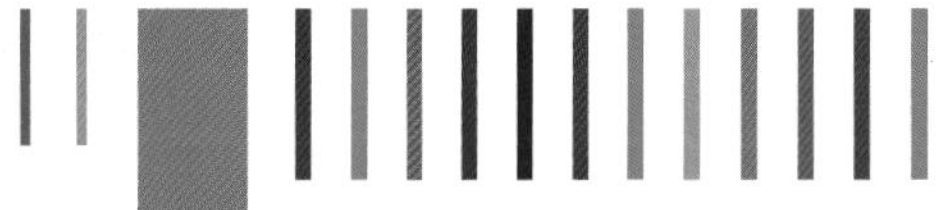

Über Vergangenheit sprechen – Perfekt (2)

15 S-O-S – Grammatik systematisch
Seht euch noch mal S. 20 an und arbeitet hier genauso.

1. Schritt: Sammeln

Auf Seite 21 findet ihr neue Perfektformen. Hier sind die Verben:

kommen – trinken – mitnehmen – weggehen – anrufen – rufen – sein – schreiben – abfahren – reservieren – sehen – vergessen – zurückbringen

Sammelt Verben und Beispielsätze gemeinsam an der Tafel.

Infinitiv	Partizip	Beispiel
trinken	getrunken	Sie haben Tee getrunken.
anrufen		
sehen		
vergessen		

2. Schritt: Ordnen

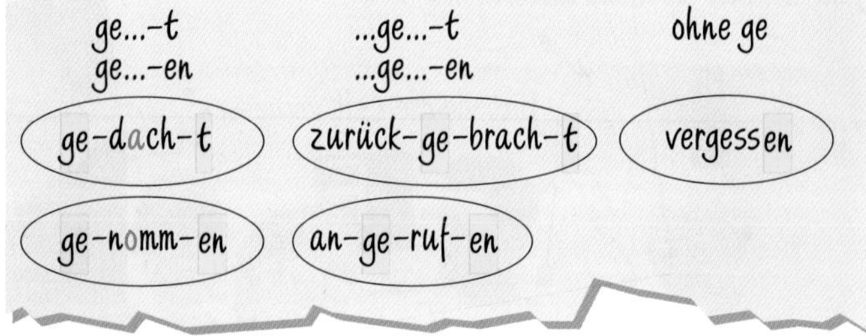

:hritt: Systematisieren

leicht die Partizipien von *lernen, leben, studieren* und *nehmen, denken, sehen*. Was ist anders?

t die Beispiele. Wie heißt die Regel?

ın und Sabrina	haben	Kaffee	getrunken.
ːike	ist		weggelaufen.

Perfekt bildet man mit ... oder mit ... und mit dem Partizip.

ıeisten Verben:	Perfekt mit *haben*	hat ... gekauft / hat ... fotografiert
ːn mit Bewegung:	Perfekt mit *sein*	ist ... gefahren / ist ... gegangen
bleiben, passieren:	Perfekt mit *sein*	ist ... gewesen / ist ... geblieben

Was ist nur gewesen?
Was ist nur mit uns passiert?
Zuerst ist er gekommen.
Dann bin ich gegangen.
Und du bist bei ihm geblieben.

e die Verben mit *sein* extra.

zig

gen, dass S. der Partieit nach ler manwenden der Regel in Lückenübungen kann die Schwierigkeiten hierbei zwar bewusst machen, das Memorieren der einzelnen Partizipformen ist aber unerlässlich. Generelle mündliche Korrekturen (außerhalb von spezifisch auf das Perfekt zielenden Übungen) bewirken in der Regel wenig.

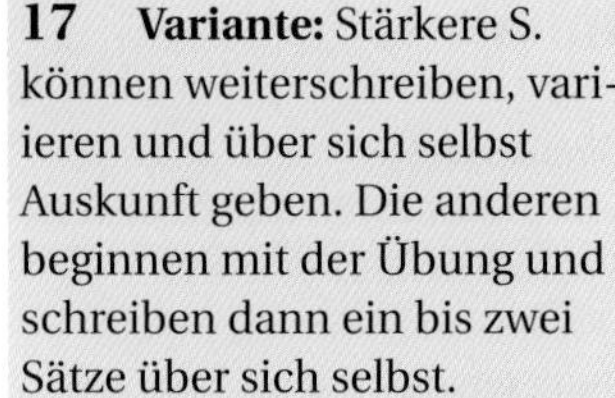

Erzählen üben

17 So hat Corinna den Tag angefangen. Findet die Partizipien und ergänzt die Sätze.

aufstehen – essen – trinken – duschen – gehen – fahren – frühstücken – laufen – packen

1. Sie ... um 6 Uhr 30 ...
2. Dann ... sie ...
3. Danach ... sie ...
4. Sie ... Kaffee ... und ein Brötchen ...
5. Dann ... sie ihre Tasche ... und ist aus dem Haus ... und zum Bus ...
6. Sie ... mit dem Bus in die Schule ...

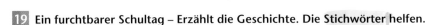

Sie ist um 6 Uhr 30 aufgestanden. Dann hat ...

18 Was haben die Jugendlichen in den Ferien gemacht? Hört zu und notiert die Aktivitäten. Wer findet die meisten?

10

19 Ein furchtbarer Schultag – Erzählt die Geschichte. Die Stichwörter helfen.

Englischarbeit geschrieben → nicht geübt →
Aufgaben schwer gewesen → nur eine Stunde Zeit gehabt →
Vokabeln nicht gekonnt → Spickzettel verloren →
Idee gehabt → SMS an Martin geschrieben →
Lehrerin gesehen → das Handy weggenommen ...

Gestern haben wir eine Englischarbeit geschrieben. Aber ich ...

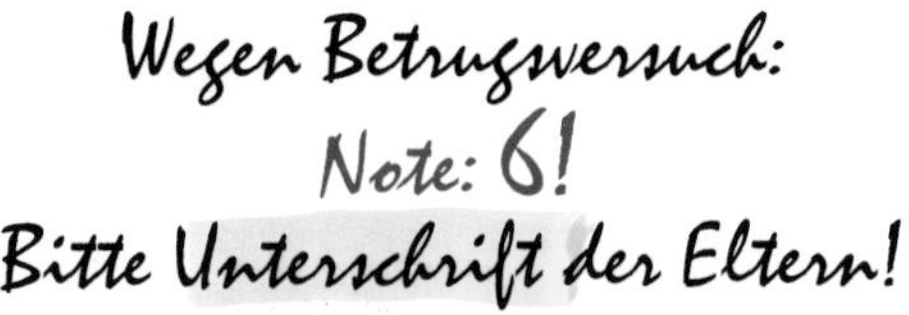
Wegen Betrugsversuch:
Note: 6!
Bitte Unterschrift der Eltern!

20 Das Ende der Wienreise

a Hier sind zwei Möglichkeiten. Lest A und B.

A

Im Jugendgästehaus hat Mareike Miguel und Jaime aus Spanien getroffen. Jaime hat sie gefragt: „Wir fahren zum Prater, kommst du mit?" Mareike war begeistert. „Ich war schon da, ich kann euch alles zeigen", hat sie gesagt. Das Riesenrad und Jaime haben ihr echt gut gefallen. Sie hat die Zeit vergessen. Um sechs hat sie einen Bus genommen, aber der ist in die falsche Richtung gefahren. Kurz vor sieben war sie im Westbahnhof und hat die Gruppe gesucht. Aber niemand war da. Sie hat im Jugendhotel angerufen. Stefan war am Telefon: „Gut, dass nichts passiert ist. Die Spanier sind gerade zurückgekommen und haben gesagt, dass du am Westbahnhof bist. Wir sind gleich da."

B

Mareike war sauer. Sie ist zurück zum Hotel gelaufen und hat gepackt. Dann sie ist sie zwei Stunden ohne Ziel durch die Stadt gelaufen. Am Ende war sie wieder auf der Donauinsel. Sie hat sich auf eine Bank gesetzt und nachgedacht. Die Reise war wirklich klasse. Aber Stefan war jetzt mit Sabrina zusammen und sie war allein. Dann hat sie die Strümpfe ausgezogen und hat die Füße ins Wasser gehalten. Es war saukalt, wie am ersten Tag. Plötzlich ist Stefan gekommen: „Mareike, was machst du da? Wir haben auf dich gewartet. Den ersten Zug haben wir verpasst, aber wir haben noch einen. Komm schnell." Sie war froh und beide sind zusammen zurückgerannt.

b Welche gefällt euch? Oder habt ihr eine ganz andere Idee?

dreiundzwanzig 23

17 Variante: Stärkere S. können weiterschreiben, variieren und über sich selbst Auskunft geben. Die anderen beginnen mit der Übung und schreiben dann ein bis zwei Sätze über sich selbst.

18 Die S. hören die Aufnahme zunächst nur einmal ganz an und machen sich erst bei einem zweiten Anhören Notizen. Gemeinsame Auswertung im Kurs.
Lösung: schlafen, Musik machen, Radio hören, schwimmen, Straßenbahn fahren, mit Freunden spielen

19 Anwendung der Perfektformen in einem kleinen fiktiven Kontext. Je nach Sprachstand können die S. den Text verlängern und ausschmücken. Als Gruppenarbeit geeignet.
Variante: eine eigene lustige Geschichte aus dem gegebenen Kontext erzählen. Lassen Sie die Geschichte zuerst in der Muttersprache erzählen und geben Sie dann ggf. Vokabelhilfen.

20 Abschluss und Auflösung der Geschichte.
Variante: In stärkeren Gruppen können die S. gleich selbst ein neues Ende finden.

Einheit 4

Allgemeines:
In dieser Einheit geht es um das Themenfeld „Medien“. Hierzu wird bekannter Wortschatz wiederholt und für weitere Medien ergänzt. Sprachliche Situationen sind: Meinungen äußern, Vor- und Nachteile nennen, etwas vergleichen, über früher und heute berichten, sich entschuldigen. Im grammatischen Bereich wird die Satzverknüpfung mit „aber“ angesprochen. Für den Vergleich werden der Komparativ der Adjektive und Formen mit „wie“ und „(genau)so“ trainiert. Als neue Formen der Vergangenheit lernen die S. das Präteritum der Modalverben „wollen“, „können“, „dürfen“ und „müssen“. Im Bereich Strategietraining wird das Leseverstehen geübt.

1 Die S. sehen das Foto an und beschreiben die Situation: Ein Junge und ein Mädchen sitzen im Wohnzimmer vor dem Fernseher. Sie wollen fernsehen, aber anscheinend ist der Apparat kaputt. Sie können mit den S. die Situation weiter ausbauen: Was wollen die beiden sehen? Was macht der Junge / das Mädchen? Was gehört zu einem gemütlichen Fernsehabend? Etc.

2 Vor dem Hören können Sie in der Klasse Fragen zum Dialog sammeln:
- Wer spricht?
- Was ist passiert?
- Was ist das Problem?
- Wie lösen sie das Problem?
- Welche Themen besprechen die beiden? Etc.

Die S. hören nun den Dialog und machen sich Notizen zu den Themen. (Wer? Was? Wie? Welche? Etc.)

Medien

1 So ein Mist – Seht das Bild an und sprecht darüber: *wer, wo, was?*

2 Hört zu. Was ist passiert?

3 Tom oder Sandra – Wer sagt was? Hört noch einmal und ordnet die Aussagen zu.

1. ... findet, dass das Programm blöd ist.
2. ... findet, dass Kartenspielen besser ist als Fernsehen.
3. ... sagt, dass er/sie Freunde wichtiger findet.
4. ... sagt, dass er/sie nicht gern fernsieht.

Tom sagt, dass er ...

4 Und was denkt ihr? Schreibt Sätze wie im Beispiel und lest vor.

Ich sehe gerne Spielfilme.
Mein Lieblingsprogramm ist „MTV“.
Nachrichten finde ich langweilig.
...

Stimmt. Das finde ich nicht. Das finde ich auch. Stimmt nicht. Ich auch! Ich sehe gerne Krimis.

5 Medien, Medien – Was kennt ihr? Sammelt Wörter und macht ein Lernplakat.

24 vierundzwanzig

3 Die S. ordnen die Aussagen den Personen zu. Dazu können sie ihre Notizen verwenden oder den Dialog ein zweites Mal hören.
Variante: zuordnen und mit der Klasse kontrollieren. Achten Sie bei der Auflösung darauf, dass die S. ganze Sätze formulieren (s. Sprechblase). Weisen Sie ggf. noch einmal auf die Nebensatz-Struktur hin.
Lösung: 1. Sandra 2. Sandra 3. Sandra 4. Sandra und Tom

4 Auf dem Heftausriss links finden die S. Meinungen zum Fernsehen. Lassen Sie mindestens zwei eigene Sätze schreiben. Die Sätze werden in der Klasse laut vorgelesen (auf Intonation achten!). Lassen Sie immer einen S. die Aussage kommentieren. In einem Internetprojekt können sich die S. einen Überblick über deutschsprachiges Fernsehen verschaffen. Sie können ihnen einen Zeitraum zum Fernsehen vorgeben, zu dem sie sich Sendungen heraussuchen.
Beispiel: Montag, 17–19 Uhr. „Ich mag Tierfilme. Darum sehe ich um ... Uhr die Sendung ... Das kommt im ZDF / auf SAT1.“ Etc. Interessante Links: http://www.hoerzu.de http://www.tele.ch

5 Die S. sammeln Wörter zu unterschiedlichen Medien. Viele müssten ihnen bereits aus vorangegangenen Einheiten bekannt sein. Lassen Sie die S. aber auch überlegen, was ihnen noch einfällt. Die Wörter werden mit Bildern illustriert und die Artikel dazugeschrieben. Schließen Sie ggf. eine kleine Aktivität an, z. B. Umschreibungen trainieren: „Mit einem ... kann man Musik hören. Man kann ihn leicht tragen.“ Etc.

6 **Die Reise nach No-Media – Hier ist nur ein Medium pro Person erlaubt.**
a Was nehmt ihr mit? Wählt je ein Medium aus.
b Etwas begründen – Sammelt Argumente und begründet eure Auswahl in a.

WELCO
NO MEDIA
Ich brauche ...
Ich nehme ein Radio mit. Dann habe ich Musik und Informationen.

Ich brauche einen Computer mit Internet. Dann habe ich ...

Ich mache keine Reise ohne ...

Ich finde, dass Bücher sehr wichtig sind. Lesen kann ich überall.

7 **Vor- und Nachteile nennen mit *aber* – Ordnet zu.**

1. Computerspiele machen Spaß,	a) aber manchmal zu dick.
2. Zeitungen sind billig,	b) aber sie sind teuer.
3. Ich sehe gerne lange fern,	c) aber sie kosten viel Zeit.
4. Bücher sind oft spannend,	d) aber ich lese nicht gern.
5. Ich höre gerne CDs,	e) aber meine Eltern sind dagegen.
…	…

Computerspiele machen Spaß, aber sie kosten viel Zeit.

6 Uns stehen im Alltag viele Medien zur Verfügung. Was passiert, wenn wir uns für eines entscheiden müssen? In „No-Media" dürfen die S. ein Medium mitnehmen. Sie suchen eines aus und begründen ihre Wahl. Die Sprechblasen zeigen Beispiele.

7 Das Wort „aber" ist in der deutschen Sprache sehr beliebt, um etwas einzuschränken („Ja, aber …"). Die S. lernen, mit dieser Verbindung einen Vorteil und einen Nachteil zu verknüpfen. Bei der Zuordnung sind z. T. mehrere Lösungen möglich. Die S. lesen ihre Lösungen laut vor.
Vorschlag: Lassen Sie die Klasse weitere Beispiele formulieren: „Schokolade schmeckt gut, aber …" „Ich gehe gern zu Konzerten, aber …" Etc.
Mögliche Lösung: 1c, 2d, 3e, 4a, 5b

8 In der Sequenz werden in den Schritten **a)** bis **c)** unterschiedliche Aspekte des Leseverstehens, vom globalen zum detaillierten, trainiert.

a) Die S. lesen die Sätze 1–8. Regen Sie an, die Sätze thematisch zu sortieren. Welche Aussagen passen zusammen?

b) Die S. lesen die Texte A und B und ordnen die Sätze aus **a)** zu. Die S. nennen jeweils die passenden Zeilen und Textpassagen.

Beispiel: „Viele Deutsche finden Handys praktisch." = Text A, z. B. Zeile, 10/11: „Meine Eltern … können mich immer erreichen."

Mögliche Lösung: 1. A (Z. 7); 2. B (Z. 10–12); 3. B (Z. 15, 16); 4. A (Z. 5); 5. B (Z. 8, 9); 6. B (Z. 4–6); 7. A (Z. 5, 6); 8. A (Z. 17, 18)

c) Die S. prüfen die Aussagen. Die Ergebnisse werden in der Klasse zusammengetragen: 1. „Das steht in Text A. Dort steht, dass jeder zweite Schüler ein Handy hat." 2. „Das stimmt nicht. In Text A steht nicht, dass Eltern gegen Handys sind." Besprechen Sie auch, welchen Begriff aus den Texten der Cartoon illustriert (die „Leseratte").

Vorschlag: Das World Wide Web hält viele deutschsprachige Zeitungen bereit. Regen Sie die S. an, aktuelle Ausgaben aufzurufen (z. B. über http://www.paperball.de) und wichtige Überschriften/Themen herauszufinden. „Worüber berichten die Zeitungen? Welche Artikel konnte ich schon verstehen?"

Lösung: Das steht in den Texten: 1. (A), 7. (B), 8. (B), 9. (A)

Zeitungsnotizen verstehen

8 Lesestrategien üben

a Vor dem Lesen – Lest die Sätze 1–8.

1. Viele Deutsche finden Handys praktisch.
2. Bücher aktivieren die Fantasie.
3. Harry Potter hat viele Fans in Deutschland.
4. 50 % der deutschen Schüler haben ein Handy.
5. Viele Jugendliche in Deutschland lesen gerne.
6. Bücher und Computer sind populär.
7. Telefone sind modern.
8. Mit Handys verdient die Industrie viel Geld.

b Lest die Texte A und B. Zu welchen passen die Sätze 1–8?

A

Im Bus, auf der Straße und auf dem Schulhof. Überall hört man ein „piep, piep" oder elektronische Melodien aus Pop und Klassik. In ganz Deutschland klingeln die Schüler-Handys. Bereits jeder zweite Schüler hat ein mobiles Telefon, Tendenz steigend. Handys machen Spaß, sagen die Schüler. Man kann Freunde schnell anrufen oder eine SMS mit lustigen Symbolen schicken. „Meine Eltern haben mir ein Handy zu Weihnachten geschenkt. Sie können mich immer erreichen. Ich finde das sehr praktisch", sagt Nadine (12) aus Bonn. Der Trend zeigt, dass immer mehr Mädchen ein Handy haben. „Ist doch klar. Die quatschen mehr als die Jungen und die Technik wird auch immer einfacher", erklärt Carsten aus der Klasse 8b. Für die Industrie sind die Schüler ein wichtiger Markt. Bisher haben sie ca. 700 Mio. Euro für Handys ausgegeben und der Handy-Boom geht weiter.

B

Wir leben in einer High-Tech-Zeit mit Computer, Satellitenfernsehen und Mobilfunk. Hat das Buch da noch eine Chance? Experten sagen: Ja, das Buch ist immer noch wichtig. Bei Jugendlichen ist der Computer zwar sehr populär, aber Bücher kann er nicht ersetzen. Bücher sind nicht so teuer wie PCs, man kann sie leicht transportieren und überall lesen. Heute gibt es viele spezielle Büchereien mit Literatur für Jugendliche. „Geschichten lesen ist super. Ich lese und bin in einer anderen Welt. Ich sehe die Figuren und die Orte ganz genau. Das finde ich besser als bei Filmen. Da ist alles schon fertig", sagt Melanie vom Lese-Club „Die Leseratten" aus Köln. Und was sind die Bestseller? Harry Potter und seine Abenteuer sind klar die Nummer 1. Aber auch die Bücher von Michael Ende oder Astrid Lindgren sind bei den Bücherwürmern immer noch so beliebt wie früher.

c Informationen prüfen – Was steht in Text A oder B und was nicht?

1. Handys sind in Deutschland sehr populär.
2. Die Eltern sind gegen Handys.
3. Alle Jugendlichen mögen Bücher.
4. Der Computer ersetzt die Bücher.
5. Handys sind sehr teuer.
6. Jungen telefonieren mehr als Mädchen.
7. In Deutschland gibt es Lese-Clubs.
8. Jugendliche lesen am liebsten „Harry Potter".
9. Schüler geben viel Geld fürs Telefonieren aus.

26 sechsundzwanzig

Vergleiche

9 *Größer, kleiner ...?* – **Vergleicht.**

Ein Telefon ist ... als ein Handy. Ein Handy ist ...
Ein Computer ist ... als ein Notebook. Ein Notebook ist ...
Eine E-Mail ist ... als ein Brief. Ein Brief ist ...

schneller ↔ langsamer   größer ↔ kleiner   schwerer ↔ leichter   länger ↔ kürzer

10 Komparativ – Macht eine Liste und ergänzt die Formen aus Aufgabe 9.

		Komparativ
schnell	→	schneller
klein	→	kleiner
...	→	-er

Biene ist kleiner als Cora.

		Komparativ
groß	→	größer
lang	→	...
a	→	ä + -er
u	→	ü + -er
o	→	ö + -er

Rudi ist größer als Turbo.

Diese Wörter musst du extra lernen:

gern → lieber   viel → mehr
gut → besser   hoch → höher

11 Vergleiche – Lest die Beispiele und ergänzt die Regeln a) und b).

1. Britta ist kleiner als ich.
2. Ich laufe nicht so schnell wie du.
3. Wir finden Kino schöner als Fernsehen.
4. Liest du Comics genauso gern wie Bücher?
5. Ich finde Katzen nicht so schön wie Hunde.
6. Dennis mag Physik lieber als Bio.

a) *(nicht/genau)so* + Adjektiv + ...

b) Komparativ + ...

siebenundzwanzig 27

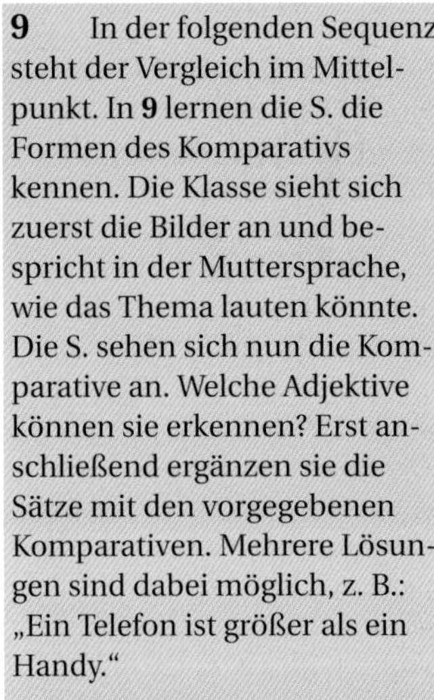

9 In der folgenden Sequenz steht der Vergleich im Mittelpunkt. In **9** lernen die S. die Formen des Komparativs kennen. Die Klasse sieht sich zuerst die Bilder an und bespricht in der Muttersprache, wie das Thema lauten könnte. Die S. sehen sich nun die Komparative an. Welche Adjektive können sie erkennen? Erst anschließend ergänzen sie die Sätze mit den vorgegebenen Komparativen. Mehrere Lösungen sind dabei möglich, z. B.: „Ein Telefon ist größer als ein Handy."

10 Die S. erstellen eine Liste, z. B. als gemeinsames Lernplakat. Die Komparative unterscheiden sich dabei in die Gruppen:
1. Adjektiv + „-er"
2. Adjektiv + „ä"/„ö"/„ü" + „er"
3. unregelmäßige Formen.
Den Gruppen sollte immer ein Beispielsatz aus dem Kontext von **9** zugeordnet sein.

11 Weisen Sie hier auf die unterschiedlichen Bedeutungen hin: „genauso" + „wie" = etwas ist gleich; „nicht" + „so" + „wie" = etwas ist unterschiedlich.
Lösung: a) „(nicht/genau)so" + Adjektiv + „**wie**" b) Komparativ + „**als**"

12

a) Die S. schreiben fünf Sätze, die sie frei aus den gegebenen und/oder eigenen Elementen bilden.
Beispiel: „Fernsehen ist interessanter als Radio." „Ein Ferrari ist schöner als mein Biolehrer." Etc.

b) Die S. lesen ihre Vergleiche in der Klasse vor.
Vorschlag: Ein S. liest seinen ersten Satz vor. Wer den gleichen Satz hat, hakt ihn ab. Der nächste S. liest vor und gleiche Sätze werden wieder markiert. Bereits gelesene Sätze müssen zur Kontrolle nicht noch einmal gelesen werden, während gleichzeitig die folgenden immer origineller und ausgefallener werden.

13 Die Klasse liest die Aussagen erst einmal still und jeder überlegt, ob die Aussagen richtig sind oder nicht. Dann wählt ein S. einen Satz aus und liest ihn laut vor. Wer etwas sagen möchte, meldet sich und stimmt zu oder widerspricht. Dabei sollen die S. nicht lange argumentieren, sondern lediglich wie im Beispiel ein Adjektiv austauschen („größer" ↔ „kleiner").

14

a) Peter Kunzler berichtet über Medien früher und heute.
Vorschlag: Zeigen Sie der Klasse zuerst nur die Überschrift „Medien früher und heute" und die beiden Fotos. Welche Erwartungen haben die S. an den nachfolgenden Text:
- Was wird berichtet?
- Welche Wörter kommen vor?
- Wer berichtet über welche Zeit? Etc.

Zunächst hören und lesen die S. den Text. Wurden ihre Erwartungen erfüllt? In einem nächsten Schritt machen sich die S. Notizen dazu, welche Medien es wann gab bzw. noch nicht gab.

b) Die Aufgabe überprüft das Textverstehen, indem einzelne Informationen in dem leicht veränderten Lückentext abgerufen werden.
Lösung: Handy – Fernseher – Briefe – teurer – Problem – leise – Filme am Abend sehen / lange fernsehen – Kino

12 Vergleichen

a Schreibt Sätze mit *als* und *genauso ... wie*.

Ratten sind genauso intelligent wie Hunde. Vielleicht sogar intelligenter!!

Elefanten sind ...	groß	Pizza
Hamburger schmecken ...	langweilig	Comics
Krimis sind ...	gut	Porsche
Erika singt ...	schlecht	Sommer
Katzen ...	schön	mein Biolehrer
Ein Ferrari ist ...	interessant	Hunde
Fernsehen ...	spannend	Radio
...	...	...

b Vergleicht in der Klasse.

Unsere Lehrerin ist ... als ...

13 Stimmt das? – Lest die Aussagen.

1. Computer sind heute viel billiger als früher.
2. Die Menschen sehen heute weniger fern als früher.
3. Jungen telefonieren mehr und länger als Mädchen.
4. Musikkassetten sind billiger als CDs.
5. Das Internet liefert schneller Informationen als Zeitungen.
6. Telefonieren ist heute teurer als früher.

Computer sind heute größer als früher.
Stimmt nicht. Computer sind kleiner als früher.

Medien früher und heute

12

14 Ein Interview mit Peter Kunzler

a Hört und lest den Text. Notiert:

Was gab es vor 30 Jahren?	Was gab es nicht?
Telefon	

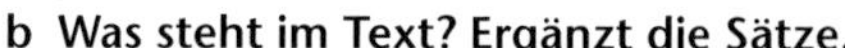

Vor 30 Jahren war alles anders: Telefon, Fernseher usw. Als ich zwölf war, hatte ich z. B. kein Handy. Nur meine Eltern hatten ein Telefon. Wir Kinder durften nicht so lange sprechen. Telefonieren war viel teurer als heute. Meine Eltern hatten einen Fernseher. Ich wollte immer gerne die Filme am Abend sehen. Aber ich durfte nicht. Wir hatten auch weniger Programme als heute: nur drei. Musik hören war zu Hause immer ein Problem. Ich konnte Musik nie laut hören, immer mussten wir leise sein. Manchmal durften wir auch ins Kino gehen. Das war toll! Wir hatten keinen Computer und kein Internet. Wir hatten Bücher und Comics. Wir konnten keine E-Mails schreiben, aber Briefe. In unserer Klasse hatten viele einen Brieffreund oder eine Brieffreundin. Einmal durfte ich sogar meinen Brieffreund Jack in London besuchen. Wir haben heute noch Kontakt.

b Was steht im Text? Ergänzt die Sätze.

Peter hatte kein ... und keinen ... Aber er konnte ... schreiben.
Telefonieren war viel ... als heute. Laute Musik hören war ein ... Die Kinder mussten ... sein. Peter wollte gerne ... aber er durfte nicht. Manchmal durften sie ins ... gehen.

Präteritum der Modalverben

15 In Aufgabe 14 sind neue Verbformen. Sammelt an der Tafel. Wie heißt die Regel?

Diese Formen kennst du schon:

sein	haben
ich war	ich hatte
du warst	du hatt...
er ...	...

Diese Formen sind neu:

können	wollen	dürfen
ich konnte	ich wollte	ich ...
du konntest	du woll...	
...	...	

16 Was erzählt Peter Kunzler? Ergänzt die Verben im Präteritum und lest vor.

Vor 30 Jahren w... alles anders: Telefon, Fernseher usw. Als Peter 12 w..., h... er kein Handy. Nur seine Eltern h... ein Telefon. Die Kinder d... nicht so lange sprechen. Telefonieren w... viel teurer als heute. Peters Eltern h... einen Fernseher. Er w... immer gerne die Filme am Abend sehen. Aber er d... nicht. Sie h... auch weniger Programme als heute: nur drei.
Musik hören w... zu Hause immer ein Problem. Er k... Musik nie laut hören, immer m... sie leise sein.

17 Entschuldigungen – Ergänzt die Sätze und übt die Dialoge.

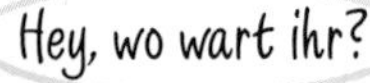

1. Ich kon... nicht kommen. Ich ha... Nachhilfe.
2. Ich ha... kein Geld für den Bus.
3. Wir durf... nicht kommen. Unsere Eltern wa... dagegen.
4. Tut mir Leid. Aber ich mu... auf meine Schwester aufpassen.
5. Wir woll... pünktlich sein. Aber unser Vater ko... uns nicht fahren. Wir muss... den Bus nehmen.

18 Biene und Boris früher und heute. Und wie war das bei dir?

Mit 2 konnte ich laufen.
Mit 5 wollte ich Prinzessin werden.
Mit 10 konnte ich Saxophon spielen.
Und jetzt will/kann/darf/muss ich ...

Mit 2 musste ich immer Spinat essen.
Mit 5 durfte ich nicht laut sein.
Mit 10 wollte ich nicht zur Schule.
Und im Moment kann/muss/will/darf ich nicht ...

neunundzwanzig 29

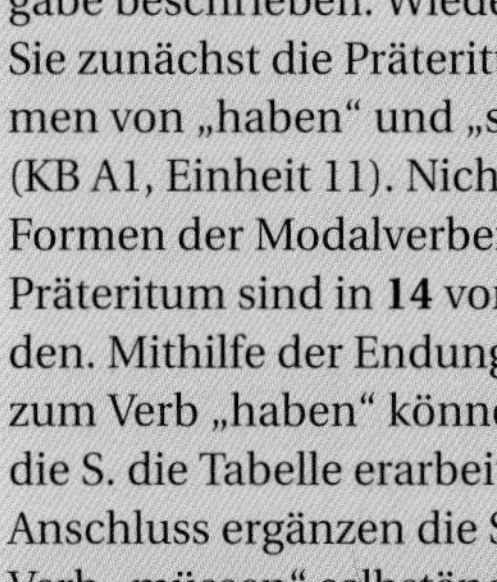

15 Vorgehen, wie in der Aufgabe beschrieben. Wiederholen Sie zunächst die Präteritumformen von „haben" und „sein" (KB A1, Einheit 11). Nicht alle Formen der Modalverben im Präteritum sind in **14** vorhanden. Mithilfe der Endungen zum Verb „haben" können sich die S. die Tabelle erarbeiten. Im Anschluss ergänzen die S. das Verb „müssen" selbständig.
Lösung: Siehe Tafelbild unten.

16 Die S. setzen die Verben ein. Hier wechselt bei den Verben die Person, von der ersten (**14**) zur dritten.
Lösung: war – war – hatte – hatten – durften – war – hatten – wollte – durfte – hatten – war – konnte – mussten

17 Die S. nutzen die Verben nun in einer typischen Sprechsituation. Sie füllen die Lücken aus und spielen kleine Dialoge vor. Anschließend können sie eigene kleine Szenen schreiben und spielen.
Lösung: 1. konnte – hatte
2. hatte 3. durften – waren
4. musste 5. wollten – konnte – mussten

18 Was dürfen, können, wollen, müssen die S.? Jetzt kommt die Klasse zu Wort. Die S. arbeiten zu zweit und lesen ihre kleinen „Gedichte" gemeinsam in der Klasse vor.

Tafelbild zu Aufgabe 15

können	wollen	dürfen	müssen
ich konnte	ich wollte	ich durfte	ich musste
du konntest	du wolltest	du durftest	du musstest
er/es/sie konnte	er/es/sie wollte	er/es/sie durfte	er/es/sie musste
wir konnten	wir wollten	wir durften	wir mussten
ihr konntet	ihr wolltet	ihr durftet	ihr musstet
sie konnten	sie wollten	sie durften	sie mussten

Einheit 5 (Plateau)

Allgemeines:
Im ersten Plateau des zweiten Bandes führen wir die Konventionen des ersten Bandes fort. Die S. wiederholen in vorwiegend motivierenden Übungen grammatische Strukturen der vorangegangenen Einheiten, lesen literarische Texte und üben gezielt Aspekte der Aussprache. Auch das Lernen mit System, im Sinne der Anwendung von Strategien zum Lese- und Hörverstehen, und die Vorstellung von Lerntipps werden hier wieder aufgegriffen.

Die Übungssequenz 1–4 fokussiert auf den Gebrauch des Perfekts in unterschiedlichen Situationen.

1 Die S. können natürlich schon allein aufgrund der Zeichnungen erste Aussagen machen. Sie sollen aber genauer zuhören und sich dabei Notizen machen. Da viele wahrscheinlich noch Probleme damit haben, sinnvolle Notizen zu erstellen, machen Sie am besten das erste Hörbeispiel zusammen mit der Klasse. Die S. machen Vorschläge zu den Notizen, die Sie an der Tafel notieren können. Mit diesen Notizen können die S. im Anschluss dann den Ablauf wieder versprachlichen und dabei das Perfekt wiederholen. Natürlich können Sie die S. auch fragen, ob jemand am Wochenende etwas Interessantes erlebt hat und dies der Klasse erzählen möchte.

2 Perfekt mit Pantomime: Hier können die S. mit Mimik und Gestik vorspielen, was sie am Wochenende gemacht haben. Geben Sie am besten selbst zunächst ein **Beispiel:** Spielen Sie z. B. „einen Kaffee trinken – eine Zeitung lesen – ein Ei kochen“. Die S. sollen dann sagen, was Sie gemacht haben: „Zuerst haben Sie einen Kaffee / einen Tee getrunken, dann die Zeitung gelesen und dann ein Ei gekocht.“ Die S. können natürlich auch etwas aus den angegebenen Beispielen auswählen.

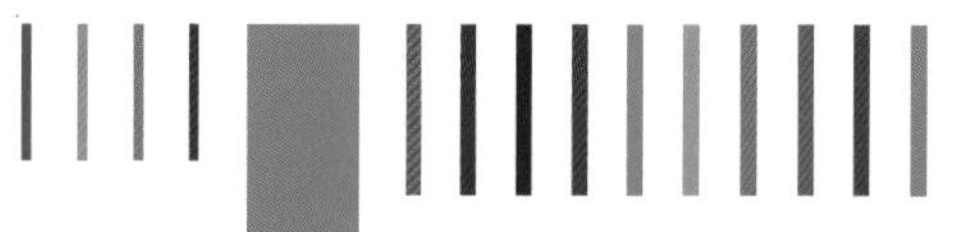

1 **Wochenende – Hört zu und seht die Zeichnungen an. Was haben Maria, Ron, Juliane und Herr Schmidt gemacht? Macht Notizen!**

Maria — Ron — Juliane — Herr Schmidt

Maria ist im Zirkus gewesen und dann hat sie ...

2 **Pantomime in der Klasse – Was hat er/sie gemacht?**

geschlafen – Tennis gespielt – ein Buch gelesen – Gitarre gespielt – spazieren gegangen ...

3 **Ein Wochenende in ...? – Ordnet die Verben zu und schreibt einen Brief an einen Freund / eine Freundin.**

Museum – Kaffee in einem Café – im Kaufhaus Souvenirs – durch die Fußgängerzone – einen Vortrag über ... – ein Fußballspiel – in der Jugendherberge – mit dem Zug nach – am Abend

zurückfahren – kaufen – ansehen – hören – trinken – besuchen – laufen – fahren – frühstücken – übernachten

Zuerst ... – Am nächsten Morgen/Nachmittag ... – Dann ... – Danach ... – Am Abend ... – Zum Schluss ...

Liebe ...,
am Wochenende war ich in ...
Zuerst sind wir mit dem Zug nach ... gefahren.

dreißig

3 Ein Wochenende in einer Stadt. Am besten erarbeiten Sie den Anfang der Karte / des Briefes mit den S. Wählen Sie vielleicht eine interessante Stadt, z. B. New York. Die S. können dann fantasieren, sollten dabei aber möglichst viele der angegebenen Strukturen bei ihrem Brief verwenden. Sie können aber natürlich auch freiere Aussagen machen. Lassen Sie dabei je nach Wunsch und Leistungsstärke die S. allein oder zu zweit/dritt arbeiten.

Tafelbild zu Aufgabe 1
Notizen zu Maria:
Freitag/Eltern/Zirkus
Samstagnachmittag/Freundin/Anita
3 Stunden/geredet
Lieblingslieder
Freundin/übernachtet
Sonntagmorgen/schlafen
Flohmarkt/Freundin/Gitarre

5

4 Mit Sprache spielen – Lest den Text. Beschreibt dann den Dienstag und den Mittwoch.

Am Sonntag bin ich zu Tante Maria und Onkel Franz gegangen. Wir haben Hähnchen mit Pommes frites gegessen. Danach sind wir in den Zoo gegangen und haben den Tiger im Käfig angeschaut. Ein schöner Tag!

Am **Montag** bin ich zum Tiger gegangen. Wir haben Tante Maria und Onkel Franz mit Pommes frites gegessen. Danach sind wir in den Zoo gegangen und haben das Hähnchen im Käfig angeschaut. Ein schöner Tag!

Am Dienstag bin ich zum Hähnchen ...

5 Minidialoge – Lest zuerst die Antworten. Hört dann die Fragen und Aussagen. Welche Antworten passen?

15

1. Na ja, es geht. Die Spaghetti sind besser.
2. Gerne!
3. Ich habe euch gestern geholfen, jetzt könnt ihr mir helfen!
4. Nein, das glaube ich ihm nicht!
5. Ich weiß noch nicht. Hast du eine Idee?
6. Nein, mir nicht, vielleicht ihm?
7. Vielleicht, wenn ich Zeit habe.
8. Ja, er war o.k., aber das Buch hat uns besser gefallen.

Gehört das Fahrrad dir?

Nein, mir nicht, vielleicht ihm?

6 Ein Liebesbrief – Ergänzt die Personalpronomen (N/A/D).

du – dir – mir – mir – dich – ihm – ich – dich – wir – mir – mich – dich – mir

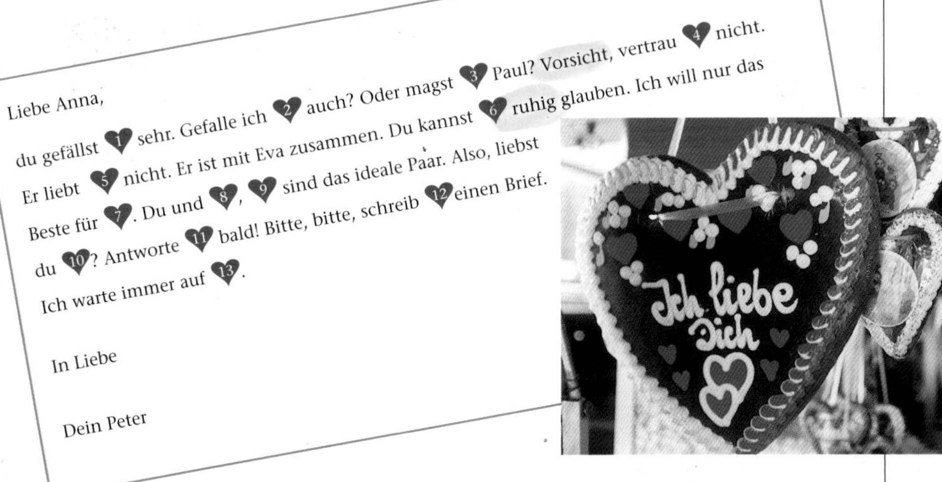

Liebe Anna,

du gefällst ♥1 sehr. Gefalle ich ♥2 auch? Oder magst ♥3 Paul? Vorsicht, vertrau ♥4 nicht. Er liebt ♥5 nicht. Er ist mit Eva zusammen. Du kannst ♥6 ruhig glauben. Ich will nur das Beste für ♥7. Du und ♥8, ♥9 sind das ideale Paar. Also, liebst du ♥10? Antworte ♥11 bald! Bitte, bitte, schreib ♥12 einen Brief. Ich warte immer auf ♥13.

In Liebe

Dein Peter

Dativ Verben:
helfen – gefallen
schenken – vertrauen
glauben – antworten
aber auch:
gehört dir
schmecken
stehen gut

4 Spielerische Variationen zu einem Text. Lesen Sie die Beispiele mit den S. und lassen Sie noch eine oder zwei weitere Varianten entwickeln und vorlesen.

5 Personalpronomen im Dativ. Die S. lesen zunächst die Aussagen im KB. Spielen Sie dann die Kassette vor und stoppen Sie nach jedem Beispiel. Die S. sollen nun die entsprechenden Antworten finden und am besten zusammen mit den Fragen als Minidialog notieren. Sie können die Aussagen auf der Kassette auch als Diktat anbieten. Die S. lesen die Dialoge anschließend mit verteilten Rollen vor.
Lösung: Was schenkst du unserer Deutschlehrerin zum Geburtstag? (5)
Hilfst du uns bei den Matheaufgaben? (3)
Gehört das Fahrrad dir? (6)
Schreibst du mir eine Karte aus Hamburg? (7)
Hat dir der Film gefallen? (8)
Schenkst du mir die CD? (2)
Glaubst du Herrn Schmidt, dass die Mathearbeit leicht ist? (4)
Schmeckt dir die Pizza? (1)

6 Personalpronomen im Liebesbrief. Motivierende Übung zur Wiederholung der Personalpronomen im Nominativ, Akkusativ und Dativ. Lassen Sie das Ergebnis vorlesen und achten Sie auf die Aussprache und die Betonung.
Lösung: 1. mir 2. dir 3. du 4. ihm 5. dich 6. mir 7. dich 8. ich 9. wir 10. mich 11. mir 12. mir 13. dich

7 Lesetext zum Thema „Freunde". Spielen Sie den Text auf der Kassette abschnittweise vor und lassen Sie die S. mitlesen. Stellen Sie nach den entsprechenden Abschnitten die Fragen links vom Text. Wenn die S. interessiert sind, können Sie auch über die Aussage des Textes mit ihnen in der Muttersprache diskutieren.

7 Freunde *von Gina Ruck-Pauquêt*

Hört und lest den Text. Macht Pausen und diskutiert die Fragen in der Klasse.

Warum will der Vater nicht, dass Benjamin mit Josef befreundet ist?

„Wohin willst du?", fragte der Vater.
Benjamin hielt die Türklinke fest.
„Raus", sagte er.
„Wohin raus?", fragte der Vater.
„Na, so", sagte Benjamin.
„Und mit wem?", fragte der Vater.
„Och ...", sagte Benjamin.
„Um es klar auszusprechen", sagte der Vater, „ich will nicht, dass du mit diesem Josef rumziehst!"
„Warum?", fragte Benjamin.
„Weil er nicht gut für dich ist", sagte der Vater.
Benjamin sah den Vater an.
„Du weißt doch selber, dass dieser Josef ein ... na, sagen wir, ein geistig zurückgebliebenes Kind ist", sagte der Vater.
„Der Josef ist aber in Ordnung", sagte Benjamin.
„Möglich", sagte der Vater. „Aber was kannst du schon von ihm lernen?"
„Ich will doch nichts von ihm lernen", sagte Benjamin.
„Man sollte von jedem, mit dem man umgeht, etwas lernen können", sagte der Vater.

Dein Freund / Deine Freundin: Was kannst du von ihm / von ihr lernen? Was kann dein Freund / deine Freundin von dir lernen?

Benjamin ließ die Türklinke los.
„Ich lerne von ihm, Schiffchen aus Papier zu falten", sagte er.
„Das konntest du mit vier Jahren schon", sagte der Vater.
„Ich hatte es aber wieder vergessen", sagte Benjamin.
„Und sonst?", fragte der Vater. „Was macht ihr sonst?"
„Wir laufen rum", sagte Benjamin. „Sehen uns alles an und so."
„Kannst du das nicht auch mit einem anderen Kind zusammen tun?"
„Doch", sagte Benjamin. „Aber der Josef sieht mehr", sagte er dann.
„Was?", fragte der Vater. „Was sieht der Josef?"
„So Zeugs", sagte Benjamin. „Blätter und so. Steine. Ganz tolle. Und er weiß, wo Katzen sind. Und die kommen, wenn er ruft."
„Hm", sagte der Vater. „Pass mal auf", sagte er. „Es ist im Leben wichtig, dass man sich immer nach oben orientiert."
„Was heißt das?", fragte Benjamin, „sich nach oben zu orientieren?"
„Das heißt, dass man sich Freunde suchen soll, zu denen man aufblicken kann. Freunde, von denen man etwas lernen kann. Weil sie vielleicht ein bisschen klüger sind als man selber."
Benjamin blieb lange still.

Was antwortet Benjamin seinem Vater?

„Aber", sagte er endlich, „wenn du meinst, dass der Josef dümmer ist als ich, dann ist es doch gut für den Josef, dass er mich hat, nicht wahr?"

32 zweiunddreißig

8 Orientierung in der Stadt

a Hört die Dialoge. Wohin wollen die Jungen und Mädchen?

17

b Nehmt einen Plan von eurer Stadt. Beschreibt Wege und sucht Orte.

9 *Alle wollen, dass …* – Wie ist das bei euch?

Die Lehrer wollen immer, dass …
Die Schüler wollen immer, dass …
Mein Vater will immer, dass …
Meine Mutter/Schwester/Tante …
Mein Freund / Meine Freundin …

10 *Ich wollte ja, aber …* – Ergänzt *wollen, können, dürfen, müssen, haben, sein.*

1. Ich ① ja am Samstag zu der Party kommen, aber ich ② nicht. Ich ③ keine Zeit.
2. Früher ④ ich immer viel für Deutsch arbeiten, aber jetzt geht es schon besser.
3. Gestern ⑤ ich im Kino. Ich ⑥ „Harry Potter" sehen, aber der Film läuft nur am Mittwoch.
4. ● Warum bist du nicht zum Fußballtraining gekommen?
   ○ Ich ⑦ nicht. Meine Mutter ⑧, dass ich zuerst meine Hausaufgaben mache.
5. Am Wochenende ⑨ ich die ganze Zeit im Bett bleiben. Ich ⑩ krank.

Ich wollte ja am Samstag zu der Party kommen, aber ich …

dreiunddreißig 33

8 Orientierung in der Stadt. Arbeiten Sie am besten mit der Kopiervorlage 6.

a) rezeptiv: Die S. sollen sich zunächst ein wenig in dem authentischen Ausschnitt aus einem Stadtplan für Jugendliche (Kassel) orientieren. Die Beschreibung der Legende nicht vergessen! Spielen Sie dann das erste Hörbeispiel vor. Die S. sollen aufgrund der Beschreibung herausfinden, zu welchem Ort der Junge möchte. Verfahren Sie ebenso mit den Beispielen 2 und 3. Sie können auch nach den ersten Sätzen stoppen, um den S. Zeit zu geben, sich zu orientieren.
Lösung: Dialog 1: Schlossmuseum; Dialog 2: Bücherei; Dialog 3: Kleintierzoo

b) produktiv: Analog zu den Beispielen auf der Kassette können die S. nun selbst Wegbeschreibungen erarbeiten (mit dem Plan im KB oder mit einem Plan ihrer eigenen Stadt) und die anderen müssen raten, wohin der Weg führt.

9 Wiederholung: Freiere Variante zu den dass-Sätzen. Lassen Sie die S. am besten zu zweit arbeiten und ruhig „kreative" Lösungen finden, wie im Beispiel mit Turbo.

10 Präteritum mit Modalverben: typische Alltagssituationen, in denen das Präteritum verwendet werden kann. Bei den Modalverben sind natürlich immer mehrere Varianten sinnvoll. Hier eine mögliche
Lösung: 1. wollte 2. konnte 3. hatte 4. musste 5. war 6. wollte 7. durfte 8. wollte 9. musste 10. war

11 Aussprache: Die S. sollen die kleine Geschichte mit den Dialogen versprachlichen und dabei besonders auf die Betonung, den Wort- und den Satzakzent achten. Im Rollenspiel sollen sie die emotionale Einstellung (böse, freundlich etc.) jeweils verändern und erkennen, wie sich dies auf ihre Präsentation auswirkt. Generell ist es wichtig, dass die S. die Texte aus dem Buch nicht nur einfach ablesen, sondern mit „Leben“ füllen. Lassen Sie die S. zunächst die Szenen selbst sprechen, dann mit der Kassette vergleichen und das Ganze, wie oben beschrieben, wiederholen. Sie können mit der Kopiervorlage 7 auf Folie / Kopien arbeiten und die betonten Wörter zusammen mit den S. markieren.

12 Lernen mit System. Die S. beschäftigen sich hier mit einem längeren Text zum Thema „Medien und Mediennutzung“. Der Text ist in Lesephasen und Hörphasen aufgeteilt. Dabei wird das strategische Vorgehen bei Verstehensprozessen (vor, während, nach) betont.

a) Schreiben Sie die Stichpunkte an die Tafel und sammeln Sie mit den S. zusammen Vermutungen und Aussagen dazu.

b) Die S. hören jetzt den ersten Teil des Textes und ergänzen die beiden Satzanfänge 1 und 2.

Lösung: 1. Die Jugendlichen lesen immer weniger Bücher, Zeitungen und Zeitschriften. 2. Jugendliche und Erwachsene sehen meistens fern.

c) Die S. lesen die Wörter a–e und bilden zunächst Hypothesen über die Reihenfolge der Nutzung. Dann den Hörtext noch einmal vorspielen, Notizen machen lassen und in der Klasse vergleichen.

Lösung: d, c, a, b, e

18

11 **Hast du die Fahrkarten?**

a **Lest den Comic und hört zu.**

5

6

○ He, Boris, hast du die Fahrkarten eingesteckt?

● Ich? Nein, ich hab gedacht, du hast sie.

○ Warum hast du das nicht gesagt?

● Du hast mich ja nicht gefragt.

7

b **Hört noch einmal. Welche Wörter sind betont?**

c **Lest den Dialog mit verteilten Rollen.**

d **Wie kann man den Dialog verändern? Sprecht laut und leise, böse und freundlich.**

34 vierunddreißig

LERNEN MIT SYSTEM

12 Wie benutzen Jugendliche die Medien?
a Vor dem Hören: Sammelt Aussagen zu diesen Stichpunkten:

Computer – Bücher lesen – CDs hören – Radio hören – Unterschied Jungen/Mädchen

b Beim Hören von Teil 1 des Textes: Macht Notizen und ergänzt 1 und 2.

1. Die Jugendlichen lesen … 2. Jugendliche und Erwachsene sehen meistens …

c Was ist am beliebtesten? Bringt a–e in die richtige Reihenfolge.

a) Radiohören b) Computer c) CDs d) Fernsehen e) Bücherlesen

13 Lest den zweiten Teil des Textes und ergänzt die Aussagen.

1. Für … sind Computer nicht so wichtig wie für ….
2. Die … lesen mehr … als die ….
3. Die Jugendlichen lesen mehr … als ….
4. Auf dem letzten Platz sind die ….

Nach wie vor gibt es geschlechtsspezifische Unterschiede. So wird der Computer häufiger von Jungen benutzt: 70 % benutzen ihn mehrmals pro Woche – im Gegensatz zu 49 % der Mädchen. Bücher werden vor allem von Mädchen gelesen (47 % zu 25 % bei Jungen).
Insgesamt liegt das Bücherlesen hinter dem Zeitunglesen (59 %) und dem Zeitschriftenlesen (45 %) auf Rang sieben der beliebtesten Medien. Danach folgen Videokonsum, Hörkassetten, Comics und Kinobesuche.

14 Macht eure Medienstatistik für die Klasse.

20

15 Hört jetzt den dritten Teil des Textes: Ein Interview mit einem Medienexperten. Nicht vergessen: Notizen machen. Sprecht dann über die Themen 1–3.

1. Jungen/Fernseher/Computer/langweilig
2. Computer/Spielen/Arbeiten
3. Jungen/Mädchen/Computer

16 Die Lernziehharmonika
Ergänzt die Adjektive und Verben und bastelt eure Ziehharmonika!

gut – schlecht, lang – ?, klein – ?, schnell – ? …
gut – besser, lang – ?, klein – ?, hoch – ?, viel – ? …
lesen – gelesen, einkaufen – ?, telefonieren – ? …

13 Selektives Lesen und Ergänzen der Hauptinformationen.
Lösung: 1. Mädchen – Jungen 2. Mädchen – Bücher – Jungen 3. Zeitungen/Zeitschriften – Bücher 4. Kinobesuche

14 Bei Interesse könnte eine Gruppe von S. einen Fragebogen zur Nutzung von Medien in der aktuellen Klasse entwickeln. Für den Anfang wäre es schon ausreichend, wenn vielleicht einige S. z. B. über ihre Lesegewohnheiten berichten, ein gutes Buch empfehlen etc. und so evtl. Interesse bei anderen wecken.

15 Der Hörtext liegt in Form eines Interviews mit einem Medienexperten vor. Die S. sollen wieder die Notizentechnik verwenden, um wichtige Aspekte festzuhalten und diese Informationen dann in das Gespräch über die Stichwortreihen 1–3 einzubringen.

16 Zum Abschluss der Einheit noch ein Lerntipp in Form einer „Lernziehharmonika“. Regen Sie die S. zum Selbermachen an – wobei durchaus auch meterlange, aneinander geklebte farbige Exemplare entstehen können.

Einheit 6

Allgemeines:
In dieser Einheit geht es um das Thema „Sport und Sportarten“ und im zweiten Teil um die „Körperteile“. Landeskundlich interessant dürften die Bundesjugendspiele in Deutschland sein. Die Wiederholung der Komparation und der Superlative bietet sich an. Außerdem wird der weil-Satz systematisiert.

1 Sport ist in der Regel, wie z. B. auch Abnehmen, ein Thema, für das sich nicht alle in der Klasse interessieren werden. Es gibt Sportbegeisterte und eben andere, die auch ohne Sport glücklich sind. Beide Haltungen werden mit den Zeichnungen illustriert. Lassen Sie die S. kurz und spontan darauf reagieren.

2 Tests dieser Art sind bei Jugendlichen in der Regel beliebt. Hier tauchen auch schon zahlreiche Wörter und Strukturen auf, die von den S. im Alltag benutzt werden können. Lassen Sie die Fragen 1–7 von verschiedenen S. vorlesen und klären Sie unbekannte Ausdrücke. Ermitteln Sie anschließend mithilfe des Lösungsschlüssels (auf der nächsten Seite unten) den Anteil der „Sportfreaks“ etc. in der Klasse.

Sport

1 **Sieh die Bilder an. Welcher Typ bist du?**

A

B

Ich bin Typ A. Ich mache viel Sport.

2 **Der Sporttest – Notiert die Ergebnisse. Die Auswertung findet ihr auf Seite 37.**

1. Wie viele Stunden Sport machst du in der Woche?
a) nur in der Schule
b) 1–3 Stunden pro Woche
c) mehr als 3 Stunden pro Woche

2. Wie viele verschiedene Sportarten treibst du?
a) keine
b) eine
c) zwei oder mehr

3. Es ist ein schöner Tag im Winter. Was machst du?
a) Ich gehe zum Eislaufen.
b) Ich laufe Ski.
c) Ich sehe fern und trinke Kakao.

4. Es ist ein schöner Tag im Sommer. Was machst du?
a) Ich fahre Rad oder ich gehe skaten.
b) Ich sehe fern.
c) Ich gehe spazieren.

5. Du gehst zur Schule und der Bus kommt. Du bist noch 100 Meter vom Bus entfernt. Was machst du?
a) Ich renne schnell zum Bus und fahre in die Schule.
b) Ich warte auf den nächsten Bus.
c) Ich gehe nach Hause und lege mich wieder ins Bett.

6. Die Olympischen Spiele 2000 waren in
a) Athen
b) Peking
c) Sydney

7. Ordne die Bilder den Sportarten zu.
a) Fußball
b) Rugby
c) Badminton
d) Basketball
e) Volleyball
f) Handball

① 
④ 
② 
⑤ 
③ 
⑥ 

36 sechsunddreißig

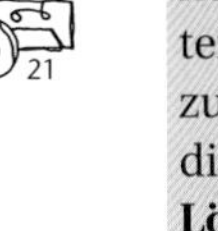

3 Sportgeräusche – Hört zu. Welche Sportarten erkennt ihr?

21

Schwimmen Reiten Boxen Tennis Tischtennis Karate

4 Vier Interviews: *Sport? Na klar! – Sport? Nein danke!* Sammelt: Was können die Jugendlichen sagen? Hört dann zu und macht Notizen.

22

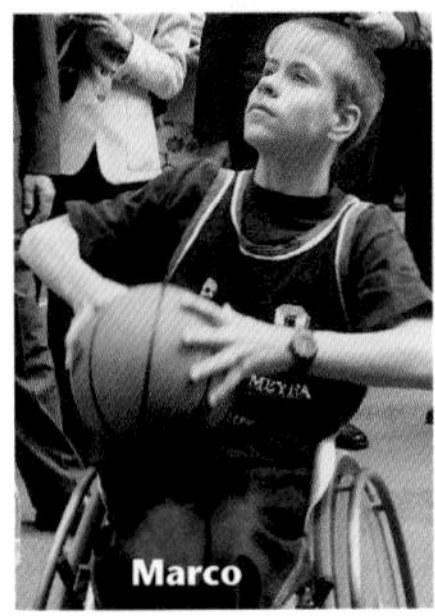

5 Wer sagt was? Ergänzt die Aussagen mit den Namen. Die Notizen helfen.

... treibt Sport / treibt keinen Sport.
... gewinnt gerne.
... hat keine Zeit.
... ist danach immer total kaputt.
...

Mathias treibt viel Sport. Er trifft da seine Freunde.

fit Buch
gefährlich nur Fußball

Punkte: Frage 1: a=1; b=3; c=5 – Frage 2: a=0; b=3; c=5 – Frage 3: a=5; b=3; c=0 – Frage 4: a=3; b=0; c=2 – Frage 5: a=5; b=3; c=0 – Frage 6: a=0; b=0; c=3 – Frage 7 (Lösung: a=2; b=3; c=5; d=6; e=4; f=1). 6 richtig = 5, 5 richtig = 4, 4 richtig = 3, 3 richtig = 2, weniger = 0
Auswertung: 10 Punkte oder weniger: Du sitzt zu lange und zu oft zu Hause. Geh raus und mach ein bisschen Sport. Du fühlst dich besser. 11 bis 25 Punkte: Du machst gerne Sport. Du weißt, dass es dich fit macht. 26 Punkte und mehr: Du bist ein Sportfreak. Aber zu viel Sport ist auch nicht gut. Du musst dich auch manchmal ausruhen.

siebenunddreißig 37

3 Die S. sehen sich die Zeichnungen an und stellen sich zunächst die Geräusche vor, die bei den Sportarten zu hören sein dürften. Die S. sollten versuchen, die Geräusche zu imitieren. Spielen Sie dann die Kassette vor.
Lösung: 1. Reiten 2. Boxen 3. Tischtennis 4. Basketball 5. Schwimmen 6. Kegeln 7. Radfahren 8. Tennis 9. Karate 10. Fußball

4 Natürlich gibt es Argumente für und gegen Sport, wie aus den Aussagen der vier Jugendlichen deutlich wird. Die S. sehen sich zunächst die Fotos an und sammeln mündlich in der Klasse Gründe dafür, warum man Sport treibt bzw. nicht treibt. Sie hören dann den ersten Hörtext. Sammeln Sie auch hier wieder Stichpunkte an der Tafel und lassen Sie die S. danach die anderen Hörtexte hören, zu denen sie sich nun selber Notizen machen sollen. Sammeln Sie dann die Aussagen in der Klasse. Hier wäre eine Gelegenheit, den dass-Satz zu wiederholen, z. B.: „Steffi sagt, dass sie am liebsten Tennis spielt.“ In den Interviews benutzen die Jugendlichen häufig Nebensätze mit „weil“, die aber erst in **18** explizit thematisiert werden. Sie können die S. auch kurz in der Klasse weitere Begründungen für oder gegen Sport formulieren lassen oder die Erstellung eines kurzen Textes (wie in den Interviews) als Hausaufgabe geben. Hierzu können die Transkripte der Hörtexte als Modell dienen.

5 **Beispiele:** Marco treibt gern Sport. Er gewinnt gern. Klaus hat für Sport keine Zeit. Er findet Sport gefährlich. Mathias findet das Training toll. Er ist danach immer total kaputt.

6 Kleine Wortschatzübung zur Vorbereitung auf den Lesetext zu den Bundesjugendspielen. Lassen Sie die S. jeweils nur einen Satz als Begründung anführen.
Lösung: fit, laufen, Sekunde, Gold, Rekord, Meter

7 Vorbereitung auf den Lesetext durch Leitfragen. Welche Fragen können die S. jetzt schon beantworten oder wozu Hypothesen bilden? Lassen Sie dann den Text lesen und die Antworten zu den Fragen in Kurzform im Heft notieren. Am Ende könnte ein S. eine der Fragen von 1–10 stellen und ein anderer versucht, die Antwort zu geben.
Lösung: 1. Nein, alle sind auf dem Sportplatz. 2. Im Text nicht erwähnt. 3. Experten sagen, dass Sport fit macht und gut für den Kopf ist. 4. Alle Schüler sollen zeigen, wie gut sie sind / wer der Beste ist. 5. Im Text nicht erwähnt. / Man bekommt eine Urkunde. 6. Einmal im Jahr. 7. Viele Sportarten, Laufen, Weitspringen etc. 8. Man bekommt eine Medaille. 9. Alle. 10. Im Text nicht erwähnt.

8 Die S. hören ein Interview mit Julian, einem sportbegeisterten Jugendlichen, der schon mehrere Medaillen bei den Bundesjugendspielen gewonnen hat. Hier könnte eine Gruppe von S. mit dem Transkript des Hörtextes zusätzlich zur Aufgabe im KB einige Fragen zum Hörtext selbständig erarbeiten, die dann von anderen S. beantwortet werden sollen. Sie können mit den S. hier die Versprachlichung einiger Ergebnisse im Sport üben, z. B. „Neun Komma sieben Sekunden", oder: „Hamburg hat gegen Dortmund neun zu drei (9 : 3) gewonnen/verloren."
Lösung: Julian ist 3 Meter 35 weit gesprungen (wie man auf der Prüfkarte sieht; nicht 3 Meter 25, wie er im Interview sagt).

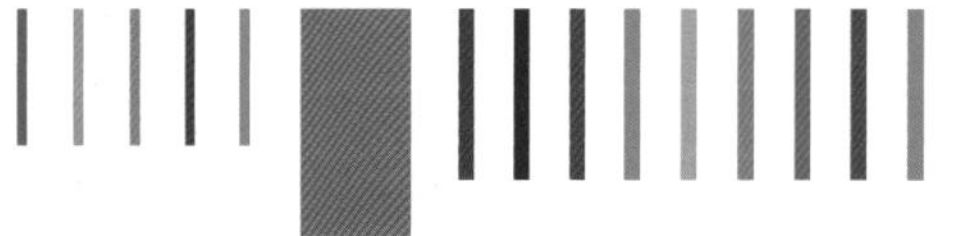

Bundesjugendspiele und Sportabzeichen

6 Zwölf Wörter – Sechs passen zu dem Thema „Sport". Wählt aus und begründet.

Museum – fit – laufen – hören – Cola – Sekunde – Gold – Brief – fernsehen – Rekord – schreiben – Meter

7 Lest zuerst die Fragen und dann den Text. Welche Fragen beantwortet der Text? Lest Fragen und Antworten vor.

1. Ist bei den BJS ein normaler Schultag?
2. In welcher Stadt finden die BJS statt?
3. Warum ist Sport gut?
4. Warum organisiert man die BJS?
5. Bekommt man Geld?
6. Wie oft finden die BJS statt?
7. Was kann man bei den BJS machen?
8. Was bekommt man beim Sportabzeichen?
9. Wer kann das Sportabzeichen machen?
10. Dürfen Lehrer auch mitmachen?

Sport macht fit und ist auch gut für den Kopf, sagen alle Experten. Die Bundesjugendspiele gibt es in Deutschland seit mehr als 50 Jahren. Die Idee ist, dass alle Schüler einmal im Jahr zeigen, was sie sportlich können und wer die Besten sind. An diesem Tag sind alle auf dem Sportplatz. Man kann zwischen Laufen, Weitspringen, Hochspringen, Ballwerfen oder Kugelstoßen wählen. Aber auch Schwimmen, Turnen oder Radfahren gehören dazu. Alle Schüler bekommen dafür eine Urkunde. In Deutschland machen auch viele das Sportabzeichen. Das Alter ist nicht wichtig und es ist auch nicht so wichtig, wer am schnellsten läuft oder am höchsten springt. Hauptsache, man macht Sport und schafft eine bestimmte Mindestleistung. Beim ersten Mal gibt es eine Medaille in Bronze, beim zweiten Mal in Silber, und wenn man zum dritten Mal mitgemacht hat, bekommt man eine Goldmedaille. Manche Menschen sind schon über 70 Jahre und machen immer noch mit.

Sportabzeichen-Prüfkarte
– Bitte in Blockschrift schreiben –

Name: Becker Vorname: Julian
Geburtsdatum: 6. 4. 87 Verein/Schule/Einheit: TG Wehlheiden
Straße/Hausnr.: Querallee 29 PLZ/Ort: 34119 Kassel

1 = Verleihung 2 = Wiederholung in Abzeichenart: 1 = Bronze 2 = Silber 3 = Gold 4 = Gold mit Zahl

Sportabzeichen-Klasse (bitte ankreuzen):

Gr.	Art der Übung (ankreuzen)	Versuche	beste Leistung
1	☒ 50-m-Schwimmen ☐ 200-m-Schwimmen		1:10,1 min
2	☐ Hochsprung ☒ Weitsprung ☐ Standweitsprung ☐ Bock-/Pferdsprung		3,35 m
3	☒ 50-m-Lauf ☐ 75-m-Lauf ☐ 100-m-Lauf ☐ 400-m-Lauf ☐ 1000-m-Lauf		8,4 sec
4	☐ Kugel ☐ Stein ☒ Schlagball ☐ Wurfball ☐ Schleuderb. ☐ Medizinb. ☐ Schwim. ☐ Bodent. ☐ Zusatzangebot		39,5 m
	☐ 800-m-L. ☒ 1000-m-L.		

Prüfungstag: 11.7.98 Ort: Kassel

Ehrenurkunde

23

8 Julian Becker hat das Sportabzeichen in Gold. Hört zu und macht Notizen. Vergleicht mit der Urkunde. Julian hat sich einmal geirrt.

– in acht Komma vier Sekunden
– drei Meter fünfunddreißig
– neununddreißig Komma fünf Meter

38 achtunddreißig

6

Die Besten

9 Drei Weltrekorde – Ordnet die Ergebnisse zu. Prüft im Internet: Sind die Informationen noch richtig?

Wer ist am weitesten gesprungen? Wer ist am höchsten gesprungen?
Wer ist die 100 Meter am schnellsten gelaufen?

Maurice Greene (USA), 1999	9,79
Javier Sotomayor (CUB), 1993	2,45
Mike Powell (USA), 1991	8,95

Maurice Greene ist am ...

10 ***Schnell, schneller, am schnellsten*** **– Sammelt Adjektive an der Tafel.**

	Komparativ	Superlativ	
schnell weit ...	schneller weiter ...	am schnellsten am weitesten ...	der/das/die schnellste ... der/das/die weiteste ...
alt groß ...	älter größer ...	am ältesten am größten ...	der/das/die älteste ... der/das/die größte ...
gut viel hoch	besser mehr höher	am besten am ... am ...	der/das/die beste ... der/das/die meiste ... der/das/die höchste ...

11 Die Besten in der Klasse – Sprecht in der Klasse.

Wer kann am schnellsten laufen?
Wer wirft den Ball am weitesten?
Wer springt am höchsten?
Wer ...

Wer ist der/die Beste in Mathe?
Wer malt die schönsten Bilder?
Wer ist der/die Größte/Kleinste?

12 Welche Sportart ist am ...? Sammelt in der Klasse und vergleicht.

am gefährlichsten – am schönsten –
am aggressivsten – am brutalsten – am ...

Boxen ist am elegantesten.

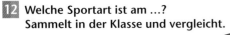

9 Lassen Sie die S. die Ergebnisse versprachlichen und als Hausaufgabe im Internet recherchieren und in der Klasse aktualisieren. Mögliche Suchbegriffe: „Rekorde"/„Sport"/„Weltrekorde"/„Olympia" etc.
Lösung: Mike Powell ist am weitesten gesprungen (8,95 m). Javier Sotomayor ist am höchsten gesprungen (2,45 m). Maurice Green ist am schnellsten gelaufen (100 m in 9,97 sec.).

10 Systematisierung der Komparation und des Superlativs. Schreiben Sie zu jedem der drei Bildungstypen ein Beispiel an die Tafel und ordnen Sie diesen dann zusammen mit den S. weitere Adjektive zu. Lassen Sie die S. dabei allmählich Hypothesen über die Bildung der regelmäßigen Komparationsformen formulieren.

11 Ausgehend von der Situation in der Klasse, sollen die S. weitere Beispiele mit Vergleichen und Superlativen nennen.

12 Erweiterung zu Adjektiven im Superlativ. Helfen Sie den S. bei Wortschatzproblemen oder ermuntern Sie sie zum Gebrauch eines Wörterbuchs.

13/14 Das Thema Sport ist eng mit dem Wortfeld „Körperteile“ verbunden. Da es sich hier vor allem um die Aneignung neuen Wortschatzes handelt (immerhin 20 Vokabeln), sollen sich die S. ganz besonders konzentrieren. Wir helfen ihnen dabei mit ruhiger Musik und einem kleinen Ausflug in die Suggestopädie. Die S. sollen sich die neuen Wörter möglichst intensiv einprägen und dabei ihre Muttersprache oder weitere Fremdsprachen und alle ihnen bekannten Gedächtnistechniken benutzen. Neben dem Vorschlag zum Anlegen eines Lernplakats kann hier natürlich auch wieder die Anregung zur Arbeit mit Lernkärtchen hilfreich sein. Sie können auch die Kopiervorlage 8 als Folie oder Kopie benutzen. Durch Abdecken der Bezeichnungen lassen sich die Körperteile effektiv wiederholen.

15 Kontextualisierung der Körperteile in Verbindung mit Krankheiten. Lassen Sie die S. die Zeichnungen besprechen und dann die Dialoge hören, lesen und vorspielen. Sie können bei Bedarf an dieser Stelle auch schon die Redemittel aus **17** in die Szenen einbringen.

Körper

13 **Wörter mit Musik lernen – Hört zu und schaut die Zeichnungen an.**

14 **Lernplakat „Körperteile“ – Hier sind die Pluralformen der Körperteile. Schreibt die Wörter in ein Lernplakat.**

armeaugenbeinebäuchedaumengesichterfingerrückenfüßehaarehälsehändeknie köpfenasenohrenbrüsteschulternmünderzähne

15 **Aua! – Hört die Dialoge und spielt sie.**

- ● Kommst du mit zum Fußballtraining?
- ○ Ich kann nicht, mein Bein tut weh.
- ● Was ist passiert?
- ○ Ich bin die Treppe runtergefallen.
- ● Oje! Gute Besserung!

- ● Gehst du mit ins Kino?
- ○ Ich kann nicht mitkommen.
- ● Warum nicht?
- ○ Weil ich Kopfweh habe.
  Ich glaube, ich habe zu viel Grammatik geübt.
- ● Du spinnst!

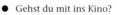

Vorschlag: Spielerische Übung zu „Körperteilen“: Der Wortschatz zu „Körperteile“ kann natürlich ohne zusätzliche Materialien in der Klasse gefestigt werden.
Beispiel: Jeder S. bekommt ein Körperteil zugeordnet (alle Bezeichnungen für Körperteile auf Kärtchen schreiben und ziehen lassen). Dann ruft ein S. – während er eine passende Geste zu seinem eigenen Körperteil ausführt (sich als „Ohr“ beispielsweise am Ohrläppchen zupft oder die Hand zum Lauschen an das Ohr hält) – einen anderen S. auf, z. B.: „Ohr ruft Bein!“ Der S., der das Bein darstellt, macht seine Geste und ruft den Nächsten auf: „Bein ruft Nase!“, etc.

16 Entschuldigungen – Ordne 1–5 und a–e zu. Hört dann zu und vergleicht.

1. Du bist schon wieder zu spät!
2. Hast du die Vokabeln schon wieder nicht gelernt?
3. Nimm sofort den Kaugummi aus dem Mund!
4. Warum hast du deine Hausaufgaben nicht gemacht?
5. Warum warst du am Freitag nicht in der Schule?

a) Ich habe sie ja gemacht,
aber ich habe sie zu Hause vergessen.
b) Ich hatte keine Zeit,
weil ich gestern Geburtstag hatte.
c) Ja, aber ich hatte keine Chance,
weil der Bus nicht gekommen ist.
d) Tut mir Leid, aber ich habe noch nicht gefrühstückt.
e) Weil ich krank war. Ich hatte Grippe.
Hier ist meine Entschuldigung.

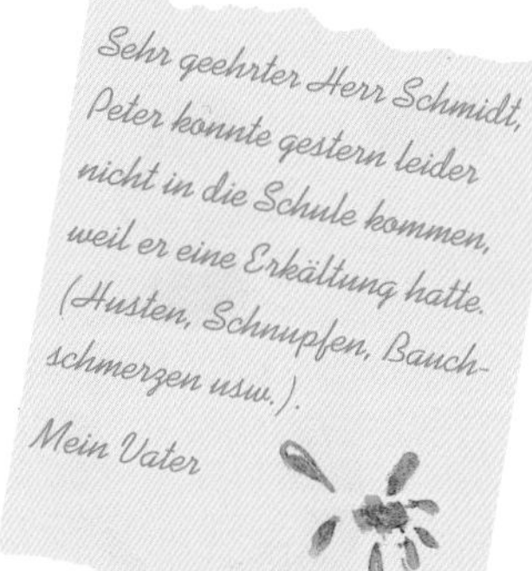
Sehr geehrter Herr Schmidt,
Peter konnte gestern leider nicht in die Schule kommen, weil er eine Erkältung hatte. (Husten, Schnupfen, Bauchschmerzen usw.).
Mein Vater

17 Pantomime – Was ist los? Was hast du? Spielt das Problem. Die anderen raten.

Ich bin	krank/ erkältet	Ich habe	Fieber/Schnupfen/...	Mein Bein/Arm/...	tut weh.
	müde		Kopfschmerzen	Meine Füße/Augen	tun weh.
	total kaputt		Halsschmerzen	...	
	...		...		

18 Begründungen mit *weil*

a *Weil* funktioniert wie *dass*. Sammelt Beispiele an der Tafel.
b Ordnet zu, schreibt die Sätze und lest vor.

1. Anna ist traurig.
2. Herr Schmidt geht gerne ins Konzert.
3. Ich treibe keinen Sport.
4. Der Mathetest der 7a war super.
5. Julian macht Sport.

a) Er mag moderne Musik.
b) Sie hat keine Freunde.
c) Olli hat den Test gefunden.
d) Er trifft da seine Freunde.
e) Das ist zu gefährlich.

Anna ist traurig, weil sie keine Freunde hat.

19 Gründe finden – Schreibt die Sätze zu Ende und lest vor.

1. Mareike war sauer, weil ...
2. Familie Schröder ist mit dem Zug nach Hamburg gefahren, weil ...
3. Herr Schmidt ..., weil ...
4. Meine Eltern sind o.k. / nicht o.k., weil ...
5. Mein Bruder / Meine Schwester ..., weil ...
6. Mein Freund / Meine Freundin ...
7. Ich bin sauer/traurig/gut gelaunt, weil ...

20 Sätze mit *weil* und *aber* – Was ist der Unterschied? Seht in Aufgabe 16 nach.

einundvierzig 41

16 Auch im Kontext von Entschuldigungen spielen Krankheiten eine wichtige Rolle. Hier eine Beispielsammlung von typischen Szenen im Klassenzimmer, wobei verstärkt Strukturen mit „weil" aufgegriffen werden, die dann in **18** systematisiert werden. Lassen Sie die S. die Dialogteile zuordnen und mit der Kassette kontrollieren. Die S. können danach die Dialoge mit verteilten Rollen vorspielen (bitte auf richtige Betonungen und eine angemessene Satzmelodie achten). Und nicht vergessen, die selbst geschriebene Entschuldigung rechts zu besprechen.
Lösung: 1c, 2b, 3d, 4a, 5e

17 Kurze „ganzheitliche" Wiederholung der Körperteile und der Krankheiten. Ein S. spielt etwas vor, die anderen raten usw.

18 Systematisierung von „weil": Lassen Sie die S. ein, zwei Beispiele zu weil-Sätzen aus den Texten der Einheit sammeln und schreiben Sie diese an die Tafel. Die S. werden schnell feststellen, dass auch hier, wie im dass-Satz, das Verb am Ende steht. Lassen Sie dann die Sätze lesen und mündlich, wie in der Sprechblase, mit „weil" verbinden (anschließend evtl. schriftlich).
Lösung: 1b, 2a, 3e, 4c, 5d

19 Offenere Übung zu „weil". Die S. können die Sätze kreativ ergänzen.

20 Kurze Kontrastierung von „weil" und „aber". Schreiben Sie je einen Satz an die Tafel und weisen Sie auf die Bedeutung und die Wortstellung hin.
Beispiel: „Ich habe die Hausaufgaben gemacht, aber sie sind zu Hause." „Ich habe die Hausaufgaben nicht, weil sie zu Hause sind."
Lösung: Beim weil-Satz steht das Verb am Satzende. Bei „aber" steht das Verb an der zweiten Stelle im Satz.

Einheit 7

Allgemeines:
In dieser Einheit steht das Thema „Mode und Kleidung“ im Mittelpunkt, das mit dem Grammatikkapitel der Adjektivendungen (ohne Dativ und Genitiv) verbunden wird. Wiederholt wird das Wortfeld „Farben“. Die Einheit beginnt mit einer Schülercollage zum Thema und wird über Texte und Dialogtraining fortgeführt. Sie ist so angelegt, dass der Gebrauch der attributiven Adjektive von Anfang an ohne Fokus auf Form trainiert und seine Automatisierung damit gefördert wird.

Die Übungen **1–4** sind so konzipiert, dass die S. den Wortschatz bereits mit den attributiven Endungen verwenden können, ohne dabei Fehler zu machen. Korrekturen bei trotzdem auftauchenden Fehlern bringen in dieser Phase nichts. Ziehen Sie keinesfalls die Grammatikerklärungen vor.

1 Die Collage soll Ideen für eigene Schülerproduktionen liefern (siehe **4**). Nach Möglichkeit mit einer Folie arbeiten oder bringen Sie alte Modekataloge mit (es müssen keine deutschsprachigen sein): Kennen die S. noch andere Kleidungsstücke auf Deutsch? Klärung ggf. mit dem Wörterbuch. Können die S. sagen, welche Wörter aus dem Englischen („T-Shirt“, „Pullover“), welche aus dem Französischen („Krawatte“, „Jacke“) kommen?
Vorschlag: Sie können hier ein Projekt anregen, bei dem die S. mithilfe des Internets auf aktuellen Modeseiten Kleidung oder Wortschatz aussuchen und kreativ verwenden, siehe z. B.: http://www.otto.de oder http://neckermann.de

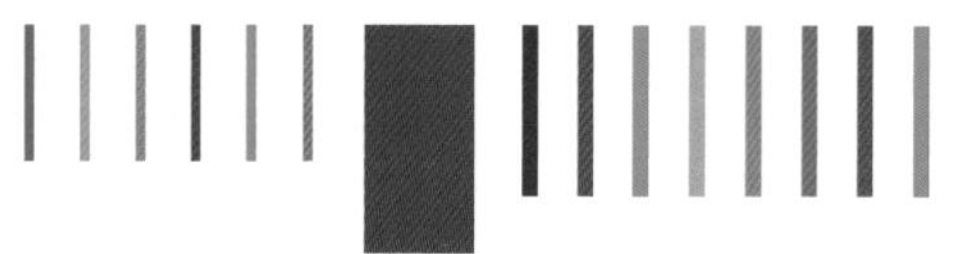

Modenschau

1 Schülercollagen – Welche findet ihr am schönsten? Welche Wörter kennt ihr?

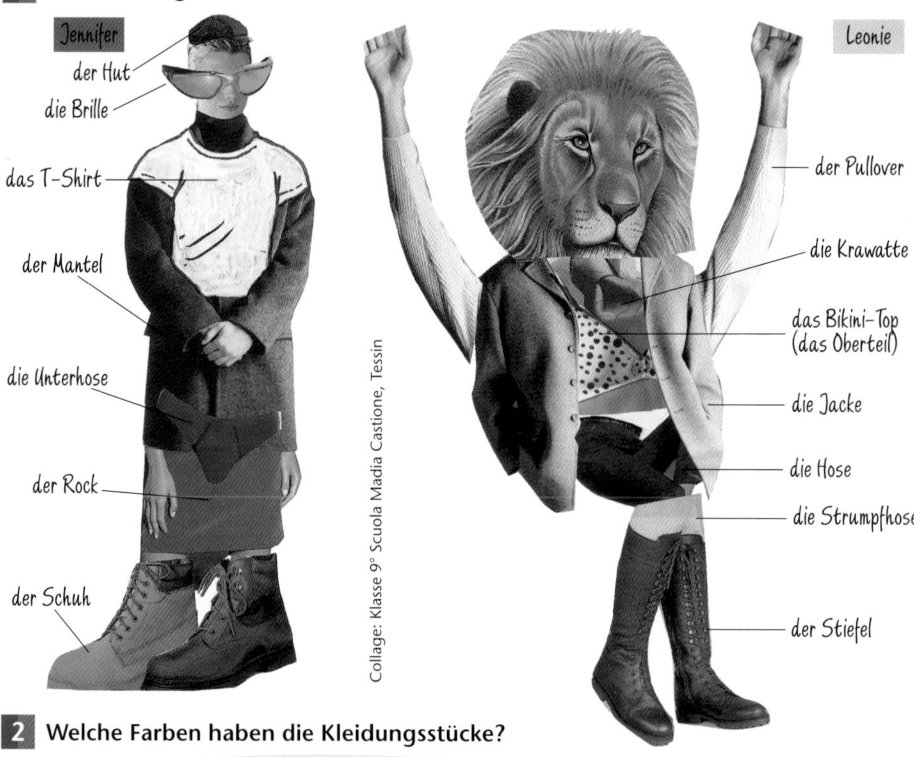

2 Welche Farben haben die Kleidungsstücke?

Die Hose von Leonie ist blau, die Krawatte ist grau.

3 Was tragen die Personen in der Collage? Wählt aus.

Jennifer trägt schwarze/braune Stiefel, ein weißes/gelbes T-Shirt, einen grauen/weißen Mantel, einen dunklen/hellen Hut, eine blaue/grüne Unterhose, einen roten/grünen Rock, eine moderne/altmodische Brille.

Leonie trägt ein gestreiftes/gepunktetes Bikini-Top, eine bunte/einfarbige Krawatte, eine graublaue/hellgrüne Jacke, einen hellen/dunklen Pullover, eine blaue/gelbe Hose, eine schwarze/weiße Strumpfhose, teure/billige Stiefel.

Jennifer trägt braune Stiefel. Sie ...

4 Thema „Kleidung“ – Macht eine Collage.

42 zweiundvierzig

2 Die Übung dient der Wiederholung der Farbbezeichnungen (in zunächst prädikativer Position) und ihrer mündlichen Produktion. Vorbereitung für **3**.

3 Die S. markieren die korrekten Adjektive auf einer Kopie bzw. schreiben sie mit der richtigen Form auf und berichten dann.

Variante: Kopiervorlage 9: Die S. schreiben in jede Spalte drei Kleidungsstücke mit Farbbezeichnungen, die sie mögen bzw. nicht mögen.

4 Gruppenarbeit, in der der Wortschatz angewendet und frei erweitert werden kann, je nach Leistungsstand der Gruppe.

5 Herbie, Alexa und die Mode – Seht die Bilder an und lest die Texte. Wer interessiert sich für Mode, wer nicht?

Das Thema *Mode* interessiert ihn eigentlich überhaupt nicht. Seine Mutter legt morgens die Kleidung hin und er zieht sie an. Er mag sportliche Sachen, bequeme Jeans, T-Shirts, Größe: XL. Die Farbe ist ihm egal. Am liebsten zieht er im Moment das dunkle Sweatshirt an. Sehr bequem. Er hat auch eine Mütze, die dazu passt. Wichtig sind die Schuhe. Sportschuhe findet er gut. Die tragen im Moment alle in der Klasse.

Sie sagt, dass sie ein Sommertyp ist. Sie mag helle, sonnige Farben. Sie geht oft mit ihrer Freundin Ilona einkaufen. Na ja, nicht richtig. Meistens probieren sie im Kaufhaus nur neue Sachen an. Später geht sie dann mit ihrer Mutter und sie kaufen die Sachen manchmal. Man kann auch Kleidung selbst machen. Zum Beispiel Blusen. Das ist billiger. Manchmal gibt es ein bisschen Streit. Ihre Mutter mag keine kurzen Röcke.

6 Zwei Interviews – Lest die Sätze und hört zu. Welche Sätze passen zu Herbie, welche zu Alexa?

27

1. Das ist mir egal, das ist kein Thema für mich.
2. Ich mache sowieso viel Sport, Fußball, Volleyball und Schwimmen.
3. Rot mag ich am liebsten.
4. Meine Mutter macht Kleidung selbst.
5. Meine Eltern haben natürlich einen anderen Geschmack als ich.
6. Mode ist auch eine Geldfrage.
7. Die meisten Schüler ziehen sich so wie ich.

7 Über Geschmack sprechen Was passt zusammen und was nicht?

1. schwarze Jeans und gelbe Krawatten
2. blaue Leggins und gelbe Blusen
3. alte Sportschuhe und …
4. lange Stiefel und kurze Röcke
5. weite … und enge …
6. gestreifte Hosen und karierte Hemden

Ja, das passt super!

Ich finde, schwarze Jeans und rote T-Shirts passen gut zusammen.

Schrecklich! Das passt überhaupt nicht.

dreiundvierzig 43

5 Textarbeit. Die S. können den Text wählen, den sie zuerst bearbeiten wollen. Globales Lesen: Stellen Sie die Frage „Interessiert er/sie sich für Mode oder nicht?“ und lassen Sie dann die Bücher nach dreißig Sekunden schließen. Fragen Sie dann, welche anderen Informationen die S. in der kurzen Zeit dem Text schon entnommen haben. Anschließendes Lesen der beiden Texte in Partnerarbeit, weitere Kleidungsstücke werden notiert. Zum Schluss die Diskussion: Stimmt es eigentlich, dass sich Herbie für Mode nicht interessiert?

6 Zweimal hören. Die S. machen sich Notizen zu Herbie und Alexa erst beim zweiten Hören.
Lösung: Herbie: 1 (2, 7); Alexa: 4 (3, 5, 6)

7 Hier werden die S. angeregt, mit den neuen sprachlichen Formen wieder (wie bei der Kopiervorlage 9) eigene Meinungen auszudrücken. (Vgl. Einleitung in diesem Handbuch, S. 13, „Aktives Sprachhandeln der Lernenden.) Geben Sie eine kurze Vorbereitungszeit, dann sollen sich die S. jeweils mit einem positiven und einem negativen Beispiel melden (passt / passt nicht).
Variante: Erweiterung der Übung mit Kleidungsstücken und Adjektiven, die bisher eingeführt wurden. Die Adjektivendungen bleiben immer gleich.

8 Die nun folgende Phase (**8–10**) dient der Dialogarbeit und damit der Automatisierung der erlernten Formen in Standard-Gesprächssituationen. Lassen Sie die Fotos anschauen: Worum könnte es in den Dialogen gehen? Wo finden sie statt? Anschließend vorspielen.

9 Die S. wählen einen Dialog aus, den sie zunächst unverändert sprechen. Dann lassen Sie ihn, gemäß den Varianten 1–4, abändern. Korrigieren Sie die einzelnen Partnergruppen bei Bedarf. Die gelenkten Variationen dienen dem Flüssigkeitstraining (siehe Einleitung, S. 13).

Wie findest du ...? Hast du ...?

8 Zwei Dialoge – Hört zu, lest und spielt die Dialoge.

Im Kaufhaus

- ● Wie findest du die grüne Bluse und den blauen Schal? Cool, oder?
- ○ Ich weiß nicht. Ich finde, dass Grün dir gar nicht steht.
- ● Meinst du wirklich? Und das rote Top? Ich finde, das steht mir.
- ○ Das ist MEGA-out.
- ● Ich mag das T-Shirt hier. Haben Sie das in Blau?
- ▶ Moment, ich glaube nicht, nur in Größe 38.
- ● 38? Das ist zu groß. Dann nehme ich nur den blauen Schal.

Am Telefon

- ● Frontzek.
- ○ Hallo, Britta! Du, wir gehen heute Abend zum Geburtstag von meiner Cousine. Hast du eine blaue Bluse für mich?
- ● Eine blaue Bluse? Moment, nein, aber ich hab ein hellblaues T-Shirt.
- ○ Nein, das geht nicht, ich hab einen schwarzen Hosenanzug, das passt nicht zusammen.
- ● Ruf doch Marion an. Die hat ziemlich viele schicke Klamotten.

9 Wählt Situation 1 oder 2 aus, ändert die Kleidungstücke und übt die Dialoge zu zweit.

Situation 1

- ● Wie findest du ⓐ? Cool, oder?
- ○ Ich weiß nicht. Ich finde, (der/das/die) steht dir gar nicht.
- ● Meinst du wirklich? Und wie findest du ⓑ? Ich finde, (der/das/die) steht mir.
- ○ Unmöglich, das ist MEGA-out.
- ● Ich mag ⓒ, hier? Haben sie (den/das/die) in Beige?
- ○ Moment, nein, nur in Größe 38.
- ● Tut mir Leid, das passt mir nicht.

Wie findest du die hellblaue Bluse?

	①	②	③	④
ⓐ	die hellblaue Bluse	den dunkelblauen Rock	den weißen Pullover	die blaue Krawatte
ⓑ	das rot gestreifte T-Shirt	das hellgrüne Hemd	den roten Pullover	die gestreifte Krawatte
ⓒ	das kurze Top	den kurzen Mantel	die schwarze Jacke	den karierten Anzug

44 vierundvierzig

Situation 2

- ● Hallo. Du, wir gehen heut Abend aus. Hast du ⓐ für mich?
- ○ ⓐ? Moment, nein, aber ich hab ⓑ.
- ● Nein, das geht nicht, ich hab ⓒ, das passt nicht zusammen.
- ○ Ruf doch XX an, die/der hat ziemlich viele Klamotten.

	①	②	③	④
ⓐ	eine hellblaue Bluse	ein dunkelblaues Hemd	einen weißen Pullover	ein dunkle Krawatte
ⓑ	ein hellblaues T-Shirt	ein hellgrünes Hemd	einen neuen, roten Pullover	eine blau gestreifte Bluse
ⓒ	eine dunkelrote Jacke	einen grauen Anzug	eine beige Jacke	einen karierten Anzug

10 **Über Mode sprechen – Verwendet Sätze aus dem Dialog „Im Kaufhaus".**

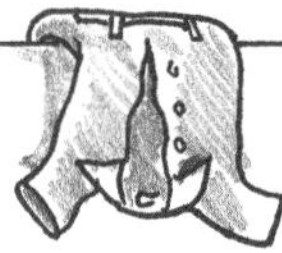

☺	☹
Das (Kleid) steht/passt/gefällt dir/mir (gut)! Das (Top) sieht gut/super aus. Das ... finde ich schöner als ... Das ist todschick/cool/topmodern.	Das (Kleid) steht/passt/gefällt dir/mir nicht. Das (Top) mag ich (überhaupt) nicht! Das finde ich nicht so schön wie ... Die Bluse ist unmodern/altmodisch. Das ist mir zu groß/klein / zu eng/weit.

Adjektive systematisch

11 **Arbeitet mit der Tabelle.**
a Alles in Rot – Ergänzt die Sätze.

	der Schal	**das** Hemd	**die** Jacke	**die** Schuhe (Plural)
Nominativ	der rote Schal (k)ein roter Schal mein roter Schal	das rote Hemd (k)ein rotes Hemd	die rote Jacke eine rote Jacke	die roten Schuhe – rote Schuhe keine roten Schuhe
Akkusativ	den roten Schal (k)einen roten Schal meinen roten Schal	mein rotes Hemd	meine rote Jacke	meine roten Schuhe

1. Hast du einen ... Schal für mich? 2. Trägst du gern ... Schuhe? 3. Wie findest du mein ... Hemd? 4. Passt mir die ... Jacke? 5. Trägst du gern ... Schuhe? 6. Wo sind meine ... Schuhe? 7. Steht mir der ... Schal? 8. Magst du keine ... Schuhe? 9. Ich glaube, ich nehme das ... Hemd. 10. Hast du die ... Jacke gesehen? 11. Trägst du keine ... Jacken? 12. Hast du meine ... Hemden gesehen?

b Ergänzt die Sätze in 11a mit passenden Adjektiven.

blau – grau – neu – alt – warm – teuer – lang – kurz – kariert – gepunktet – gestreift ...

10 Nach den gesteuerten Dialogen, die der Automatisierung dienen sollten, geht es jetzt um die freiere Anwendung des Gelernten auf der Grundlage der Vorgaben des Europäischen Referenzrahmens und der „Profile DaF". Der Sprachbaukasten wird zur Vorbereitung auf kleine Rollenspiele verwendet. Lassen Sie hierfür nun neue Dialogpaare zusammenstellen (mit jeweils anderen Partnern als in den vorangegangenen Übungen).

11

a) Hier beginnt die systematische Grammatikarbeit mit dem Fokus auf der sprachlichen Form. Lassen Sie die Lücken in Partnerarbeit ausfüllen, ohne die Tabelle vorher lange zu erklären.
Variante: Stärkere S. können die Tabelle abdecken und ihre Ergebnisse anschließend mit ihr kontrollieren.
Lösung: 1. roten 2. rote 3. rotes 4. rote 5. rote 6. roten 7. rote 8. roten 9. rote 10. rote 11. roten 12. roten

b) Transfer der Endungen auf andere Adjektive.
Lösung: Endungen wie in **11a**

12 Das Spiel folgt dem bekannten und in ***geni@l*** schon mehrfach verwendeten Prinzip des Spiels „Schiffe versenken“ und dient der Automatisierung bei der Verwendung der Adjektivendungen. Partnerarbeit.

a) Jeweils zwei S., A und B, zeichnen jeder zwei Kommoden mit jeweils vier Schubladen auf ein großes Blatt Papier, Kommode A und Kommode B. Nun schreibt A in jede Schublade seiner Kommode A jeweils zwei Zahlen, z. B. oben links 1 und 3 (= eine weiße Unterhose und braune Strümpfe) etc. B macht das Gleiche bei seiner Kommode B. Beide sehen die Eintragungen des anderen nicht.

b) Jetzt befragen sich beide abwechselnd, z. B. A: „Hast du in deiner Kommode unten rechts einen roten Rock?“ B antwortet. Bei „Ja“ kann sich A auf seinem Blatt in der Kommode B unten rechts eine „6“ notieren, bei „Nein“ eine durchgestrichene „**6**“. Bei einer positiven Antwort darf A weiterfragen, bei einer negativen ist B mit Fragen an der Reihe. Wer zuerst den vollständigen Inhalt der Kommode des anderen erraten hat, hat gewonnen.

Variante 1: Bei schwächeren Gruppen können Sie die Adjektive 1–8 mit den Akkusativ-Endungen an die Tafel schreiben.

Variante 2: Mit Zeitvorgabe (etwa drei Minuten). Gewonnen hat, wer innerhalb dieser Zeit die meisten Kleidungsstücke gefunden hat.

13 Ein ebenfalls bekanntes Spielprinzip: „Ich sehe was, was du nicht siehst“.

14 Nach den Automatisierungsübungen **12** und **13** können die S. nun wieder über sich selbst und andere sprechen. Jeder S. sollte zwei andere S. interviewen. „Aktives Sprachhandeln“ im Sinne des Referenzrahmens und „Profile Deutsch“.

Variante: Die Interviews können auch in der Pause mit anderen S., mit Lehrern (Sie-Form) oder auch als fiktive Star-Interviews geführt werden. Anschließend Bericht im Kurs.

Adjektive üben

12 **Das Aufräumspiel**

a Hier sind acht Kleidungstücke. Zeichnet die Kommode. Schreibt je zwei Zahlen in jede Schublade.

1. eine weiße Unterhose
2. eine graue Bluse
3. braune Strümpfe
4. ein gelbes T-Shirt
5. alte Schuhe
6. ein roter Rock
7. ein altmodisches Hemd
8. neue Jeans

oben links 1, 3 | oben rechts 2, 6
unten links 4, 7 | unten rechts 5, 8

b Spielt zu zweit wie im Beispiel.

- ● Hast du eine weiße Unterhose in der Kommode oben rechts?
- ○ Nein. Hast du eine graue Bluse oben rechts?
- ● Ja.
- ○ Hast du die weiße Unterhose …

13 **Namen in der Klasse raten – Wer nennt den Namen zuerst?**

Sie oder er trägt eine blaue Bluse, einen …
Ivanka!

14 **Interviews in der Klasse – Stellt Fragen, notiert die Antworten und berichtet.**

Was ist deine Lieblingsfarbe?
Was trägst du meistens in den Ferien?
Was trägst du am liebsten am Wochenende / im Theater …?
Was trägst du nie / magst du nicht?
Magst du …?
Trägst du gern/oft …?
Hast du einen/eine/ein …?

Meistens trage ich …

Am liebsten mag …

Ja, das trage ich fast jeden Tag.

mag rote Pullover
Ferien: Jeans/T-Shirt

Ivanka hat erzählt, dass sie rote Pullover mag. In den …

7

15 Fredo und Benno – Findet die sechs Unterschiede. Hört zu und kontrolliert.

29

Also, Fredo hat ein ... und Benno hat ein ...

16 Schöne Ferien – Was braucht ihr dafür? Jede/r notiert drei Dinge. Vergleicht im Kurs.

ein Buch/ein Land	bequem/groß
eine Reise/eine Stadt	gut/heiß
meine Freundinnen/Freunde	interessant/klein
ein Strand/mein Hund	neu/schön
Partys/Zeit	spannend/warm
ein Film/...	viel/viele/...

Für schöne Ferien brauche ich einen schönen Strand, viele Katzen ...

17 Adjektive machen eine Geschichte interessanter. Baut die Adjektive ein und lest eure Texte vor.

spannend – gemütlich – groß – billig – groß – klein – neu – arrogant – tot – riesig – riesengroß – gut

Die Rache

Das Pop-Mac ist ein Hamburger-Restaurant am Rathausplatz. Ingo und Carla sitzen dort gerne. Ingo erzählt: „Manchmal essen wir einen Hamburger. Manchmal haben wir wenig Geld und wollen nur eine Cola trinken und nichts essen. Das war kein Problem, bis der Manager gekommen ist. Der hat gesagt, dass wir nicht hier sitzen können und nur Cola trinken. Wir haben überlegt, wie wir den Typ ärgern können. Ich hatte eine Idee. Ich habe eine tote Maus besorgt. Die Maus habe ich neben die Küchentür gelegt. Nach ein paar Minuten ist Carla reingekommen und hat die Maus „gefunden". Sie hat laut geschrien. Der Manager ist sofort gekommen. Sie hat gesagt, dass das ein Skandal ist und dass ihr Vater bei der Zeitung arbeitet. Der Manager war schockiert, aber sehr freundlich. Er hat sich sofort entschuldigt und ihr eine Cola gebracht. Jetzt können wir sitzen bleiben, solange wir wollen."

Eine spannende Geschichte

siebenundvierzig 47

15 Adjektivübung, die ebenfalls als Vorlage für eigene Fantasiezeichnungen dienen sollte, aus denen dann ein Lernplakat entstehen kann.

16 Offene Übung, aktives Sprachhandeln. Die S. äußern ihre Meinung.
Variante: Die Zettel einsammeln und auf eine Pinnwand heften. Die S. raten: Wer hat welchen Zettel geschrieben?

17 Adjektive werden hier in ihrer Funktion in einem Kontext gezeigt. Die witzige Geschichte kann mit weiteren Adjektiven ausgebaut werden.
Variante: Kopieren Sie den Text mit verschieden umfangreichen Formen der Hilfe auf eine Folie oder ein Blatt Papier:

1. mit Punkten innerhalb des Textes an den Stellen, an denen Adjektive eingesetzt werden sollen (Kopiervorlage 10, oben)
2. mit durchnummerierten Adjektiven (1–12) und den entsprechenden Nummern auf den gepunkteten Linien
3. mit den richtigen Endungen (Kopiervorlage 10, unten).

Legen Sie die Blätter bei Bedarf in der Ecke eines Raumes aus. Die letzte Kopie ist auch für die eigenständige Korrektur durch die S. geeignet.

Einheit 8

Allgemeines:
In der Einheit geht es um das Thema Essen, um Mahlzeiten in Deutschland und die Präsenz der internationalen Küche in deutschen Städten, Essgewohnheiten von Jugendlichen und Sprichwörter, in denen Lebensmittel eine Rolle spielen. Als neue Grammatikstrukturen werden die Possessivartikel im Dativ eingeführt.

1 Über die Doppelseite hinweg finden die S. eine Collage mit unterschiedlichsten Aspekten zum Thema Essen: 1. Der Junge isst eine Bratwurst. 2. Obst und Gemüse auf dem Markt 3. Die Visitenkarte eines griechischen Restaurants 4. Noch ein Marktstand 5. Eingang eines chinesischen Restaurants mit deutschem Willkommensgruß 6. Hans isst einen „leckeren" Eisbecher. 7. Visitenkarte eines „Italieners" 8. Typisch deutsch: dicke Sahnetorten 9. Gyros in einem türkischen Imbiss 10. „Berliner": ein mit Marmelade oder Pflaumenmus gefülltes Gebäck.
Die S. sollen die Wörter, die sie schon kennen, zuordnen.

2 Lustige Pantomimenübung. Am besten, Sie machen etwas vor, z. B. „eine Karotte essen" (etwa demonstrieren, wie ein Kaninchen eine Karotte frisst, die immer kürzer wird ...). Lassen Sie der Fantasie der S. freien Lauf.

3 Die Frage nach Ländern und Speisen könnte im Prinzip auch schon bei **1** angesprochen werden. Wiederholen Sie vielleicht an dieser Stelle einige Ländernamen mit den dazu passenden Adjektiven: „Frankreich" – „französisch", „Griechenland" – „griechisch" etc.
Lösung: Bild 1: deutsche Bratwurst, Bild 2: deutscher Markt (Äpfel, Knoblauch, Kürbisse), Bild 3: griechisches Restaurant in Deutschland, Bild 4: deutscher Markt (Gemüse: Kohl, Sellerie, Lauch, Karotten), Bild 5: chinesisches Restaurant in Deutschland („Herzlich willkommen"), Bild 6: italienischer Eisbecher, Bild 7: italienisches Restaurant in Deutschland, Bild 8: deutsche Kuchenkultur (Torte), Bild 9: griechisches Gyros, Bild 10: deutsche Kuchen und Gebäck („Berliner": Hefeteig in Fett ausgebacken und mit Marmelade gefüllt; ebenso gibt es „Amerikaner": flache Kuchen mit Zuckerguss).

Essen und Trinken international

der Hamburger
die Bratwurst
die Weißwurst
der Döner

das (Mineral-)Wasser
der Kaffee
der Tee
die Milch

das Eis
die Chips (Pl.)
der Berliner
die Torte

das Obst:
der Apfel, die Kiwi
das Gemüse:
die Möhre, der Brokkoli

1 **Seht euch die Collage an. Was kennt ihr schon?**

2 **Pantomime – Zeigt, was ihr esst oder trinkt. Die anderen raten.**

Einen Hamburger!
Ein Stück Torte.
Einen Berliner.
Einen Döner!

3 **Welche Länder und Speisen findet ihr in der Collage?**

6

9

8

8

10

4 Thema „Essen" – Was ist für euch typisch deutsch? Was ist typisch in eurem Land? Sprecht in der Klasse.

In Deutschland gibt es überall viele ausländische Restaurants. Die Leute gehen „zum Italiener", „zum Griechen" oder „zum Spanier". Man findet auch oft chinesische Restaurants und viele aus anderen Nationen. Typisch deutsche Restaurants gibt es nicht so oft. In der Stadt kann man aber an vielen Stellen eine Bratwurst oder eine Currywurst bekommen und in den Restaurants Schnitzel in vielen Variationen mit Pommes frites, Bratkartoffeln oder Salzkartoffeln. Beliebt sind in Deutschland auch Wurst- und Käsebrötchen. Das beliebteste Essen in Deutschland ist vielleicht der türkische „Döner". Es gibt mehr Döner-Imbisse als McDonald's-Filialen.

5 Essen in meinem Land / meiner Stadt – Schreibt einen Text wie in Aufgabe 4.

6 Essen zu Hause und im Restaurant

a Ordnet zu und lest vor.

1. Wir wohnen nicht in der Stadt.
2. Japanisch habe ich noch nie gegessen.
3. Indisches Essen ist nichts für mich,
4. Wir gehen oft italienisch essen.
5. Wir essen immer zu Hause,
6. Ich mag keine Bratwürste.
7. Ich mag keine Kartoffeln,

a) aber Pommes frites esse ich gern.
b) weil es viel zu scharf ist.
c) weil es da allen am besten schmeckt.
d) Bei uns gibt es nur ein deutsches Restaurant.
e) Die sind mir zu fett.
f) Das kenne ich nicht.
g) Ich liebe Pizza!

b Und ihr? Macht eigene Aussagen wie in Aufgabe 6a.

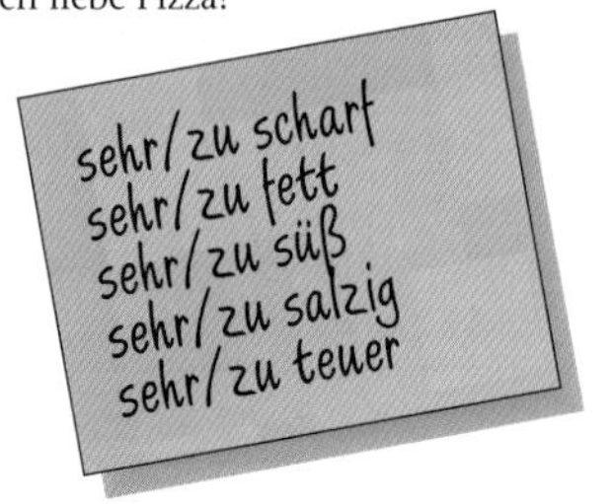

sehr/zu scharf
sehr/zu fett
sehr/zu süß
sehr/zu salzig
sehr/zu teuer

4 Ein kurzer landeskundlicher Text zum Thema. Lassen Sie die S. eine Liste der Speisen aus dem Text an der Tafel sammeln und sprechen Sie mit ihnen über Gemeinsamkeiten und Unterschiede zu ihrem eigenen Land.

Die S. können als Hilfe für eine eigene Recherche auch die Begriffe „Essen in Deutschland" oder „deutsches Essen" in eine Suchmaschine eingeben. Eine Seite mit deutschen Essgewohnheiten aus der Sicht irischer Schüler ist: http://www.goethe.de/gr/dub/projekt/deipess1.htm

5 Auch als Hausaufgabe geeignet. Im Prinzip sollten die S. nach dem Modell in **4** auch einen kleinen landeskundlichen Text über ihr Land schreiben. Sie können ja als Vorbereitung einige Aspekte mit ihnen gemeinsam sammeln.

6 Übung zu Redemitteln. Was und wo ich esse / wir essen.

a) Lassen Sie die Ziffern und Buchstaben der Satzteile zuordnen und danach von den S. zusammenhängend vorlesen (auf Aussprache und Intonation achten!).

Lösung: 1d, 2f, 3b, 4g, 5c, 6e, 7a

b) Klären Sie zunächst die Adjektive und die Struktur rechts mit den S. und lassen Sie dann eigene Aussagen formulieren. Fragen Sie auch, welche Restaurants sie kennen, was sie schon einmal gegessen haben, wie es war, was sie mögen, was nicht etc.

7 Typische Mahlzeiten in Deutschland: „Frühstück“, „Mittagessen“, „Abendessen“/„Abendbrot“ und „Kaffeetrinken“ am Sonntagnachmittag. Natürlich gibt es dabei auch in Deutschland große Unterschiede, je nach Familie und Traditionsbewusstsein. Familie Schuhmann steht hier nur als Beispiel. Dennoch dürften sich aus dem Text auch Unterschiede zu den Mahlzeiten in anderen Ländern herausarbeiten lassen, z. B. dass beide Eltern arbeiten und die Kinder sich allein etwas kochen.
Lösung: 1a, 2b, 3c (meistens kaltes Abendbrot mit Bier und Tee, aber heute Ravioli und ein Glas Wein), 4d

8 Mündlich oder/und schriftlich: Die S. erzählen/schreiben, was sie zu den verschiedenen Mahlzeiten essen, wann sie essen, mit wem etc.

Frühstück – Mittagessen – Abendessen

7 Texte und Fotos – Was gehört zusammen?

a

6 Uhr 30 – Familie Schuhmann frühstückt. Es muss alles schnell gehen. Herr Schuhmann isst nur ein Brot mit Marmelade und trinkt eine Tasse Kaffee. Er muss um 7 Uhr in der Firma sein. Frau Schuhmann hat mehr Zeit, sie muss um 12 Uhr ins Büro. Sie isst ein Brötchen mit Wurst. Dazu trinkt sie Tee und einen Orangensaft. Die Kinder trinken Kakao. Stefan isst immer zwei Brote mit Käse und Wurst und sein Bruder Dirk isst manchmal einen Teller Cornflakes.

4

b

13 Uhr 30 – Zum Mittagessen sind die Kinder allein zu Hause. Die Eltern arbeiten beide, aber das ist kein Problem: Es gibt Spaghetti mit Tomatensoße oder eine Suppe. Die Eltern essen mittags immer in der Kantine. Manchmal nimmt sich Frau Schuhmann auch etwas von zu Hause mit: Müsli mit Apfel, Trauben und Banane.

1

c

19 Uhr – Jetzt sitzt die ganze Familie am Tisch. Das Abendessen ist meistens kalt: Dunkles Brot und Käse, Wurst und manchmal gibt es auch einen grünen Salat mit Tomaten. Herr Schuhmann trinkt ein Glas Bier dazu, die anderen trinken Tee. Aber heute gibt es Ravioli.

2

d

Sonntag, 15 Uhr 30 – Am Sonntagnachmittag kommen manchmal Oma und Opa zu Besuch, dann gibt es Kaffee und Kuchen. Meistens backt Frau Schuhmann den Kuchen schon am Samstag oder Oma bringt ihren tollen Marmorkuchen mit.

8 Wie ist das bei euch? – Macht Notizen. Erzählt und schreibt einen Text.

7 Uhr: Zum Frühstück trinke ich eine Tasse Kakao und esse einen großen Teller Müsli. Meine Schwester ...

50 fünfzig

8

Geschmackssache

9 Ein Lied – Hört zu und lest den Text. Wie ist das in eurer Familie?

30

Meiner Mutter schmecken Krabben.
Meinem Vater schmeckt Salat.
Meiner Freundin schmeckt nur Pizza,
wenn sie richtig Hunger hat.
Unserem Opa schmeckt nur Fisch,
aber auch nur sehr, sehr frisch.
Seiner Frau schmeckt nur Kaffee.
Ihrer Tochter nur noch Tee.
Ihren Hunden schmeckt das Eis,
ist der Sommer mal sehr heiß.
Einem Pferd schmeckt Heu, und „muh",
so ist's auch bei einer Kuh.
Unserer Katze schmeckt nur Maus.
Wie ist das in eurem Haus?

10 Possessivartikel im Dativ – Notiert die Formen aus dem Lied an der Tafel.

Singular	der Vater / das Pferd meinem Vater dein...	die Mutter mein... dein...
	...	
Plural	meinen Hunden / ...	

11 Ergänzt die Minidialoge. Die Tabelle hilft. Hört zur Kontrolle.

31

1. ● Wie geht es d... Schwester? ○ M... Schwester? Gut. Warum?
2. ● Gehört das Fahrrad dir? ○ Nein, das gehört m...Vater.
3. ● Fährt Peter allein nach Hamburg? ○ Nein, mit s... Freund.
4. ● Wie hat euch der Film gefallen? ○ Mir hat er gut gefallen, aber u... Eltern nicht.
5. ● Was schenkst du d... Freundin? ○ Zum Geburtstag? Eine CD.
6. ● Was ist denn mit e... Mutter los? ○ Ach, die hat wieder schlechte Laune!

Lerntipp Nach einigen Präpositionen kommt immer Dativ. So kannst du dir die Dativpräpositionen merken:

Von AUSBEIMIT
NACH
VONSEITZU
fährst immer mit dem Dativ du.
AUSBEIMIT
VONSEITZU

9 Lustiges, motivierendes Lied, unter anderem zur Einführung der Possessivartikel im Dativ. Die S. können das Lied mitsingen oder als Gedicht aufsagen. Vielleicht ergibt sich ja auch ein spontanes Gespräch: „Wem schmeckt was bei euch zu Hause?" Mit der Kopiervorlage 11 können Sie z. B. Wortakzente markieren.

10 Systematisierung der Possessivartikel im Dativ: Beginnen Sie die Tabelle an der Tafel und lassen Sie sie von den S. ergänzen.

11 Übung zu den Possessivartikeln im Dativ. Zunächst sollen die S. mithilfe der Tabelle die fehlenden Artikel ins Heft schreiben (Alternative: die ganzen Sätze werden von Ihnen an die Tafel geschrieben) und dann die Minidialoge mit verteilten Rollen (auf Aussprache und Intonation achten!) vortragen. Die Dialoge sind schon geordnet, linke und rechte Seite gehören jeweils zusammen. Lassen Sie zur Kontrolle die Dialoge von der Kassette hören und danach die S. noch einmal vorsprechen.
Lösung: 1. deiner – Meiner 2. meinem 3. seinem 4. unseren 5. deiner 6. eurer

Der Lerntipp unten auf der Seite soll eine Gedächtnishilfe für die S. sein, zum Erinnern der Präpositionen, die den Dativ fordern. Beschreiben Sie kurz die Funktion: Man kann sich die Präpositionen als zwei Ortsnamen merken („AUSBEIMIT" und „VONSEITZU"). Zusätzlich unterstützt der Reim das Behalten.

12 Übung zu den Possessivartikeln. Die S. sollen zunächst die richtigen Artikel einsetzen. Die Aussagen sind aber auch inhaltlich falsch und sollen in einem zweiten Schritt von den S. wie im Beispiel korrigiert werden, wozu sie evtl. auch erst etwas im KB blättern müssen.
Lösung: 1. Nina träumt von **ihrem** Freund **Mr. Allister** (s. S. 6). 2. Seit **einer** Woche hat Anna auch einen Freund: **Peter** (s. S. 11). 3. Herr Marquart ist mit **seiner** Gruppe nach **Wien** gefahren (s. S. 12). 4. Stefan fährt mit **dem Zug** zu **seinem** Opa (**seiner Oma**). **Die Oma** hat Geburtstag (s. S. 16). 5. Anna kommt aus **einer** Stadt im **Osten** von Deutschland (aus Jena, s. S. 10). 6. Nach **einem** Rockkonzert ist Herr Schmidt immer ganz **glücklich** (s. Band 1). 7. Bei **unserer** Deutschlehrerin gibt es **ab und zu wohl doch** Hausaufgaben?

13 Leseverstehen: ein Zeitungstext zu den Essgewohnheiten von Jugendlichen.
a) Geben Sie den S. nur sehr wenig Zeit, um einen schnellen Überblick über den Inhalt des Textes zu erhalten, und lassen Sie dann eine Überschrift wählen. Vielleicht können die S. auch angeben, ab welcher Stelle im Text sie sich mit der Überschrift sicher waren und warum.
Lösung: „Auch Jugendliche essen gesund"
b) Die Stichwörter stehen in Verbindung mit dem Text und sollten von den S. sprachlich kurz kontextualisiert werden.
Beispiele: Viele denken, dass Hamburger das **Lieblingsessen** von Jugendlichen sind. Wenn sie Früchte essen, dann meistens **Äpfel und Bananen**. Die Jugendlichen essen auch viel **gesundes Essen**. Das beliebteste Gemüse sind **Tomaten und Karotten**. **Fastfood** ist für Jugendliche nicht so wichtig, wie man denkt. **Jungen** essen lieber Weißbrot und **Mädchen** dunkles Brot. Die Jugendlichen essen mehr **Bratkartoffeln** als **Pommes frites**.

14 Ermutigung zum Gebrauch eines Wörterbuchs (wenn vorhanden). Der Comic zeigt, wie wichtig es manchmal sein kann, die verschiedenen Bedeutungen eines Wortes zu kennen. Lassen Sie am besten einen S. den Eintrag im Wörterbuch suchen. Vielleicht kommen die S. aber auch von alleine auf die **Lösung:** „finden": a) einschätzen („Das finde ich gut.") b) suchen und finden (entdecken).

12 Das stimmt doch nicht!
a Ergänzt die Wörter.
b Korrigiert die Informationen wie im Beispiel.

1. Nina träumt von ihr① Freund Mr. Ballister.
2. Seit ein② Woche hat Anna auch einen Freund: Martin.
3. Herr Marquart ist mit sein③ Gruppe nach Berlin gefahren.
4. Stefan fährt mit d④ Fahrrad zu sein⑤ Opa. Er hat Geburtstag.
5. Anna kommt aus ein⑥ Stadt im Süden von Deutschland.
6. Nach ein⑦ Rockkonzert ist Herr Schmidt immer ganz unglücklich.
7. Bei unser⑧ Deutschlehrerin gibt es nie Hausaufgaben.

Nina träumt von ihrem Freund Mr. Allister.

Jugend und Essen

13 Eine Zeitungsnotiz
a Lest den Text schnell. Welche Überschrift passt?

Hamburger sind gesund | Auch Jugendliche essen gesund | Die Jugend isst sich krank

Dortmund – Die Dortmunder Ernährungsstudie „Donald" zeigt, dass die Ernährung von Kindern und Jugendlichen längst nicht so schlecht ist wie ihr Ruf. Viele glauben, dass Pizza, Pommes und Hamburger das Lieblingsessen der 6- bis 14-Jährigen ist, aber auch Gesundes ist sehr beliebt. So nennen die Jugendlichen in der Studie 70 verschiedene Lebensmittel, die sie häufig essen. Interessant ist, dass viele Gemüse mögen. An der Spitze liegen Tomaten und Karotten. Laut Umfrage werden Pommes frites viel weniger gegessen als Salz- oder Bratkartoffeln. Unter den Früchten sind Äpfel und Bananen an der Spitze. Die befragten Jungen mögen lieber Weißbrot und die Mädchen lieber dunkle Brotsorten. Fastfood spielt übrigens in der Ernährung der Jugendlichen eine viel geringere Rolle, als man gedacht hat. *APA*

b Lest noch einmal. Was könnt ihr jetzt zu den Stichwörtern sagen?

Lieblingsessen — gesundes Essen — Tomaten und Karotten — Pommes frites und Bratkartoffeln
Äpfel und Bananen — Fastfood — Jungen und Mädchen

c Welche Wörter haben geholfen? Was musstet ihr im Wörterbuch suchen?

14 Ein Witz
Welches Wort ist wichtig?

Meine Dame, wie finden Sie das Schnitzel?

Ich suche die ganze Zeit, aber ich hab's noch nicht gefunden.

52 zweiundfünfzig

8

Essen und Sprache

15 Redewendungen

a Hört zu und seht die Zeichnungen an. Was passt zusammen?

①
- ● Alica, du hast schon wieder eine Fünf.
- ○ Das ist mir *wurst*!

②
- ● Mathematik ist das interessanteste und schönste Fach auf der Welt!
- ○ Das ist doch *Käse*!

③
- ● Hey, du hast wohl *Tomaten* auf den Augen!
- ○ Oh, tut mir Leid!

④
- ● Das Konzert war erste *Sahne*!
- ○ Hör auf, du gehst mir auf den *Keks*!

⑤
Jetzt haben wir den *Salat*!

b Was passt zu welchem Dialog? Ordnet zu!

1. Das ist Blödsinn!
2. Das ist mir egal!
3. Katastrophe!
4. Pass doch auf!
5. Das war sehr gut!
6. Du gehst mir auf die Nerven!

c Wie sagt man das in eurer Muttersprache?

16 Dialoge mit Redewendungen üben

a Spielt die Dialoge aus 15.

b Denkt an Situationen im Alltag – Schreibt Dialoge wie in 15a und spielt sie vor.

15 Hier spielen wir weiter ein wenig mit der deutschen Sprache. Die folgenden Redewendungen sind durchaus üblich im Alltag und werden häufig von Jugendlichen und Erwachsenen gebraucht. Sie können mit der Kopiervorlage 12 als Folie beginnen. Was können die S. jetzt schon erkennen und vermuten? Lassen Sie zunächst die Zeichnungen den Dialogen und Äußerungen zuordnen. Die S. sollen dann die Kassette hören und im Anschluss die Paraphrasierungen in **b)** zuordnen.
Lösung: 1c (2.), 2a (1.), 3b (4.), 4d (5. + 6.), 5e (3.)

c) Gibt es ähnliche Redewendungen in der Muttersprache der S.? Gemeinsamkeiten und Unterschiede?

16

a) Die S. sollen die Dialoge und Situationen aus **15** üben und vorspielen (auf Aussprache und Intonation achten!).

b) Vielleicht fallen ihnen ja bekannte Situationen ein, die sie mit den Redewendungen verbinden können.

Einheit 9

Allgemeines:
„Stimmungen und Emotionen ausdrücken" steht im Mittelpunkt der sprachlichen Aktivitäten dieser Einheit. Die nötigen Redemittel werden zur Verfügung gestellt und trainiert. Aber auch kleinere Konfliktgespräche, Widersprechen und Entschuldigungen werden geübt. Als grammatische Neuheiten werden das Konditionalgefüge „wenn – dann" und das Modalverb „sollen" eingeführt.

1 Die Bilder stellen Szenen einer Party dar. Was fällt den S. zu den Bildern ein? Was kann man sehen? Wer macht was? Was ist passiert? Gibt es bei den Bildern eine Reihenfolge? Weitere Vermutungen können in der Muttersprache gesammelt und an der Tafel festgehalten werden.

2 Die S. hören die Texte und machen Notizen. Stoppen Sie nach jeder Szene und besprechen Sie, welches Foto zu der Szene passen könnte. Mithilfe der Notizen können die S. die Sätze 1–4 ergänzen. Kontrollieren Sie nach dem Ausfüllen noch einmal mit den Hörszenen 1–3.
Lösung: 1. Carsten kommt spät, weil er auf seine Schwester aufgepasst hat. 2. Carsten findet die Party blöd. 3. Carsten fragt: „Wo ist Monika?" 4. Tanja und Carsten fahren mit dem Bus in die Stadt.

3/4 Die S. finden im Tagebuchtext eine Zusammenfassung des Abends aus Carstens Perspektive. Welche Informationen führen die S. zur Lösung? Halten Sie alle einzelnen Schritte, die hierbei wichtig sind, fest, z. B.: Was ist nach der Party passiert?
Lösung (3): Carsten
Eine entscheidende Passage im Tagebuch ist nicht lesbar. Aber wir wissen, dass Carsten jetzt wieder gute Laune hat. Warum? Was hat Tanja gesagt? Sammeln Sie Ideen an der Tafel. Kontrollieren Sie dann mit der Klasse und spielen Sie den Text vor. Wer in der Klasse hatte Recht? Warum?
Lösung (4): Tanja und Carsten verabreden sich zu einer Fahrradtour am nächsten Tag um 15 Uhr.

5 Die S. hören zu und entscheiden, welche Sätze in den Dialogen vorkommen und welche nicht. Lassen Sie sie begründen, welche Informationen für einen Satz und welche dagegen gesprochen haben.
Beispiel: Nr. 1 passt nicht. Tom freut sich nicht auf die Stunde. Er hat die Hausaufgaben nicht, hat Angst, dass er drankommt, und er hasst Physik.
Lösung: Diese Sätze passen zu den Dialogen: 2, 3, 5.

6 Die S. bekommen hier konkrete Redemittel, um ihre Stimmungen auszudrücken. Sie hören die Muster von der Kassette und können kleine Dialoge spielen. Wichtig: Achten Sie auf die korrekte Intonation. Überlegen Sie gemeinsam, wie die S. diese Dialoge in der Muttersprache sprechen würden.

Eine Partygeschichte

1 Wer, wo, was …? – Sprecht über die Bilder.

Das ist eine Party.
Bei der Party sind Markus, M...
Carsten mag...
1
2
3
4

Monika und Markus

Carsten und Tanja

2 Partydialoge – Hört zu und schreibt die Sätze.

1. Carsten kommt spät, weil er …
2. Carsten findet die Party …
3. Carsten fragt: Wo ist …?
4. Tanja und Carsten fahren …

3 Aus dem Tagebuch von … – Lest den Text. Wer hat das geschrieben?

Samstag
Das war ein verrückter Abend. Zuerst ging es mir schlecht, weil Mama wollte, dass ich bis um halb acht auf Sandra aufpasse. Ich war echt sauer. Immer mache ich den Babysitter!!! Natürlich war ich dann erst um acht bei Monikas Party. Ich finde Monika sehr nett. Aber sie hat den ganzen Abend nur mit Markus getanzt. Ich hatte echt schlechte Laune und wollte schon gehen. Plötzlich war Tanja da und hat gesagt, dass sie mitkommt. Überraschung! Wir sind dann zusammen in die Stadt gefahren und im Bus haben wir uns richtig gut unterhalten. Die ist richtig nett. Und ich Idiot habe immer gedacht, dass sie mich blöd findet. Auf einmal hat Tanja gefragt: „Sag mal, … *Jetzt habe ich wieder richtig gute Laune und ich freue mich schon …*

4 Was hat Tanja gesagt? Sammelt Ideen in der Klasse. Hört dann den Dialog.

54 vierundfünfzig

Gefühle: gute Laune – schlechte Laune

5 Na, wie geht's? – Hört zu. Welche Sätze passen zu den Dialogen?

35

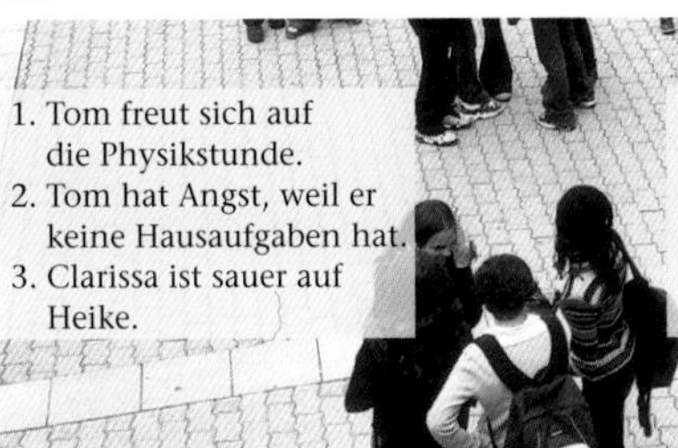

1. Tom freut sich auf die Physikstunde.
2. Tom hat Angst, weil er keine Hausaufgaben hat.
3. Clarissa ist sauer auf Heike.
4. Heike gibt Clarissa sofort ihr Geld zurück.
5. Die 9b ist glücklich, weil sie gewonnen hat.
6. Die 9a ist die beste Mannschaft der Schule.

6 Wie geht's? Gut? Schlecht? Warum? Hört und übt die Dialoge.

36

Dialog 1
- ● Na, wie geht's?
- ○ Danke, ganz gut.
- …

Dialog 2
- ● Hey, was ist los?
- ○ Ich bin total sauer.
- ● Warum?
- …

Dialog 3
- ● Hallo, Vera, alles klar?
- ○ Nein, ich hab schlechte Laune.
- ● Was ist denn los?
- …

Dialog 4
- ● Du bist ja gut drauf!
- ○ Ja, es geht mir sehr gut.
- ● Wieso?
- …

7 Schreibt eigene Dialoge wie in Aufgabe 6.

Hallo, wie geht's? / Hey, was ist los? / Na, alles klar? / Wie geht es Ihnen?

Es geht mir Ich habe Ich bin	sehr gut/super, weil … sehr gute Laune. froh/glücklich/gut drauf.	ganz gut, weil … ganz o.k.	nicht gut / schlecht, weil … schlechte Laune. sauer/wütend/traurig.

Hallo, wie geht's?

Es geht mir sehr gut, weil …

8 Eure letzte Woche – Was war gut, was war schlecht? Erzählt in der Klasse.

9 Das Tagebuch – Was hat … am Sonntag geschrieben?

Sonntag
Heute haben wir eine Radtour gemacht. Es war …

7 **Vorschlag:** Ziehen Sie den Redemittelkasten auf Folie und zeigen Sie den S. nur die Gesprächsanfänge und die Bilder. Die S. sammeln aus **3**, **5** und **6** passende Ausdrücke zu den Bildern und notieren sie z. B. an der Tafel. Anschließend werden die Sätze im Redemittelkasten ergänzt. Nun schreiben die S. eigene Dialoge wie in **6**. Die S. spielen die Dialoge zu zweit vor.
Variante: Ziehen Sie die Kopiervorlage 13 auf Folie. Decken Sie die Gesichter mit kleinen (Klebe-)Zetteln ab. Die Gruppe wird in A und B geteilt. A beginnt, S. 1 nennt ein Planquadrat, z. B. „A4". Sie decken das entsprechende Gesicht auf und S. 1 nennt eine passende Äußerung, z. B.: „Es geht mir schlecht. Ich habe Kopfschmerzen." Ist die Äußerung korrekt, bekommt Gruppe A einen Punkt. Gruppe B macht weiter etc. Wer am Ende die meisten Punkte hat, hat gewonnen.

8 Geben Sie ein Muster vor, z. B.: „Letzte Woche habe ich meinen Walkman verloren. Da war ich echt sauer. Aber ich habe mit meinem Bruder einen Ausflug gemacht. Das war gut." Nehmen Sie die Übung zum Anlass, das Perfekt und die Nebensätze mit den S. zu trainieren.

9 Noch einmal greifen wir das Tagebuch auf. Die S. wissen, dass Tanja und Carsten eine Radtour gemacht haben. Aber wer schreibt hier? Und was? Wie war der Sonntag? Was ist passiert? Lassen Sie die S. zu Hause einen längeren Eintrag aus der Sicht von Tanja oder Carsten schreiben. Neue Vokabeln sollten die S. in der Klasse auf Deutsch erklären können. Hängen Sie die Ergebnisse in der Klasse aus. Jeder S. schreibt auf einen Zettel, welche Geschichte er für die schönste, interessanteste, spannendste hält, und gibt ihn ab. Welche hat gewonnen?

10 Hier verwenden die S. zum ersten Mal die Konditionalsätze. Machen Sie hier noch nicht auf die Form aufmerksam, sie wird in der nächsten Aufgabe besprochen. Die S. bearbeiten die Aufgabe zunächst nur nach ihrem inhaltlichen Verständnis: Was passt zusammen?
Mögliche Lösung: 1c, 2a, 3e, 4b, 5d, 6f

11

a) Hier geht es um die Einübung der Satzstrukturen aus **10**. Die S. vergleichen die alternativen Satzmodelle A und B:
- Modell A: Hauptsatz (Verb an 2. Position) + Nebensatz (Verb am Ende)
- Modell B: Nebensatz (Verb am Ende) + Hauptsatz (Verb an 2. Position)
- „dann" kommt in Modell A nicht vor und kann bei Modell B in den meisten Fällen (wenn es nicht besonders betont ist) weggelassen werden.

b) Spielen Sie mit den S. ein Beispiel an der Tafel durch: Modell A: „Ich bin gut drauf, wenn ich Taschengeld bekomme." Modell B: „Wenn ich Taschengeld bekomme, (dann) bin ich gut drauf." Erst danach schreiben die S. eigene Sätze.
Vorschlag: Sie können hierzu auch eine Reihenübung in der Klasse machen. S. 1 liest seinen ersten Satz vor, z. B. nach Modell A, und S. 2 formt ihn nach Modell B um. S. 1 kontrolliert. Danach liest S. 2 einen neuen eigenen Satz vor, S. 3 formt ihn um etc. Für die Korrektur können Sie das Beispiel an der Tafel nutzen.

12 Die Klasse sieht erst einmal das Bild an und sammelt Ideen. Was ist das Problem? Danach hören die S. den Dialog und ergänzen ihre Notizen.

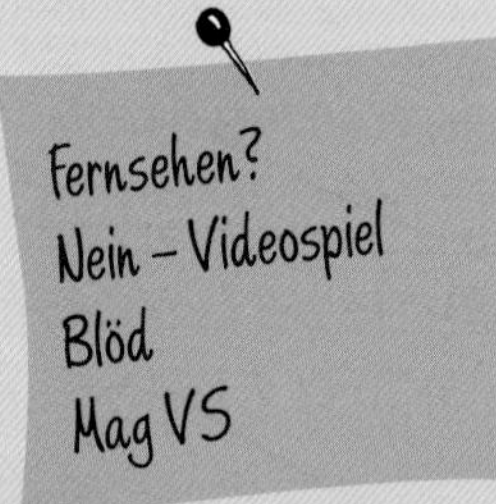
Fernsehen?
Nein – Videospiel
Blöd
Mag VS

Die Klasse trägt ihre Ergebnisse zusammen. Achten Sie darauf, dass die S. in ganzen Sätzen berichten; sie haben bereits genügend sprachliche Mittel und Strukturen zur Verfügung.
Lösung: Boris will, dass Rudi Sport macht und nicht nur fernsieht oder Videospiele spielt. Boris findet das langweilig. Rudi findet Videospiele aber gut und will zu Ende spielen. Sie einigen sich, dass Rudi am Abend zu einem Spiel kommt.

10 *Glücklich, wenn …* – **Was passt zusammen?**

1. Mir geht es gut,	a) dann ist Carsten sauer.
2. Wenn Markus mit Monika tanzt,	b) wenn mein Bruder krank ist.
3. Wenn ich neue Klamotten kaufe,	c) wenn die Sonne scheint.
4. Ich bin traurig,	d) wenn er ins Konzert geht.
5. Herr Schmidt ist gut drauf,	e) dann habe ich gute Laune.
6. Wenn Carsten geht,	f) dann kommt Tanja mit.

Mir geht es gut, wenn die Sonne scheint.

11 *Wenn …, dann …*

a Vergleicht A und B. Was ist anders?

A Ich (habe) gute Laune, **wenn** ich in die Ferien (fahre).

B **Wenn** ich in die Ferien (fahre), (dann) (habe) ich gute Laune.

b *Was machst du, wenn …?* **Schreibt Sätze wie in 11a zu Satz A und B.**

… du Taschengeld bekommst?
… dein Vater mit dir streitet?
… du frei hast?
… du müde/wütend bist?
… du zu spät kommst?

Wenn ich Taschengeld bekomme, dann …

Immer Ärger

37

12 **Konflikte in der Clique – Seht das Bild an, hört zu und macht Notizen. Was ist los?**

Fernsehen? – Nein: Videospiel – blöd

56 sechsundfünfzig

13 Schreibt den Dialog neu. Wählt a oder b.

a Schwerer: Verwendet eure Notizen.
b Leichter: Sortiert die Sätze 1–8 und a–h. Eure Notizen helfen.

Boris	Rudi
1. Hey, Rudi, kommst du mit zum Sport?	a) Das finde ich nicht. Ich mag das.
2. Du siehst immer nur fern.	b) Ja, ja, aber nicht jetzt.
3. Jeden Tag sitzt du vor der Glotze.	c) Okay, in Ordnung. Wann genau?
4. Heute Abend haben wir ein Spiel. Kannst ja kommen.	d) Stimmt gar nicht. Ich spiele ein Videospiel.
5. Willst du nicht auch mal Sport machen?	e) Nein, ich gehe nicht mit.
6. Das ist doch echt blöd.	f) Na und?
7. Los komm mit, Basketball ist besser.	g) Warum? Ich finde mich ganz okay.
8. Du bist total langweilig.	h) Das finde ich nicht.

14 Auf Kritik reagieren – Gruppe A liest eine Aussage vor. Gruppe B reagiert. Wechselt nach fünf Aussagen.

A	B
– Du hast drei Wochen nicht angerufen. – Mach sofort die Musik leiser. – Wo sind meine Kekse? – Und? Hast du heute mein Buch mitgebracht? – Du machst nie Sport. – Beeil dich, du kommst zu spät zum Unterricht. – Kannst du nicht auch mal einkaufen gehen? – Warum warst du nicht auf meiner Party? – Sei jetzt mal still. – Du kommst schon wieder zu spät.	– Aber ich habe doch gar nichts gesagt. – Das stimmt nicht. Du hast 22 Uhr gesagt. – Nein, die Schule fängt heute erst um 10 Uhr an. – Stimmt nicht. Ich spiele Schach. – Ich habe doch gestern das Mineralwasser geholt. – Aber das muss man doch so laut hören! – Entschuldigung. Beim nächsten Mal komme ich bestimmt! – Entschuldige, ich habe es zu Hause vergessen. – Tut mir Leid, aber unser Telefon ist kaputt. – Tut mir echt Leid. Ich hatte Hunger.

Du hast drei Wochen nicht angerufen.

Tut mir Leid, aber ...

15 Widersprechen / sich entschuldigen – Sammelt Ausdrücke aus 13 und 14 und schreibt eigene Dialoge.

● Mach jetzt deine Hausaufgaben! ○ Aber morgen ist doch Sonntag.

13 Mit **a)** und **b)** gibt es zwei Varianten zur Auswahl, eine schwerere und eine leichtere:

a) Die S. verwenden nur ihre Notizen und rekonstruieren den Dialog sofort.

b) Die S. sortieren erst, welche Äußerungen von Rudi und Boris zusammenpassen, und erstellen dann mithilfe der Notizen den Dialog.

Die Lösungen werden anschließend noch einmal mit der Aufnahme kontrolliert.

Vorschlag: Die S. spielen den Dialog in Gruppen.

Lösung: 1e, 2d, 3f, 6a, 7h, 8g, 5b, 4c

14 In **13** hat Rudi auf die Kritik von Boris reagiert. Hier trainieren die S. unterschiedliche Möglichkeiten, auf Vorwürfe zu reagieren. Zuerst liest die Klasse die Sätze aus Kasten A und B. Dann wird sie in zwei entsprechende Gruppen aufgeteilt. Gruppe A liest eine Aussage aus ihrem Kasten vor. Ein S. aus Gruppe B reagiert mit einer passenden Aussage aus dem rechten Kasten. Nach fünfmaligem Wortwechsel werden Gruppen und Kästen getauscht.

15 Die S. schreiben eigene Dialoge. Geben Sie als Hilfe Situationen oder Szenen vor: zu Hause, in der Schule, auf dem Pausenhof, auf dem Spielfeld, bei der Freundin etc.

16 Die S. lesen das Gedicht und beantworten erst einmal die letzte Frage in der Klasse: „Und was sollst du?“ Sammeln Sie an der Tafel: „Ich soll …“

Erst im Anschluss hieran schreiben die S., z. B. in kleinen Gruppen, ähnliche Texte zum Thema „Wer sagt, was ich tun soll?“.

17 Vorgehen, wie im Kursbuch beschrieben. Fragen Sie die S., welches Bild zu welcher Textzeile passt. Besprechen Sie gemeinsam: Wie ist die Atmosphäre in dem Lied? Kennen die S. diese Situation? Was wäre noch typisch für solche Situationen? (Niemand ruft an, alle Bücher sind gelesen, die Geschwister nerven etc.)

18 Einige Wörter/Begriffe sind neu für die Klasse. Die S. lesen erst die Umschreibungen 1–5 und anschließend die kursiv gestellten Textzeilen im Lied. Welche Wörter haben bei der Zuordnung geholfen?
Lösung: 1. Z. 8; 2. Z. 13; 3. Z. 5; 4. Z. 2; 5. Z. 18

19 Überlegen Sie in der Klasse, warum der Junge wohl traurig ist. Sammeln Sie mögliche Gründe. Anschließend geben die S. Tipps für gute Laune. Sie können dafür Sätze im Imperativ nutzen.
Vorschlag: Zum Abschluss der Sequenz können die S. gemeinsam das Lied auf „gute Laune“ umschreiben: Alles, was jetzt negativ ist, wird positiv. **Beispiel:** „Mein Kaffee schmeckt gut. Die Schokolade ist lecker. Was ich auch tu, alles macht mir Spaß. Ich höre mir neue Platten an. Draußen scheint die Sonne, es ist warm und schön …“

16 **Immer ich! – Lest den Text und schreibt ähnliche Texte.**

Immer ich!

Meine Mutter sagt, ich soll mein Zimmer aufräumen.
Mein Vater meint, ich soll nicht so viel träumen.
Meine Cousine sagt, ich soll nicht so laut lachen.
Mein Freund sagt, ich soll mehr trainieren.
Mein Opa sagt, ich soll später in Oxford studieren.
Und was sollst du?

17 **Die Prinzen: Schaurig traurig – Lest den Text, seht die Bilder an und hört dann zu. Kennt ihr das auch?**

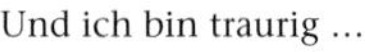

Mein Kaffee ist kalt.
Die Schokolade ist alle.
Was ich auch tu.
Gar nichts macht mir Spaß.
Die Platten hab ich alle *schon 1000-mal* gehört.
Draußen regnet's, alles wird ganz nass.

Und ich bin traurig.
So schaurig traurig.
Ich bin traurig.
So schaurig traurig.

Und ich bin traurig …

Der Fernseher läuft.
Und geht mir ziemlich auf den Geist.
Ich warte auf dich.
Doch das hat wohl keinen Sinn.
Versuch, dir zu schreiben.
Und zerreiße den Brief.
Ich frag mich laufend,
warum ich alleine bin.
…

18 **Neue Wörter erschließen – Ordnet 1–5 den passenden Textzeilen zu.**

1. Ich bin sehr traurig.
2. Das ärgert mich.
4. Es gibt keine Schokolade mehr.
3. sehr oft
5. Ich frage mich immer / die ganze Zeit.

19 **Gebt dem Jungen Tipps für gute Laune.**

Sprich doch mal mit einem Freund.
Mach doch eine Party.
Kauf dir doch …
Geh doch …
Ruf doch …

58 achtundfünfzig

Ein Internetprojekt:
Die S. interessieren sich für Bands, die auf Deutsch singen? Viele Gruppen haben eine Homepage, auf der man Texte lesen und ein paar Lieder hören kann, z. B.:
http://www.die-prinzen.de
http://www.echt.de
http://www.smudo.com
http://www.sabrina-setlur.de
Jeweils zwei S. betrachten zu ihrem Favoriten gemeinsam die Internetseite und hören sich ein Lied an. Was hat ihnen an der Präsentation besonders gefallen? (Die Darstellung der Person, die Texte, die Musik, die Gestaltung der Homepage etc.?) Warum haben sie diesen Künstler ausgesucht?

Die S. wechseln die Arbeitsplätze und hören sich unterschiedliche Lieder an. Auf den Computern sind die Homepages mit dem jeweiligen Lied geöffnet und die Texte liegen ausgedruckt neben dem Computer. Was haben die S. schon alles verstanden? Können sie das eine oder andere Lied mitsingen?

20 Muffel oder S☼nnenschein?

Was für ein Typ bist du? Notiere a, b oder c. Die Auswertung findest du unten.

1. Montagmorgen. Der Wecker klingelt. Wie reagierst du?
a) Oh nein ... viel zu früh. Ich bleibe noch zehn Minuten im warmen Bett.
b) Ich bin hellwach und stehe sofort auf. Los geht's !
c) Ich warte, bis meine Mutter kommt. Die nervt jeden Morgen.

2. Pause in der Schule und das Pausenbrot vergessen.
a) So ein Mist. Warum passiert das immer nur mir?
b) Ich kaufe etwas zu essen und ärgere mich.
c) Kein Problem. Es gibt ja die Cafeteria.

3. Sieh die Bilder an. Welches gefällt dir am besten?

a

b

c

4. Du siehst eine super CD. Leider hast du kein Geld mehr.
a) Meine Eltern sollen mir die CD kaufen.
b) Schade, aber es gibt Schlimmeres.
c) Meine Freunde haben immer mehr Geld als ich. Meine Eltern sind echt blöd.

5. Du bist verabredet. Deine Freundin ruft an und sagt, dass es später wird. Was sagst du?
a) Du spinnst wohl! Du kannst zu Hause bleiben.
b) Was ist denn passiert? Erzähl mal.
c) Da kann man nichts machen, schade.

6. Wie findest du das Bild?
a) Ich finde das Bild langweilig.
b) Ganz lustig. Mal was anderes!
c) Gute Idee. Das ist witzig.

Auflösung: 1. a = 2 / b = 1 / c = 3; **2.** a= 3 / b = 2 / c = 1; **3.** a = 1 / b = 1 / c = 1; **4.** a = 2 / b = 1 / c = 3; **5.** a = 3 / b = 1 / c = 2; **6.** a = 3 / b = 2 / c = 1
Auswertung: 16–14 Punkte = echter Muffel. Du hast oft schlechte Laune und bist nicht so oft lustig. Was ist los? Wenn du freundlicher bist, hast du auch mehr Spaß! Versuch es mal! **13–10 Punkte** = Heute so, morgen so! Manchmal hast du gute Laune. Manchmal bist du schnell sauer. Sei ab und zu optimistischer! **9–6 Punkte** = Du bist ein Sonnenschein. Meistens hast du gute Laune und siehst das Positive! Weiter so. Deine gute Laune macht dir und deinen Freunden Spaß!

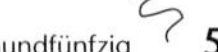

20 In vielen Jugendzeitungen gibt es diese Psychotests. Lassen Sie die S. in der Muttersprache erklären, wie diese Tests funktionieren. Erklären Sie kurz, was man unter einem „Muffel" versteht (jemand mit permanent schlechter Laune und heruntergezogenen Mundwinkeln) und unter einem „Sonnenschein" (jemand mit hauptsächlich guter Laune, der gerne lacht). Die S. lesen die einzelnen Aussagen und notieren im Heft, welche (a, b oder c) für sie jeweils am meisten zutrifft. Am Ende zählen die S. ihre Punkte zusammen und lesen ihre Auswertung. **Beispiel:** Ein S., der sich für 1a (2 Punkte), 2c (1), 3c (1), 4b (1), 5c (2), 6a (3) entschieden hätte, hätte insgesamt also 10 Punkte und würde unter die Kategorie „Heute so, morgen so" fallen. Die S. diskutieren, ob sie an diese Tests glauben oder nicht.

Einheit 10

Allgemeines:
Sie haben das zweite Plateau erreicht. Wie schon in Einheit 5 geht es auch hier um die Wiederholung des bisher Gelernten. Es gibt keine neue Grammatik. Einzelne Aufgaben können problemlos übersprungen werden.

1 Wir starten mit einem Lesetext, bei dem die S. verschiedene Lesestrategien ausprobieren können. Diese Strategien finden Sie auch in Einheit 1 (Hören) und zum Teil in Einheit 4 (Lesen).

a) Express-Strategie. Die S. überfliegen die Texte und sehen die Bilder an. Falls die S. die gesuchten Wörter in der Muttersprache nennen, lassen Sie als erste Aufgabe die deutschen Bezeichnungen im Text suchen.
Lösung: Katia macht Bilder/ Tattoos. Lukas macht brasilianische Armbänder.

b) Schnüffel-Strategie. Partnerarbeit, bei der sich die S. auf die Zuordnung der Informationen 1–6 konzentrieren.
Lösung: 1. Katia und Lukas 2. Lukas 3. Katia und Lukas 4. Katia (und Lukas) 5. Lukas (und Katia) 6. Katia

2 Die S. können den Kasten für die Beschreibung ihrer Stars wählen. Es gibt aber noch weitere Kategorien, die eine Rolle spielen können, z. B.: „Seine letzte CD heißt ...“ „Ihr Freund heißt ...“ „Ein toller Film war ...“
Spielen Sie in der Klasse ein Beispiel mit einem Star aus Ihrem Land durch. Die Aufgabe bietet sich als Hausarbeit an, damit die passenden Fotos organisiert werden können. Achten Sie bei der Auswertung darauf, dass die S. nicht mitverfolgen können, wer welches Foto und welchen passenden Text aufhängt, sonst ist die Lösung zu leicht. Sammeln Sie z. B. beides vorher ein und lassen Sie dann von einem S. die Fotos, von einem anderen die Texte aufhängen.

3 Die Vorgaben sind nur als Anregung zu verstehen. Weitere aktuelle „In und out“-Sammlungen findet man im Internet.

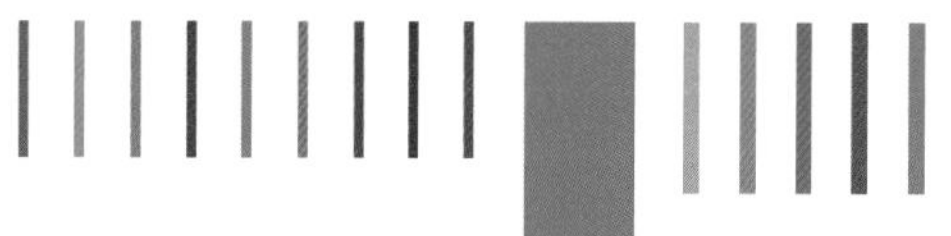

1 „Modemacher“ Katia und Lukas

a Schaut die Bilder und Texte kurz an. Was machen die beiden?

Katia macht ...

Lukas macht ...

b Katia oder Lukas? – Lest zuerst 1–6 und dann die Texte. Beantwortet die Fragen.

Wer ...
1. ... macht verschiedene Modelle?
2. ... bekommt Geld für die Arbeit?
3. ... lässt die Freunde auswählen?
4. ... ist in der Schule besonders populär?
5. ... braucht viele Farben?
6. ... arbeitet mit Buntstiften?

Katia ist 14. Sie mag Musik, geht gerne ins Kino und interessiert sich für Mode. Katia macht sogar Mode, aber nicht zum Anziehen, also keine Tops, Pullis oder Blusen: Sie macht Tattoos. Katia zeichnet ihre Modelle zuerst auf Papier, sodass ihre Freunde auswählen können, was ihnen am besten gefällt. Sterne, Sonnen, Blumen, Symbole und Buchstaben in allen Formen und Varianten. Die Bilder malt Katia dann mit speziellen Buntstiften auf den Körper und natürlich sind die Tattoos nicht für immer: drei- bis viermal duschen und schon sind sie weg. Bei ihren Freunden ist Katia absolut „in“. Alle wollen ein Tattoo von ihr: auf den Rücken, auf die Schulter oder ganz einfach auf die Hand. Der größte Hit? Herzen und Namen auf dem Bauch.

Das Hobby von Lukas (14) sind brasilianische Armbänder. Er trägt sie aber nicht nur, er macht sie auch! Diese bunten Armbänder sind ca. 18 cm lang. Für die Arbeit braucht er zwei bis drei Stunden. Manchmal geht es auch ein wenig schneller, aber besonders bei vielen Farben muss man sehr aufpassen, weil man leicht Fehler macht und die Farben durcheinander kommen. Einmal im Monat bringt Lukas seine neuen Modelle in die Schule und verkauft sie seinen Schulfreunden. Ein einfaches Armband, das nur zwei Farben hat, kostet 3 Euro, ein komplizierteres Modell, mit vier bis sechs Farben 4 Euro und ein Modell nach Wunsch, mit selbst ausgewählten Farben und Designs, kostet fünf Euro. Zwischen zehn und zwanzig Stück verkauft Lukas fast immer. Ein schönes Taschengeld!

60 sechzig

2 „Mein Liebling" – Bringt je ein Foto von eurem „Top-Star" mit. Schreibt einen kurzen Text dazu. Nennt aber den Namen des Stars nicht. Hängt die Bilder und Texte getrennt im Klassenzimmer auf. Wer findet das Foto zum Text?

Er/Sie macht/spielt/singt / kommt aus ...
Er/Sie trägt gern ...
Er/Sie hat lange/kurze/blonde/ schwarze ... Haare ...
Er/Sie hat ... Augen.
Er/Sie ist ... alt/groß/...
Sein/Ihr ...

3 Was ist *in* oder *out*? – Macht eure Liste zu zweit und vergleicht in der Klasse.

gestreift/kariert
rot/grün
Eis essen
romantische Filme
Actionfilme
Inline-Skater
SMS
Sonnenbrillen
...

Diese Liste haben wir im Internet gefunden:

1. Sonnenstudios	***1. Tattoos***
2. Attack (Computerspiel)	***2. Hausaufgaben zusammen machen***
3. karierte Hosen	***3. Eis essen***
4. Teletubbys	***4. Ferien zu Hause***

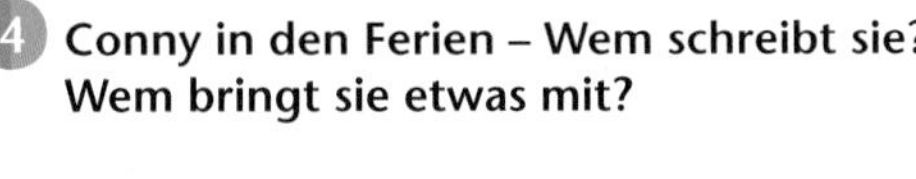

4 Conny in den Ferien – Wem schreibt sie? Wem bringt sie etwas mit?

1. Freundin: eine/bunt/Postkarte
2. Freund: einen/lang/Brief
3. Mutter: ein/schön/T-Shirt
4. Vater: eine/modern/Krawatte
5. Hund: einen/dick/Hamburger
6. Opa: eine/gut/ Flasche Wein
7. Oma: ein/interessant/Buch
8. Bruder: eine/neu/CD

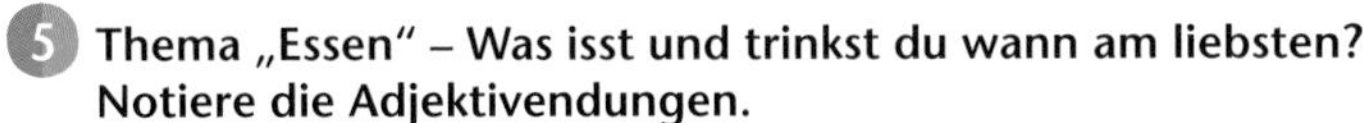

5 Thema „Essen" – Was isst und trinkst du wann am liebsten? Notiere die Adjektivendungen.

1. Morgens: eine groß▒ Tasse heiß▒ Tee.
2. Vor dem Kino: eine eiskalt▒ Cola und eine groß▒ Tüte Popcorn.
3. In der Pause: ein dick▒ Käsesandwich und eine klein▒ Milch.
4. Abends: ein groß▒ Schnitzel und eine groß▒ Kartoffel.
5. Nach dem Sport: eine groß▒ Flasche Mineralwasser oder einen frisch▒ Orangensaft.

Lehrtipp:
Bei Aufgaben, bei denen die S. wie in **5** einerseits „wahre" Aussagen über sich selbst machen und andererseits gleichzeitig sprachliche Muster durch häufigen Gebrauch verinnerlichen sollen, dient ein Ball, ein Tuch mit Knoten oder ein Reissäckchen, die von einem S. mit seinem Satz zum nächsten geworfen werden können, dazu, möglichst rasche und spontane Äußerungen entstehen zu lassen.

4 Hier werden die Possessivartikel im Dativ und die attributiven Adjektivendungen im Akkusativ benötigt. Lösen Sie den ersten Satz gemeinsam an der Tafel. Anschließend Partnerarbeit. Selbstkorrektur mit der Grammatiktabelle, S. 117/118 (KB, S. 105/106) möglich.
Vorschlag: Sie können nach der Übung die S. Kärtchen mit Personen und Mitbringseln, wie abgebildet, schreiben lassen. Die S. arbeiten zu viert. Vor ihnen liegen zwei Stapel mit verdeckten Karten (Personen und Mitbringsel). Die S. ziehen von jedem Stapel eine Karte und bilden damit dann einen Satz, z. B.: „Meinem Vater bringe ich eine Tafel Schokolade mit." Die anderen kontrollieren.
Lösung: 1. Ihrer Freundin schreibt sie eine bunte Postkarte. 2. Ihrem Freund schreibt sie einen langen Brief. 3. Ihrer Mutter bringt sie ein schönes T-Shirt mit. 4. Ihrem Vater bringt sie eine moderne Krawatte mit. 5. Ihrem Hund bringt sie einen dicken Hamburger mit. 6. Ihrem Opa bringt sie eine gute Flasche Wein mit. 7. Ihrer Oma bringt sie ein interessantes Buch mit. 8. Ihrem Bruder bringt sie eine neue CD mit.

5 Nach dem Ausfüllen der Übungsbeispiele Partnerkorrektur mit der Grammatiktabelle (KB, S. 105/106). Die Übung ist eine Vorlage für aktives Sprachhandeln im Sinne des Europäischen Referenzrahmens.
Variante: Die S. bereiten jeweils zu jedem Punkt zwei weitere Aussagen vor: 1. über eigene Präferenzen 2. über die einer ihnen bekannten Person.
Lösung: 1. Morgens trinke ich eine große Tasse heißen Tee. 2. Vor dem Kino trinke ich eine eiskalte Cola und esse eine große Tüte Popcorn. 3. In der Pause esse ich ein dickes Käsesandwich und trinke eine kleine Milch. 4. Abends esse ich ein großes Schnitzel und eine große Kartoffel. 5. Nach dem Sport trinke ich eine große Flasche Mineralwasser oder einen frischen Orangensaft.

6 Mit diesem Text, mit Informationen aus dem Guinnessbuch der Rekorde, werden Superlative rezeptiv wiederholt. Die Zahlen sind jeweils aus der Textumgebung zu erschließen. Partnerarbeit.
Lösung: (richtige Reihenfolge) 1,6 km – 1111m – 493,87 m – 207000 – 19,5 m – 60 cm – 630 kg – 2503 kg

7

a) Die „Hitparade" der Sportarten in Deutschland erstellen lassen.

Zu weiteren Fragen zum Thema Sport („Welche Sportarten sind populär?", „Welche Personen sind bekannt?", „Welche Sportvokabeln könnt ihr verstehen?") bieten die Internetseiten deutscher Sportsendungen genügend Informationsmaterial, z. B.: http://www.ran.de oder http://www.sportschau.de
Lösung: Platz 1: Fußball, Platz 2: Tennis, Platz 3: Autorennen

b) Vermutungen über das eigene Land äußern lassen.

8 Geeignet als Hausaufgabe. „Ich-Text" im Sinne des Portfolioansatzes. Vielleicht kann man den Text auf Deutsch auch in einer Schülerzeitung veröffentlichen.

6 Finde die passenden Zahlen und lies den Text mit den Zahlen vor.

60 cm – 1,6 km – 493,87 m – 630 kg – 1111 m – 207000 – 2503 kg – 19,5 m

Einen Kilometer Bratwurst bitte!

Die längste Thüringer Bratwurst der Welt kommt aus Erfurt. 1991 produzierte ein Metzger dort die ______ lange Superwurst, das ist ca. 500 m länger als die größte Fleischwurst (______ m lang), die 1991 auch in Deutschland produziert wurde. Wie groß der Grill war, ist nicht bekannt. Der längste Grill der Welt kommt aber aus Spanien: Er war ______ Meter lang. Zu kurz für die Bratwurst und die Fleischwurst. Auf dem Grill hat man übrigens ______ Schnecken gegrillt. Die Fleischwurst war übrigens viel länger als die längste Salami, die war nämlich nur ______ lang, ______ Zentimeter dick, und kam aus Ottobrunn in Bayern. Ihr Gewicht war ______. Viel schwerer war der dickste Hamburger, der mit ______ – natürlich – aus den USA kam.

7 Thema „Sport" – Lest den Text.

a Welche Sportarten kommen in Deutschland am häufigsten im Fernsehen?

Fußball am beliebtesten

Fußball ist Deutschlands beliebteste Sportart. Das sieht auch am Fernsehprogramm. Dort wird Fußball am häufigsten und am längsten übertragen. Insgesamt zeigten alle deutschen Fernsehsender im vergangenen Jahr 4748 Stunden lang Fußball. Das sind fast 198 Tage. Auf Platz 2 liegt Tennis (1342 Stunden), auf Platz 3 Autorennen (1126 Stunden).

Quelle: *www.sowieso.de*

b Und wie ist das bei euch?

8 Schreiben: Themen „Kleidung", „Essen" oder „Sport"

- Sammelt Meinungen in der Klasse: populär/unpopulär, *in/out*
- Notiert Stichwörter.
- Schreibt einen kleinen Artikel für die Schülerzeitung.

Klasse 8b: Die aktuelle IN/OUT-Liste
... die meisten Schüler mögen/spielen / ...
Viele finden ... gut / am besten / nicht so gut ...
Am beliebtesten ist ...
Auf Platz 2 liegt ...
Niemand mag im Moment ...

62 zweiundsechzig

10

9 Ein internationales Rezept: Arme Ritter

Für vier Personen braucht ihr:
1 Schüssel
1 Pfanne
4 bis 6 Brötchen (1–2 Tage alt)
2 Eier
1/2 Liter Milch
2 Esslöffel Zucker
1/2 Päckchen Vanillezucker
5 Esslöffel Paniermehl
2 Esslöffel Margarine
und Zimt

10 Was ist logisch? – Bringt die Aktivitäten in die richtige Reihenfolge.

Und so wird's gemacht:
1. Die Brötchen aus dem Teig nehmen und im Paniermehl rollen.
2. Die Brötchen durchschneiden.
3. Die Brötchen in der Pfanne auf jeder Seite braten, bis sie goldgelb sind.
4. Die Brötchen zehn Minuten in den Teig legen.
5. Die Margarine in der Pfanne heiß machen.
6. Für den Teig: die Eier, die Milch, den Zucker und den Vanillezucker verrühren.

Am besten schmecken die Armen Ritter mit Zucker und Zimt. Dafür einen Teelöffel Zimt und zwei Teelöffel Zucker mischen. Alternative: Marmelade.

Guten Appetit!!
Tipp 1: Du kannst auch altes Weißbrot nehmen.
Tipp 2: Es geht auch ohne Paniermehl.

11 Komisch – Lest das Rezept noch einmal und hört den Text. Boris hat zwei Fehler gemacht. Welche?

39

9 Zuerst die Vokabeln in der Zutatenliste mithilfe des Fotos klären. Das Rezept ist international („French toast", „pain perdu" etc.); dementsprechend gibt es viele Varianten. Vanillezucker und Zimt sind optional. Statt Brötchen kann man auch trockene Scheiben Weißbrot nehmen.

10 Wortschatz klären, besonders die Verben der Rezeptanweisung. Sie können dazu die Fotos auf eine Folie kopieren und von den S. alle passenden Wörter dazuschreiben lassen. Verdeutlichen Sie für die Zuordnung der Verben die Tätigkeiten ggf. durch Gestik.
Lösung: 6, 2, 4, 1, 5, 3

11 Das Rezept in **9** vor dem Hören noch einmal durchlesen lassen.
Lösung: Boris hat zwei Liter Milch genommen statt einem halben und fünf Esslöffel Zucker statt zwei.

12 Der grüne Kasten enthält, als Anregung, einige mögliche Antworten auf die Fragen darüber. Fallen den S. noch andere Tipps ein? Partnerarbeit.

13

a) Auch diese Übung ist offen. Es gibt viele mögliche Zuordnungen. Wieder dient die Vorgabe als Anregung und sprachliches Muster für eigene „wahre" Aussagen (aktives Sprachhandeln in **b**).

14 Wiederholungsübung mit grammatischem Schwerpunkt. Es geht um die Auswahl der richtigen Präpositionen. **Lösung:** von ihrer Tante Irene, mit ihrem Hund Astro, aus einer Kleinstadt, in den Süden, zu ihren Großeltern, seit einer Stunde

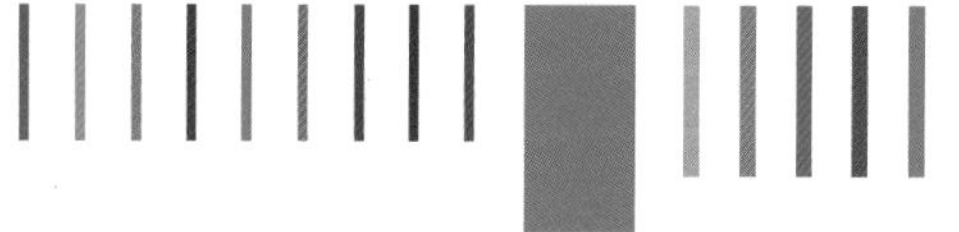

12 Tipps fürs Leben – Wählt aus und notiert die Tipps.

Was tun, wenn ...
... man schlechte Laune hat?
... drei Kilo zu viel hat?
... es den ganzen Sonntag regnet?
... kein Geld für Kleidung, aber Lust zum Einkaufen hat?
... man sich am Wochenende langweilt?
... man die Hausaufgaben nicht gemacht hat?
... man einen Termin mit Freunden vergessen hat?

... anrufen, sich entschuldigen und einen neuen Vorschlag machen.
... ins Kino gehen und einen tollen Film ansehen.
... zwei Tage Salat essen.
... einen witzigen Film im Fernsehen anschauen.
... Freunde zum Tee einladen und Monopoly spielen.
... mal wieder Sport treiben.
...

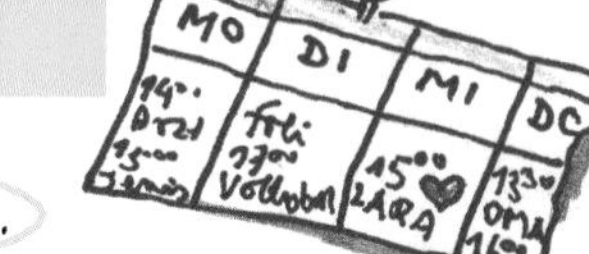

Wenn man schlechte Laune hat, (dann) kann man ...

13 Ich bin nicht gern allein

a Ergänzt: Mit wem ist Flavia gern zusammen?

1. ins Kino gehen	ihr Freund Claudio
2. einen Wochenendausflug	ihre Familie
3. Tennis spielen	ihre Freundin Astrid
4. Fahrrad reparieren	ihr Bruder
5. Gitarre spielen üben	ihre Musiklehrerin Frau Schneider
6. schön essen gehen	ihre Eltern
7. Partys feiern	ihre Clique
8. Vokabeln lernen	ihr Computer
9. schmusen	ihr Hund „Rocker"

Ins Kino geht sie am liebsten mit ihrem Freund Claudio.

Mit ihrer Familie ...

b Und ihr? Schreibt fünf Sätze auf.

Ins Kino gehe ich am liebsten mit ...
Mit meiner Freundin ...

14 Fragen über Astrid – Beantwortet sie und wählt die richtige Präposition aus. Achtet auf den Kasus.

1. Von wem ist die Postkarte?	ihre Tante Irene
2. Mit wem geht Astrid am liebsten spazieren?	ihr Hund Astro
3. Woher kommt Astrid?	eine Kleinstadt
4. Wohin fliegen ihre Eltern in den Ferien?	der Süden
5. Wohin fährt sie in den Ferien am liebsten?	ihre Großeltern
6. Wie lange sucht sie ihren Hund schon?	eine Stunde

1. Von ihrer Tante

64 vierundsechzig

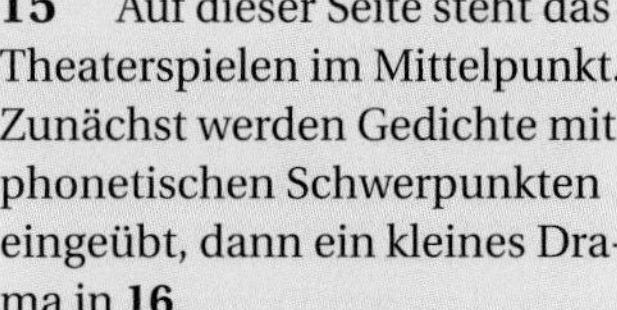

AUSSPRACHE

40

15 Sprechübung – Hört das Gedicht. Wählt dann eine Strophe aus und übt sie zu zweit. Tragt die Strophe laut und langsam vor.

Mira Lobe: Sprechübungen für angehende Schauspieler

Es sprach ein Aal
im Futteral:
Der Saal ist kahl.
Zum letzten Mal
grüß ich im Tal
den Pfahl aus Stahl.

Man kann Kamelen nicht befehlen,
zu Allerseelen Mehl zu stehlen.

Es steht ein Reh im Schnee am See.
Mir tut es in der Seele weh,
wenn ich das Reh im Schnee stehn seh.

„Sei lieb und gib
mir ein Glas Bier!"
So sagt der Stier
um Viertel vier
und schielt zu dir.
Schilt nicht das Tier,
es liebt das Bier.
Die Milch kriegt ihr.

Sollen Drohnen auf Thronen wohnen?
Soll man sie mit Kronen belohnen?
Oder soll man auf die Drohnen
Bohnen schießen aus Kanonen?

Hör zu:
Das U
ist manchmal kurz
wie ein Sturz.
Manchmal aber sehnt es sich,
dann dehnt es sich,
dann passt ihm kein Schuh
und es gibt keine Ruh
und brüllt Muuh
mit der Kuh.

LERNEN MIT SYSTEM

Noch einmal bitte: leiser, viel leiser.

41

16 Zwei Mini-Dramen – vier Personen – vier Versionen

Wählt ein Drama aus und übt vier Versionen.
Ein Schüler ist Regisseur.

1. Alle Mitspieler flüstern.
2. Alle Mitspieler schreien.
3. Alle Mitspieler sprechen traurig und weinen.
4. Alle Mitspieler sprechen lachend.

Drama 1

- ● Mama, Mama, ich hab so Bauchweh!
- ○ Ogottogott, ich ruf den Arzt, mein Kind.

(Arzt kommt, tatütata)

- ▼ Guten Abend, was hat es denn?
- ● Herr Doktor, ich hab so Bauchweh.
- ▼ Ogottogott, wir fahren sofort ins Krankenhaus.

Drama 2

- ● Banküberfall! Geben Sie das Geld heraus!
- ○ Wie hätten Sie es denn gerne?
- ● Sie spinnen wohl! Das ist ein Überfall!
- ○ Na gut, haben Sie eine Tasche?
- ● Nein, wieso?
- ○ Auch gut, dann telefoniere ich mit der Zentrale. Die haben Taschen.

15 Auf dieser Seite steht das Theaterspielen im Mittelpunkt. Zunächst werden Gedichte mit phonetischen Schwerpunkten eingeübt, dann ein kleines Drama in **16**.
Vorschlag: die kleinen Texte (vergrößert) auf Karten kopieren, dann verteilen und in Gruppen einüben lassen. Die Gruppen evtl. auch schon in der Stunde zuvor einteilen, damit die S. das unbekannte Vokabular ihres Textes zu Hause klären und hier dann den jeweils anderen S. erläutern können („Drohne" = eine Biene, „Allerseelen" = katholischer Feiertag, „schilt" von „schelten" = schimpfen, „Futteral" = eine Tasche, z. B. für Pistolen). Anschließend dramatisch und mit viel Gestik vortragen lassen. Die Sprecher können innerhalb der Gruppe nach jeder Zeile wechseln. Vielleicht werden Preise vergeben („Oskars", z. B. Schokofiguren o. Ähnliches): für die beste Intonation, die beste Gestik, den witzigsten Vortrag, den besten ausländischen Schauspieler usw. Achten Sie darauf, dass auch schwächere S. Preise bekommen.

16 Mit den beiden kleinen „Dramen" soll die „emotionale Normabweichung" bei der Intonation geübt werden. Durch die Verfremdung entsteht ein besseres Sprachgefühl für die „Normalversion". Wieder Vorbereitung in Gruppen, die jeweils einen der beiden Dialoge auswählen, üben und schließlich in der Klasse vorspielen.

Drama 1 für drei Personen und einen Regisseur. Die Gruppe beginnt mit einer Version nach Wahl, z. B. Flüstern. Dann interveniert der Regisseur und sagt: „Lauter! Sie müssen das viel lauter spielen!" Die Gruppe führt dann die „Schreiversion" auf usw.

Drama 2 für zwei Personen und einen Regisseur. Vorgehen wie bei Drama 1.

Die beiden Dramen können auch vor einer anderen Klasse oder den Eltern vorgeführt werden, auch wenn diese kein Deutsch verstehen.

Einheit 11

Allgemeines:

Diese Einheit unterscheidet sich von den bisherigen dadurch, dass ihre Textbasis eine einzige, durchgängige Geschichte ist, ein kleiner Krimi. Im Mittelpunkt stehen der Schüler Einstein und der Lehrer Dr. Schmidt, Letzterer bereits aus Band 1 bekannt.

Grammatisch steht die Einführung des Präteritums im Vordergrund (regelmäßige und unregelmäßige Verben). Die S. kennen bereits die Vergangenheitsformen von „haben" und „sein" und die der Modalverben, die hier gleichzeitig wiederholt werden. Daneben werden Lesestrategien an literarischen Texten trainiert. Ziel ist **nicht** die mündliche, produktive Beherrschung aller Formen des Präteritums, da dieses fast nur bei Modalverben und den Hilfsverben „haben" und „sein" gebraucht wird.

1 Erklären Sie die Überschrift („Fährte" = Spur, Hinweis). Führen Sie dann mit folgenden Eingangsfragen in die Geschichte ein:
- „Wer ist Dr. Schmidt?"
- „Wer ist Einstein?"
- „Was wissen wir durch das Bild über die beiden?"

Anschließend selektives Lesen im Kurs: Informationen über die beiden sammeln und berichten.

Gehen Sie zu diesem Zeitpunkt nicht auf Fragen zu den neuen grammatischen Formen ein. Die einzigen Verben im Präteritum, deren Bedeutung evtl. nicht sofort aus dem Kontext zu erschließen ist, sind „saß" (Z. 4), „nannten" (Z. 11) und „hieß" (Z. 12); geben Sie hierzu die bekannten Infinitive an. Lassen Sie dann den Text still lesen. Frage: „Zu welchen Zeilen passen die Bilder auf Seite 66 unten?"
Lösung: Bild links: Z. 20/21, Bild Mitte: Z. 23, Bild rechts: Z. 29

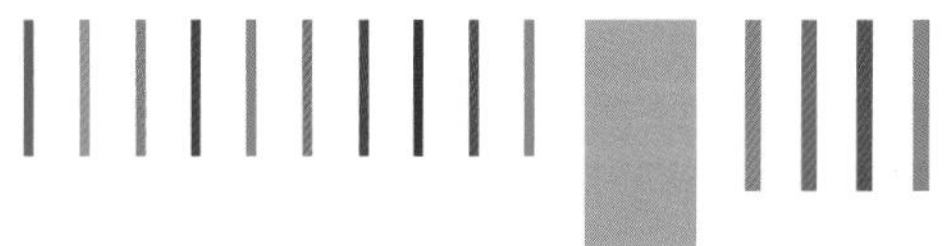

Einstein und die falsche Fährte

1 Seht euch das Bild an und beschreibt die Situation. Lest dann die Geschichte bis Zeile 30.

Montagmorgen, 10 Uhr 45. Biologie war gerade zu Ende. Dr. Schmidt wischte die Tafel ab. Alle Schülerinnen und Schüler der Klasse 8b rannten in die Pause. Alle? Nein, nicht alle. Albert Neumann saß immer noch an seinem Tisch. Dr. Schmidt war fertig und packte seine Tasche. Er schaute noch einmal in das Klassenzimmer.

„Einstein? Was ist los? Machst du heute keine Pause?"
Albert Neumann war 13, klein, etwas dick und trug eine Brille. Er war ein Genie in Mathe und am Computer. Deshalb nannten ihn alle „Einstein". Sein bester Freund hieß Olli. Er ging auch in die Klasse 8b. Olli war schon 14 und ziemlich verliebt.
„Äh, Herr Schmidt, kann ich mit Ihnen reden … vertraulich?"
„Vertraulich? Klar. Warte mal."
Dr. Schmidt schloss die Tür, setzte sich auf das Pult und packte sein Pausenbrot aus.

„Na dann mal los, Einstein."
„Vorgestern bin ich mit Olli in die Stadt gegangen. Wir waren im *Mediamarkt*. Wir haben uns neue CDs angehört und ein paar Computerspiele ausprobiert. Um drei Uhr musste Olli plötzlich weg. Er hat nicht gesagt, wohin er musste. Aber wir haben uns später verabredet, so um vier Uhr vor dem Internetcafé. Ich war schon vor vier da, aber Olli ist nicht gekommen. Ich habe fast noch eine Stunde gewartet, dann hatte ich keine Lust mehr."

„Und wo ist das Problem?" Dr. Schmidt packte sein zweites Pausenbrot aus und schaute Einstein neugierig an.
„Moment! Also, ich bin zum Bus gegangen und hab noch ein bisschen gewartet. Die Bushaltestelle ist gegenüber vom Museum. Also, ich hab gewartet und dann konnte ich Olli sehen. Olli und zwei Typen. Und die sind ins Museum gegangen! Olli war noch nie in seinem Leben im Museum. Und Olli war irgendwie komisch …"

66 sechsundsechzig

11

2 In welcher Zeile findet ihr die Information? Notiert die Zeilen.

1. Sie nennen Albert „Einstein", weil er sehr gut rechnen kann.
2. Einstein will allein mit Herrn Schmidt sprechen.
3. Einstein und Olli haben Musik angehört und Computer gespielt.
4. In der Pause ist Dr. Schmidt immer hungrig.
5. Olli hat auf Einstein gewartet.

3 Die Antworten auf diese Fragen findet ihr im Text. Lest die Textstellen vor.

1. Warum bleibt Einstein in der Klasse?
2. Wo waren Einstein und Olli?
3. Warum ist Einstein um fünf gegangen?
4. Warum hat er sich über Olli gewundert?

Einstein ist in der Klasse geblieben, weil ...

4 Die Antworten auf diese Fragen findet ihr nicht im Text. Besprecht die Fragen in der Klasse: Habt Ihr Ideen? Lest dann weiter.

1. Warum war Olli im Museum?
2. Warum will Einstein mit Dr. Schmidt allein reden?
3. Wo ist das Problem?

„Ich verstehe immer noch nicht, was ...?" Dr. Schmidt legte sein Pausenbrot weg. „Vielleicht verstehen Sie mich jetzt. Hier ist die Zeitung von gestern." Einstein holte aus seiner Schultasche einen Zeitungsbericht:

Diebstahl im Stadtmuseum

(eB) Wie die Polizei mitteilte, wurden gestern aus dem Stadtmuseum wertvolle Goldmünzen gestohlen. Die Täter kamen kurz vor fünf Uhr, vermutete der Direktor des Museums, Dr. Bornebusch. Als er um fünf Uhr den Saal kontrollierte, waren die Münzen noch da. Erst nach fünf entdeckte die Aufsicht den Diebstahl. Der Glasschrank war offen und die Münzen waren weg. Ein Polizeisprecher: Ein mysteriöser Fall. Es gibt keine Spuren.

„Hm, ja, ich hab's heute Morgen im Radio gehört." Dr. Schmidt gab Einstein den Zeitungsbericht zurück. „Jetzt verstehe ich dein Problem. Du meinst, Olli ..."

„Eine Kleinigkeit fehlt noch. Aber ich weiß nicht genau, wie wichtig sie ist."
„Keine Angst, Einstein. Los, erzähl mir die ganze Geschichte."
„Also gestern in der Pause, äh, also Olli und Jessica ..."
„Das weiß doch die ganze Schule, dass Olli in Jessica verliebt ist. Ich weiß Bescheid, Einstein."
„Ja, also, Olli hat Jessica ein Geschenk mitgebracht. Einen Minidisc-Player ..."
„Oh!" Dr. Schmidt pfiff durch die Zähne. „Ganz schön teuer!"
„Genau! Und was machen wir jetzt, Herr Schmidt?"
Dr. Schmidt ging ans Fenster und schaute auf den Pausenhof. In einer Ecke sah er Olli und Jessica. „Tja, was machen wir jetzt? Ich schlage vor, wir denken erst mal nach."

2 Kontrolle des Textverstehens in Partnerarbeit. Auswertung im Kurs.
Lösung: 1. Zeile 10/11 2. Zeile 14/15 3. Zeile 20/21 4. Zeile 18 und 25 5. Zeile 23/24

3 Hier wird das Zitieren aus einem Text geübt. Die S. finden die Antworten.
Lösung: 1. Einstein ist in der Klasse geblieben, weil er Herrn Dr. Schmidt sprechen wollte. (Z. 14) 2. Einstein und Olli waren im „Mediamarkt". (Z. 20) 3. Einstein ist um fünf gegangen, weil er keine Lust mehr hatte. (Z. 24) 4. Er hat sich über Olli gewundert, weil er mit zwei Typen ins Museum gegangen ist. (Z. 29)

4 Zunächst zu zweit Vermutungen sammeln, dann im Kurs. Halten Sie die Ergebnisse auf einer Folie fest und überprüfen Sie sie mit den S. nach der Lektüre des Textes. Weiterlesen im Kurs oder als Hausaufgabe.

5 Bei den Sätzen 1–9, die hier von den S. in die richtige Reihenfolge gebracht werden sollen, handelt es sich um eine Zusammenfassung des bisherigen Textes. Benutzen Sie die Kopiervorlage 14, schneiden Sie die Sätze in Streifen und verteilen Sie je ein Streifenpäckchen (1–9) in Kleingruppen.
Lösung: 9, 8, 2, 5, 6, 4, 1, 3, 7

6
Lösung: aus dem neunten Jahrhundert, Alarm aktiviert, Türen gesichert, Polizei bittet um Mithilfe

7 Gespräch im Kurs. Weiterlesen als Hausaufgabe. In stärkeren Gruppen können Sie an dieser Stelle Vermutungen über den Fortgang der Geschichte sammeln. Notieren Sie sie ebenfalls auf der Folie für eine spätere Überprüfung.
Lösung: 2. Olli war im Museum. 3. Olli hat Jessica ein teures Geschenk gemacht.

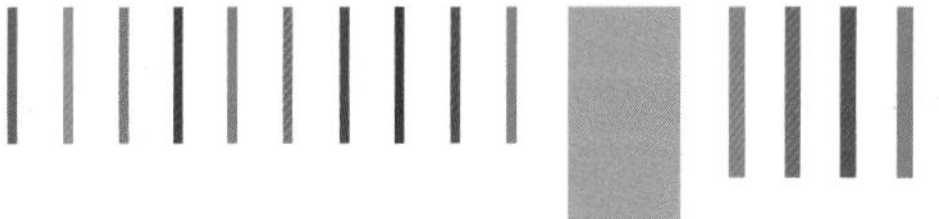

5 Das ist bis jetzt passiert – Ordnet die Sätze und lest dann den Text vor.

1. Dort steht: Diebstahl im Museum.
2. Er erzählt, dass er mit Olli im *Mediamarkt* war.
3. Dann erzählt Einstein noch über Ollis teures Geschenk für Jessica.
4. Dr. Schmidt versteht das Problem nicht, dann zeigt ihm Einstein die Zeitung.
5. Danach wollten sie in das Internetcafé.
6. Einstein wartete vergeblich auf Olli.
7. Zum Schluss haben beide einen Verdacht.
8. Einstein will etwas über Olli erzählen.
9. In der Pause bleiben Dr. Schmidt und Einstein allein in der Klasse.

In der Pause bleiben Dr. Schmidt und Einstein allein in der Klasse.

6 Diebstahl im Museum – Hört die Radiomeldung. Welche Informationen sind neu?

7 Warum ist Olli verdächtig? Sammelt drei Gründe.

1. Olli war verabredet, aber er kam nicht.
2. Olli …

Dr. Schmidt schaute eine Weile auf den Hof und drehte sich dann langsam um. „Albert", sagte er und schaute ihn mit großen Augen an, „Olli ist dein Freund, glaubst du wirklich, dass er in einem Museum Münzen stiehlt?"
„Nein, eigentlich nicht. Aber er ist so komisch, seit er mit Jessica zusammen ist. Ich weiß es wirklich nicht. Meinen Sie, dass wir die Polizei informieren müssen?"

Dr. Schmidt hatte das zweite Pausenbrot wieder in der Hand. Er legte es noch einmal zurück auf das Pult und dachte eine Moment nach. Den Hunger hatte er jetzt vergessen.
„Nein, wir wissen eigentlich nichts. Du hast einen Verdacht. Du musst versuchen, mit Olli zu sprechen. Hör dir an, was er sagt. Ich gehe ins Museum und rede mit dem Direktor. Vielleicht hat er noch eine Information, die uns hilft. Wir treffen uns um vier an der Bushaltestelle vor dem Museum, wo du gestern warst."

Albert war froh über sein Gespräch mit Dr. Schmidt.
Er lief die Treppe runter in den Pausenhof. „Olli", ich muss mit dir reden. „Es ist ganz wichtig!" – „Einstein, du nervst. Jetzt nicht. Wir reden nach dem Unterricht." Es klingelte. Jessica und Olli lachten und liefen sofort zurück in die Klasse. Albert rief: „Ich warte auf dich!" Aber es kam anders. Albert wartete nach dem Unterricht an der Schultür.
Nach 20 Minuten ging er nach Hause. „So ein Mist!", rief er und dachte: „Das ist oberfaul. Sehr verdächtig!"

Um Viertel nach drei kam Dr. Schmidt mit dem Bus am Museum an. Er musste herausfinden, was der Direktor wusste. Er kannte ihn aus dem Kegelklub und ging gleich in sein Büro. „Hallo, Peter, Mensch, was lese ich da in der Zeitung? Ein Diebstahl, hier bei euch? Es ist ja unglaublich! Wisst ihr schon was? Habt ihr den Täter schon?"

„Hallo, Erwin. Nein, wir stehen vor einem Rätsel. Ich habe um fünf noch eine Runde gemacht. Da war noch alles in Ordnung. Um halb sechs wollten wir schließen und da haben wir entdeckt, dass die Münzen weg waren."

„Hattet ihr vorgestern viele Besucher?"

„Eigentlich nicht, ein Schüler war hier mit zwei Amerikanern und eine kleine japanische Reisegruppe. Die amerikanischen Touristen und der Schüler sind gegen fünf gegangen. Die Polizei sucht sie noch. Die Aufsicht hat 14 Personen gezählt."

„Aufsicht? Wer ist das?"

„Ein junger Mann aus Kassel. Er arbeitet halbtags hier, von eins bis halb sechs, während der Hochsaison bis Ende August. Er ist seit gestern krank."

„Na ja, Peter! Ich wünsche euch viel Glück. Wir sehen uns am Samstag im Klub, oder?"

Dr. Schmidt hatte es plötzlich eilig. Vor dem Museum wartete Albert Neumann. Dr. Schmidt fragte sofort: „Was hat Olli gesagt?" „Olli? Keine Chance, er war schon weg. Der hat doch nur noch Augen und Ohren für Jessica. Der ist doch nicht mehr normal."

Dann berichtete ihm Dr. Schmidt von dem Gespräch mit dem Museumsdirektor. Albert Neumann putzte seine Brille und dachte intensiv nach. Plötzlich setzte er die Brille wieder auf: „Ich glaube, ich hab's! Die Sache ist glasklar!" Albert und Dr. Schmidt schauten sich an. Sie dachten beide das Gleiche. Wenn die Münzen um fünf noch im Museum waren, dann gab es nur eine Möglichkeit.

8 **Albert Neumann und Dr. Schmidt wissen, was passiert ist. Ihr auch? Teilt die Arbeit auf und berichtet.**

Was wissen wir über die Personen?

Olli | die Aufsicht | der Museumsdirektor

9 **Habt ihr die Lösung? Vergleicht eure Ergebnisse.**

Ich glaube … | Nein, ich glaube … | Vielleicht hat Olli … | Es kann sein, dass …

10 **Der Fall ist gelöst – Hört die Radiomeldung. Wo sind die Münzen jetzt?** 43

8 Arbeit in Gruppen. Die S. präsentieren ihre Ergebnisse im Plenum (auf Folie).
Variante: Bei lernstarken Gruppen können Sie an dieser Stelle die S. ermutigen, ein eigenes Ende zu schreiben.
Lösung: Siehe unten.

9 Sammeln der Vermutungen in Arbeitsgruppen. Diskussion im Kursplenum: Die S. präsentieren ihre Vermutungen. Beziehen Sie die Folien aus den vergangenen Stunden mit ein. Welche Vermutungen waren richtig, welche falsch?

10 Präsentieren Sie die Auflösung des Rätsels mit dem Hörtext. Welche Informationen können die S. auf Anhieb verstehen?
Lösung: Die Münzen sind jetzt wieder im Stadtmuseum.

Tafelbild zu Aufgabe 8

Was wissen wir über die Personen?

Olli	Die Aufsicht	Der Museumsdirektor
– ist ein Freund von Einstein.	– hat den Diebstahl entdeckt.	– ist im Kegelklub.
– war noch nie im Museum.	– ist ein junger Mann.	– kennt den Täter nicht.
– ist in Jessica verliebt.	– ist aus Kassel.	– hat um 5 eine Runde gemacht.
– hat ihr ein Geschenk gemacht.	– arbeitet von halb eins bis halb sechs.	– …
– …	– …	

11 Partnerarbeit. Überprüfung mit der Grammatiktabelle auf S. 115 (KB, S. 103).

12

a) Hier wird eine Faustregel für die regelmäßigen Verben präsentiert, die Fehler zu vermeiden hilft. Die 2. Person Singular wird praktisch nur bei „haben“ und „sein“ sowie bei den Modalverben verwendet. Bei allen anderen Personen ist die Endung im Singular „-te“ und im Plural „-ten“.

b) Lösung: mitteilte, vermutete, kontrollierte, entdeckte

13 Zunächst sollen die S. in Partnerarbeit die Formen im Kontext der Geschichte entdecken. Dabei sollen sie nicht versuchen, irgendwelche Regelmäßigkeiten bei den Stammvokalwechseln zu finden.

14 Die Verbformen stehen in der Grammatiktabelle auf S. 122 (KB, S. 110). Die S. können Lernkärtchen schreiben und die Formen in Partnerarbeit üben.

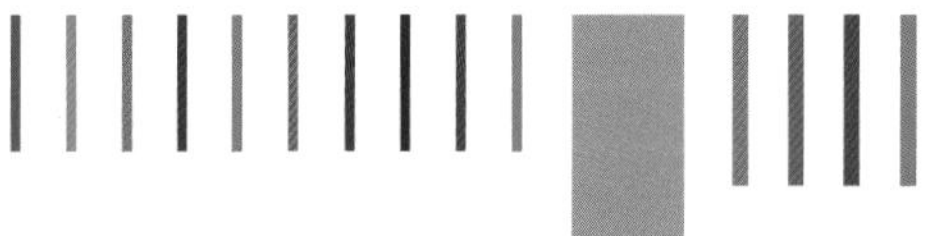

Verben in der Vergangenheit

11 **Wiederholung – Das Präteritum von *sein, haben, müssen* und *können* kennt ihr. Sammelt die Formen an der Tafel.**

	sein	haben	können
ich	war	hatte	konnte
du			

12 **Präteritum regelmäßiger Verben**

a Auf Seite 66 findet ihr auch die Präteritumformen dieser Verben. Ergänzt die Regel.

ich/er/es/sie

pack[?]
wisch[?]
setz[?]
schau[?]
} Endung immer [?]

wir/sie

pack[?]
wisch[?]
setz[?]
schau[?]
} Endung immer [?]

Die Formen von *du* und *ihr* braucht ihr hier nicht.

b In der Zeitungsnotiz gibt es noch vier regelmäßige Formen. Findet ihr sie?

13 **Diese Verben sind unregelmäßig. Findet ihre Präteritumformen auf S. 66 und sammelt an der Tafel.**

sitzen – schließen – rennen – nennen – gehen – heißen

sitzt	saß	rennt	r[ ]nnte
heißt	h[ ]	nennt	n[ ]
schließt	schl[ ]	geht	g[ ]

14 **Verbformen in der Wortliste – Sucht die Präteritumformen dieser Verben und schreibt Lernkarten.**

tragen – pfeifen – laufen – kommen – geben – rufen

tragen
er trug
er hat getragen

15 Verbformen lernen

rufen
er rief – er hat gerufen
fahren
er fuhr – er ist gefahren
bleiben
er blieb – er ist geblieben

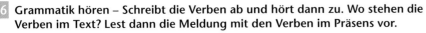

Unregelmäßige Verbformen mit Rhythmus lernen: Infinitiv – Präteritum – Partizip II. Lerntipp

16 Grammatik hören – Schreibt die Verben ab und hört dann zu. Wo stehen die Verben im Text? Lest dann die Meldung mit den Verben im Präsens vor.

44

bekamen – blieb – durfte – fuhr – gab – gingen – konzentrierte – lagen – machte – riefen an – schloss

Nach dem Diebstahl von wertvollen Goldmünzen ① das Stadtmuseum heute geschlossen. Der Direktor ② keine Informationen an die Presse. Niemand ③ in sein Büro. Viele Journalisten ④ ihn an, aber sie ⑤ keine Antwort. Bekannt ist nur: Als der Direktor um fünf eine Runde durch sein Museum ⑥, ⑦ die Münzen noch im Schrank. Die letzten Besucher ⑧ um fünf. Danach ⑨ der Direktor zu und ⑩ nach Hause. Die Polizei ⑪ sich zunächst auf eine Touristengruppe.

17 Offene Fragen – Lest den Text, hört das Telefonat und beantwortet die zwei Fragen im Text.

45

Albert Neumann war hundemüde. Ein langer Tag. Er dachte nach. Olli war unschuldig. Das war klar. Aber woher kam das Geld für das Geschenk? Und warum wollte Olli nicht mit ihm sprechen? Im Bett las er noch ein bisschen. Nach zwei Seiten schlief er ein. Plötzlich klingelte das Telefon.

15 Das Lernen der drei Formen kann durch Klatschen oder andere Bewegungen unterstützt werden.

16 In dieser Übung ist es das Ziel, die Verben zu verstehen, nicht aktiv mündlich zu benutzen. Da das Präteritum in der gesprochenen Sprache vor allem nur bei den Hilfs- und Modalverben benutzt wird, reicht für die Verben hier das bloße Textverständnis.
Lösung: (in der richtigen Reihenfolge) bleibt – gibt – darf – rufen – bekommen – macht – liegen – gehen – schließt – fährt – konzentriert

17 Die S. notieren zunächst alle Fragen, die noch offen sind. Anschließend spielen Sie den Hörtext vor. Welche Fragen werden beantwortet?
Lösung: Frage 1: Woher kam das Geld für das Geschenk? – Olli hat am Montag eine Stadtführung für die amerikanischen Touristen gemacht und er hat ihnen auch das Museum gezeigt. Er hat 30 Euro dafür bekommen. Frage 2: Warum wollte Olli nicht mit ihm sprechen? – Olli hatte Angst, dass Einstein sauer auf ihn ist. Einstein hat Olli 20 Euro geliehen und Olli wollte ihm das Geld am Dienstag zurückgeben. Aber dann hat er das Geschenk für Jessica gekauft.

Einheit 12

Allgemeines:
Die Einheit behandelt das Thema „Wohnen". Das eigene Zimmer wird beschrieben. Wohnformen, verschiedene Wohnräume und Gebäude werden mit Vor- und Nachteilen vorgestellt. Am Ende der Einheit wird eine typische Wohnsituation (Ärger mit den Nachbarn) durchgespielt. Der grammatische Schwerpunkt liegt auf den Wechselpräpositionen und den Relativsätzen im Nominativ und Akkusativ.

1 Einstieg mit einem Foto von Julians Zimmer, den die S. schon in Einheit 6 als Gewinner des Sportabzeichens kennen gelernt haben. Die S. werden wahrscheinlich auf das Foto reagieren, wenn Sie sie fragen, wie ihnen das Zimmer gefällt. Natürlich haben nicht alle Jugendlichen in Deutschland ein eigenes Zimmer, und bestimmt auch nicht immer so ein großes. (Die Familie wohnt in einem Altbau und da sind die Zimmer in der Regel etwas größer und die Wände etwas höher als in Neubauten.) Zunächst sollen sich die S. einen Moment mit dem potenziell neuen Wortschatz (im Kasten darüber) beschäftigen und den Gegenständen auf dem Foto zuordnen. Einige Wörter dürften bekannt sein („Poster", „Tisch", „Stuhl"), andere müssen erklärt werden.

2 Damit sich der Wortschatz besser einprägt, sollen die S. hier die Wörter noch einmal unter einem anderen Blickwinkel ordnen. Sie wiederholen damit auch den Artikel im Dativ.

3 Julian beschreibt hier sein Zimmer. Die S. sollen während des Hörens seine Schilderung auf dem Foto überprüfen und dabei den Orts- und Farbangaben folgen. Stoppen Sie den Hörtext zwischendurch und klären Sie Fragen. Wenn Sie wollen, können Sie den S. auch das Transkript kopieren und sie damit weiterarbeiten lassen. Vielleicht fällt den S. auf, dass die Beschreibung Julians an zwei Stellen nicht ganz korrekt ist (der Computertisch steht, vom Betrachter aus gesehen, **rechts** vom Schrank, nicht links; und sein altes Skateboard hängt über dem **Computertisch**, nicht über dem Schreibtisch).

4 „Die Diamantensuche" – ein Spiel, um Wörter für Gegenstände im Zimmer und den Dativ (Ort) einzuüben. Ein S. „versteckt" einen virtuellen Diamanten in Julians Zimmer (z. B. in der Kommode) und schreibt das Versteck auf einen Zettel. Die anderen in der Klasse raten nun, wo er sein könnte („Auf dem Schreibtisch?", „Unter dem Fenster?" etc.). Der erste S. antwortet jedes Mal mit „Nein", kann den anderen aber auch etwas helfen, indem er z. B. „Kalt!" sagt, wenn die Vermutung ganz danebenlag, „Warm!", wenn sie näher dran war, und „Heiß!", wenn sie fast schon richtig war. Der S., der den richtigen Ort genannt hat, darf dann als Nächster den Diamanten verstecken usw. Achten Sie auf (grammatisch) korrekte Äußerungen.

Meine vier Wände

1 **Julians Zimmer – Sieh das Foto an. Welche Gegenstände und Möbelstücke kennst du schon auf Deutsch? Was ist neu?**

das Bett die Matratze das Bild der Papierkorb das Poster	die Kommode die Schublade die Lampe der Schrank das Regal	der Stuhl der Tisch der Schreibtisch der Sessel das Sofa	das Fenster die Tapete der Teppich die Tür die Wand

2 **Was ist/steht/hängt/liegt wo? Ordnet die Gegenstände.**

auf dem Boden	an der Wand	an der Decke
der Schreibtisch		

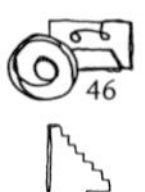
46

3 **Julian beschreibt sein Zimmer – Seht euch das Foto genau an und hört zu.**

72 zweiundsiebzig

4 Die Diamantensuche

Stell dir vor, du hast einen Diamanten im Zimmer von Julian versteckt. Schreibe auf, wo er liegt. Die anderen müssen raten.

- ● Ist er hinter dem Schreibtisch? ○ Nein
- ● Im Regal? ○ Nein

Ort ● Dativ
- ● auf **dem** Schrank (der)
- ● hinter **dem** Regal (das)
- ● in **der** Kommode (die)

5 Was hast du in deinem Zimmer? Was hast du nicht? Wo ist was? Was findest du interessant im Zimmer von Julian?

Mein Schreibtisch steht vor dem Fenster.

Ich habe keinen Computer.

6 Das eigene Zimmer – Lest zuerst den Text. Dreht dann das Buch um: Könnt ihr mit den Stichwörtern rechts den Text zusammenfassen?

Das eigene Zimmer: Viele Jugendliche in Deutschland haben schon sehr früh ein eigenes Zimmer oder ein Zimmer, das sie mit ihren Geschwistern teilen. Sie machen dort ihre Hausaufgaben, sehen fern oder hören Musik oder sie bekommen Besuch von ihren Freunden. Ein Problem ist die Ordnung. Wenn das Chaos zu groß wird, bekommen die Kinder Ärger mit ihren Eltern. Ein eigenes Zimmer heißt, dass die Wohnung ziemlich groß sein muss, und das kann in Deutschland ziemlich viel Miete kosten.

Viele Jugendliche / D /
eigenes Zimmer
Hausaufgaben / fernsehen /
Musik hören / Freunde
Problem: Ordnung
Ärger mit Eltern
Wenn eigenes Zimmer:
Wohnung groß / teuer

Lerntipp: Stichwörter zu einem Text notieren hilft beim Zusammenfassen von Texten.

7 Ordnung ist das halbe Leben – Chaos ist das ganze! Oder: Wohin mit den Sachen? Was sagen deine Eltern oft?

legen machen stellen bringen hängen ...	Schuhe, Bücher, CDs, Kleider, Bleistifte, Hefte, Disketten, Fische, Poster, Jacke, Schultasche ...	in auf unter hinter	das Regal der Schreibtisch die Kommode die Schublade das Aquarium ...

Richtung → Akkusativ
- → **auf den** Schrank (der)
- → **hinter das** Regal (das)
- → **in die** Kommode (die)

Häng deine Jacke in den Schrank!

Häng deine Poster ...

Stell deine Bücher endlich ins ...

5 Vergleich von Julians Zimmer mit dem eigenen. Die S. sollen sagen, was bei ihnen anders als bei Julian ist, was sie haben, was nicht etc. Sollten in der Klasse viele S. sein, die kein eigenes Zimmer besitzen, so verdeutlichen Sie noch einmal, dass dies auch in Deutschland durchaus nicht in allen Familien üblich ist.

6 Landeskundlicher Text: Jugendliche und ihre Zimmer in Deutschland. Die S. sollen zunächst den Text lesen und unbekannten Wortschatz klären. Es handelt sich hier um einen kurzen Sachtext und die S. sollen in einem zweiten Schritt versuchen, den Text mithilfe der Stichworte rechts in eigenen Worten zusammenzufassen. Die S. sollen dabei erkennen (was auch der Lerntipp zusammenfasst), dass sinnvolle Stichworte beim Wiedergeben eines Textinhalts oder einem kleinen Vortrag helfen können.

7 In **4** wurden verstärkt Strukturen mit dem Dativ geübt. In der Situation hier sollen die S. nun Äußerungen mit dem Akkusativ formulieren. Eine typische Situation ist es, wenn Eltern (meist in einem etwas autoritären Ton) den Jugendlichen sagen, wohin sie ihre Sachen stellen, legen etc. sollen. Lassen Sie die S. die Rolle der Eltern spielen und ruhig mit dem gleichen Ton und etwas übertrieben die Aufforderungen äußern. Bestimmt fallen den S. auch noch andere „Befehle“ ein, die sie in diesem Zusammenhang zu Hause häufiger hören.

8 Auf der Doppelseite sehen die S. verschiedene Haustypen, wie sie zum Teil auch typisch für Deutschland sind. Der alte Bahnhof ist als solcher vielleicht nicht auf den ersten Blick zu erkennen und auch Fachwerkhäuser dürften in einigen Ländern unüblich sein. Dagegen findet man Hochhäuser und Altbauten fast überall.

a) Lassen Sie kurze Begründungen für die Zuordnungen von Fotos und Texten geben: „Welche Wörter im Text haben euch geholfen?" Lassen Sie die Texte anschließend ruhig laut lesen und achten Sie auf eine natürliche Aussprache.
Lösung: 1d, 2c, 3a, 4b

b) Hier finden die S. zusätzliche Aussagen, die sie den vier Texten zuordnen sollen. Zuerst lesen und dann zuordnen lassen. (Kurze Begründung verlangen: „Welche Wörter haben euch geholfen?")
Lösung: 1d, 2 –, 3a, 4b, 5a, 6c

Unsere Wohnung – unser Haus

8 Wohnungen

a Lest die Texte und ordnet die Fotos den Texten zu. Was hat euch geholfen?

(a) Nikola: Mir gefällt unsere Wohnung überhaupt nicht. Wir wohnen seit einem Jahr in einem Hochhaus, das direkt an einer Hauptstraße liegt. Die Miete ist zwar nicht so hoch, aber es ist immer sehr laut und ich kenne im Haus niemand. Hier wohnen fast 300 Leute.

(c) Alexandra: Ich wohne mit meiner Mutter zur Miete in einem Altbau mit vier Stockwerken. Die Wohnung ist nicht billig, aber auch sehr groß. Sie hat 140 Quadratmeter und ist sehr schön. Wir haben auch einen Balkon, der nach hinten zum Hof geht, und unsere Nachbarn sind sehr nett.

(b) Elin: Wir wohnen auf dem Dorf in einem kleinen, alten Fachwerkhaus, das mein Vater ein Jahr lang renoviert hat. Die Zimmer sind zwar sehr klein, aber es ist gemütlich.

(d) Patrick: Wir wohnen in einem alten Bahnhof. Aber jetzt gibt es da keine Züge mehr, nur einen Sonderzug, der immer am Sonntag vorbeifährt. Mein Zimmer ist da, wo man früher die Fahrkarten verkauft hat. Ich bekomme oft Besuch von Freunden, die das Haus sehen wollen.

b Zu welchem Text aus 8a passen die Aussagen?

1. Die wollen alle sehen, wo ich wohne.
2. Wir wohnen im zweiten Stock.
3. Die Wohnung ist billig.
4. Jetzt sieht es wieder aus wie neu.
5. Hoffentlich ziehen wir bald um.
6. Wir haben viel Platz.

74 vierundsiebzig

12

A

B

3

4

9 **Die Clique zu Besuch – Schaut euch den Plan an und hört zu. Welche Zimmer sind das?**

47

fünfundsiebzig 75

9 Motivierende Vorstellung der Zimmer in einem Haus / einer Wohnung. Die Clique kommt zu Besuch und es ergeben sich kleine Dialoge und Szenen, die andeuten, welches Zimmer gerade im Mittelpunkt steht. Arbeiten Sie am besten mit der Kopiervorlage 15. Klären Sie zunächst die Bedeutung der Bezeichnungen für die Zimmer in der Illustration und lassen Sie dann den Text hören. Sie können nach jedem Zimmer kurz stoppen und die S. fragen, wo man sich jetzt ihrer Meinung nach gerade befinde und warum.

Lösung: (in der Reihenfolge der Aufnahme) Flur (Jacken, Garderobe), Wohnzimmer („Setzt euch!“), Arbeitszimmer (Computertastatur), Küche (Kaffeemaschine), Kinderzimmer (Fernseher oder Computerspiel), Bad (Hände waschen), Toilette, WC („water closet“), Keller (Treppe), Schlafzimmer (Schranktür), Balkon (Sonne, raus)

10 Eine Regel finden. Durch den Vergleich der Sätze 1–4 mit den Texten in **8** können die S. leicht entdecken, was sich ändert, wenn aus dem zweiten Satz ein Relativsatz wird. Schreiben Sie die Sätze jeweils wie im Beispiel untereinander an die Tafel. Formulieren Sie dann zusammen mit den S. die Regel: Die Relativpronomen sehen genauso aus wie die Artikel, aber das Verb rückt im Relativsatz ans Ende.

11 Relativsätze im
a) Nominativ. Die S. sollen zunächst die Sätze links und rechts zuordnen und dann mithilfe der Regel und des Tafelbilds die Aussagen jeweils zu einem Satz verbinden.
Lösung: 1b, 2a, 3d, 4c
b) Akkusativ. Vorgehen wie bei **a)**.
Lösung: 1c, 2a, 3d, 4b

12 Kontrastierung der Relativpronomen im Nominativ und Akkusativ. Der Fall des Relativpronomens hängt vom Verb im Relativsatz ab. Bilden Sie bei Bedarf mit den S. zusammen weitere Beispiele.
Lösung: 1. der – den 2. der – den 3. der – den

13 Mit Relativsätzen lassen sich Sachverhalte genauer beschreiben. Schreiben Sie zunächst einen Satz an die Tafel: „Der Computer ist kaputt." Fragen Sie dann die S., was man genauer beschreiben könnte, z. B.: „Welcher Computer?" Mögliche Antworten: „Der Computer, der bei uns zu Hause steht." Oder: „Der Computer, den ich gekauft habe." Etc. Gehen Sie dann zur Übung über und lassen Sie die S. eine mögliche Aussage in der rechten Spalte finden (e). Lassen Sie danach die Satzteile links und rechts vorlesen und zuordnen und die S. erklären, wie sie zu ihren Entscheidungen gekommen sind – über die Bedeutung oder über die Artikel der Nomen? Danach die Sätze im Zusammenhang vorlesen lassen.
Lösung: 1e, 2c, 3b, 4a, 5d

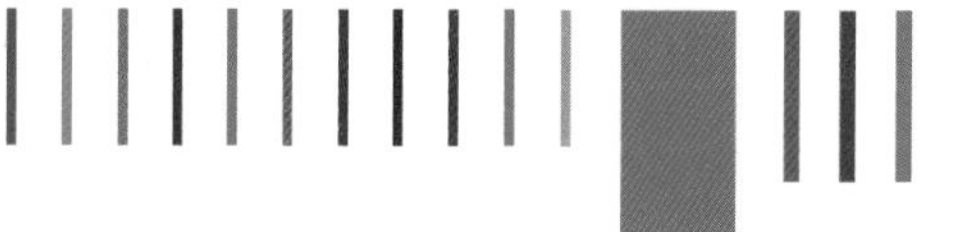

Informationen verbinden: Relativsätze

10 Lest die Sätze und vergleicht mit den Texten in Aufgabe 8. Was ist anders?

1. Nikola wohnt in einem Hochhaus. Das Hochhaus liegt direkt an einer Hauptstraße.
2. Elin wohnt in einem Fachwerkhaus. Das Fachwerkhaus hat ihr Vater renoviert.
3. Die Wohnung von Alexandra und ihrer Mutter hat einen Balkon. Er geht nach hinten zum Hof.
4. Patrick bekommt oft Besuch von Freunden. Die Freunde wollen das Haus sehen.

Hauptsatz	Hauptsatz
Peter (wohnt) in einem Hochhaus.	Das Hochhaus (liegt) direkt an einer Hauptstraße.
Hauptsatz	Relativpronomen + Nebensatz
Peter (wohnt) in einem Hochhaus,	das direkt an einer Hauptstraße (liegt).

Die Relativpronomen sehen genauso aus wie die bestimmten Artikel:

Nominativ: *der, das, die,* Plural: *die* Akkusativ: *den, das, die,* Plural: *die*

11 Was passt zusammen? Verbindet die Sätze 1–4 und a–d mit Relativpronomen.

a Nominativ: *der, das, die*

1. Ich habe ein schönes Zimmer.
2. In der 7a gibt es 25 Schüler.
3. Anna hat eine Freundin gefunden.
4. Peter hat einen neuen Computer.

a) Sie sind alle sehr gut in Mathe.
b) Es ist aber sehr klein.
c) Er war aber schon dreimal kaputt.
d) Sie ist sehr nett.

Ich habe ein schönes Zimmer, das aber ...

b Akkusativ: *den, das, die*

1. Ich habe den Schlüssel gefunden.
2. Hast du die Fotos bekommen?
3. Herbie mag den schwarzen Pullover.
4. Wo ist das T-Shirt?

a) Ich habe sie auf der Party gemacht.
b) Ich habe es in Berlin gekauft.
c) Ich habe ihn die ganze Woche gesucht.
d) Er hat ihn zum Geburtstag bekommen.

Ich habe den Schlüssel gefunden, den ...

12 Nominativ (*der*) oder Akkusativ (*den*) – Worauf musst du achten?

1. Das ist der neue Computer,	? alles kann.	? ich gestern gekauft habe.
2. Das ist der Bus,	? nie pünktlich kommt.	? ich immer verpasse.
3. Herr Schmidt ist ein Mathelehrer,	? immer gute Noten gibt.	? alle mögen.

76 sechsundsiebzig

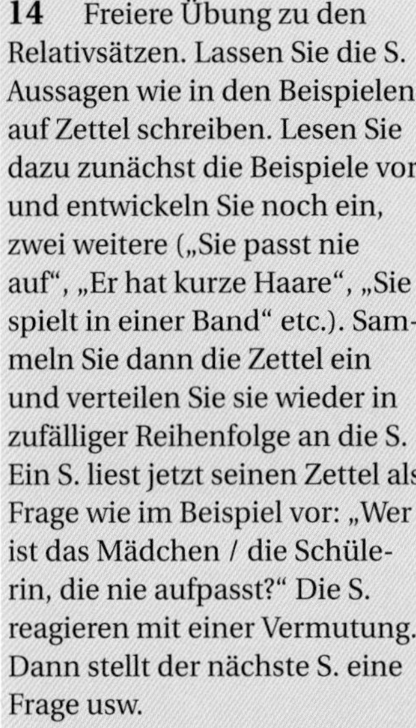

13 Relativsatz im Hauptsatz – Baut in die Sätze 1–5 die Informationen a–e ein.

1. Der Computer, ?, ist kaputt.
2. Der Student, ?, hört immer laute Musik.
3. Das Fach, ?, ist Mathe.
4. Wann gibst du mir die CDs, ?, zurück?
5. Der Film, ?, war langweilig.

a) die ich dir geliehen habe
b) das ich am meisten hasse
c) der bei uns im zweiten Stock wohnt
d) den ich gestern im Fernsehen gesehen habe
e) den ich erst letzte Woche gekauft habe

14 Wie gut kennt ihr euch? – Schreibt Aussagen auf einen Zettel und lest sie vor wie im Beispiel. Die anderen raten.

Sie isst in der Pause Bananen.

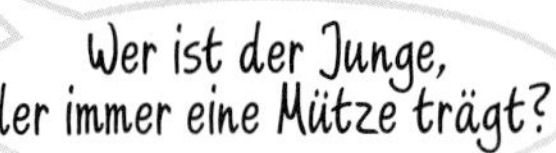

Wer ist der Junge,
der immer eine Mütze trägt?

Boris!

15 Immer diese Nachbarn!
Seht die Zeichnung an und schreibt einen Beschwerdebrief an den Hausbesitzer.

Das Baby, das die Familie im 2. Stock hat, …
Der Hund, der über der Studentin …
Das Ehepaar, das …
Die Leute, die …
Die Studentin, die …
…

Sehr geehrter Herr …,
leider gibt es im Haus Probleme.
Das …

siebenundsiebzig 77

14 Freiere Übung zu den Relativsätzen. Lassen Sie die S. Aussagen wie in den Beispielen auf Zettel schreiben. Lesen Sie dazu zunächst die Beispiele vor und entwickeln Sie noch ein, zwei weitere („Sie passt nie auf", „Er hat kurze Haare", „Sie spielt in einer Band" etc.). Sammeln Sie dann die Zettel ein und verteilen Sie sie wieder in zufälliger Reihenfolge an die S. Ein S. liest jetzt seinen Zettel als Frage wie im Beispiel vor: „Wer ist das Mädchen / die Schülerin, die nie aufpasst?" Die S. reagieren mit einer Vermutung. Dann stellt der nächste S. eine Frage usw.

15 Zum Abschluss der Einheit greifen wir noch einmal das Thema „Wohnen" auf, mit dem – jedenfalls in Deutschland – oft diskutierten Aspekt „Ärger mit den Nachbarn". Im Unterschied zu vielen anderen Ländern beschwert man sich in Deutschland relativ schnell über Störungen durch die „lieben" Nachbarn. Wir verbinden dies mit einem Beschwerdebrief und den Relativsätzen. Einstieg am besten mit der Kopiervorlage 16 als Folie. Decken Sie die Zeichnungen nacheinander auf und fragen Sie: „Was macht …", „Wie stört der/die … " etc. Mögliche Antworten: „Das Baby schreit den ganzen Tag." „Das Ehepaar streitet immer." „Der Hund bellt/jault die ganze Nacht." „Der Fernseher ist viel zu laut." „Die Leute machen jeden Tag eine Party." „Die Frau spielt Cello, aber viel zu laut und ganz falsch!"

Lassen Sie die S. ihre Beschwerden aus der Sicht einer bestimmten Person formulieren, die die anderen erraten sollen, z. B.: „Der Hund, der über mir im zweiten Stock wohnt, bellt dauernd." (Sagt die Frau mit dem Cello.) „Die Leute, die rechts neben mir wohnen, feiern dauernd." (Sagt die Person mit dem Fernseher.) Etc.

Die Übung (als kreativer Schreibanlass) kann auch als Hausaufgabe gegeben werden.

Einheit 13

Allgemeines:

In dieser Einheit steht das Thema „Geld" (bzw. „Taschengeld") im Mittelpunkt, das auch in allen Lehrplänen erwähnt wird. Dabei liegt es nahe, jeweils nach Gründen und Konsequenzen zu fragen: Warum arbeiten Leute? Welche Ziele haben sie? Für wen / Wofür geben sie Geld aus? Was tun Leute, um Geld zu verdienen?

Auch eine Sequenz des Videos zu ***geni@l A1*** ist diesem Thema gewidmet (siehe Aufgabe **9**), mit der Sie nach Möglichkeit im Rahmen dieser Einheit arbeiten können.

Außerdem finden Sie hier landeskundliche Informationen über das Taschengeld der Jugendlichen in deutschsprachigen Ländern.

1 Zeichnen Sie ein Diagramm an die Tafel und sammeln Sie im Kurs: Was fällt den S. zu dem Thema ein?

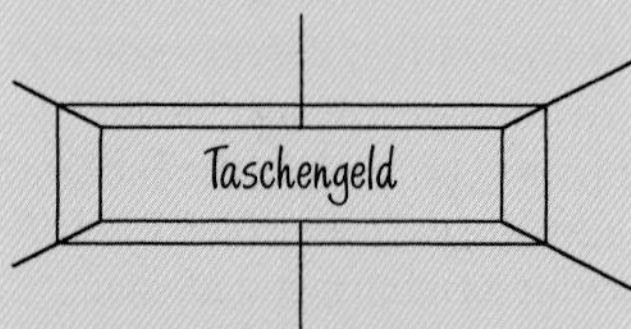

Notieren Sie sich dann das Diagramm mit allen Einträgen, um es am Ende der Einheit noch einmal aufgreifen zu können. Indem Sie die S. sowohl jetzt schon als auch später noch einmal jeweils ganze Aussagen zu ihren Stichwörtern bilden lassen, können Sie ihnen ihren Lernfortschritt deutlich machen.

2 Schreiben Sie die sieben Fragen an die Tafel oder kopieren Sie sie (vergrößert auf Kärtchen). Zwei oder drei S. (je nach Kursgröße) ziehen zusammen eine Karte und versuchen, die Aussage durch selektives Lesen der Texte einer Person zuzuordnen. Partnerarbeit bzw. Gruppenarbeit.

Lösung: (von oben nach unten) Markus, Monika, Markus und Kerstin, Manuel, Markus, Manuel

3 Zweimal hören. Beim zweiten Mal Notizen machen und mit den Texten in **2** vergleichen lassen.

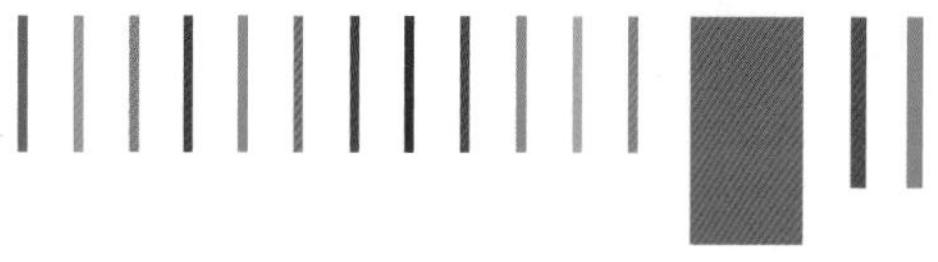

Taschengeld – wie viel, wofür?

1 Woran denkst du beim Thema Taschengeld?

2 Thema „Taschengeld" – Lest die Texte und beantwortet die Fragen.

Wer ... ... ist unzufrieden?
... bekommt auch etwas Taschengeld von den Großeltern?
... arbeitet am Wochenende?
... muss für die Kinokarten nicht selbst bezahlen?
... gibt sein Geld nicht komplett aus?
... hätte gerne fünf Euro mehr im Monat?
... hat genug Taschengeld, aber braucht nicht viel?

Mein Taschengeld reicht nie!
Ich finde, dass 15 Euro im Monat zu wenig sind. Ich hätte gern 20. Kino, Popcorn, Hamburger, alles ist teurer als früher. Alle anderen Jugendlichen bekommen mehr als ich. Wenn ich manchmal ein bisschen arbeite und Extra-Geld verdiene, reicht es gerade so. Am Sonntag zwischen acht und zehn trage ich manchmal Zeitungen aus. Wenn ich für mehr als zehn Euro im Monat telefoniere, muss ich es selbst bezahlen.
Markus, München, 14 Jahre

Eigentlich hab ich zu viel
Ich bekomme wöchentlich acht Franken. Wenn wir ins Kino oder essen gehen, bezahlen meine Eltern. Für meine Schulsachen zahlen sie sowieso. Deshalb spare ich das meiste Geld, das ich von meinen Eltern bekomme. Für Süßigkeiten, CDs usw. zahle ich selbst. Aber ich habe eigentlich gar keine Zeit für Einkäufe. Zu viele Hausaufgaben.
Manuel, Luzern, 13 Jahre

Wenn ich gute Noten schreibe, reicht es
Ich bekomme von meinen Eltern zwölf Euro monatlich. Für gute Noten bekommen ich Extra-Geld: für eine „2" zwei Euro und für eine „1" vier Euro. Deshalb reicht mein Taschengeld meistens. Wofür? Für die Süßigkeiten in der Schule und die Eisdiele am Samstagnachmittag. Wenn ich pleite bin, bekomme ich manchmal etwas von meiner Oma.
Monika, München, 14 Jahre

Es reicht nicht, aber es geht nicht anders
Unser Vater ist seit sechs Monaten arbeitslos. Das Geld, das ich von meinen Eltern bekomme, ist zu wenig. Das Geld für den Schulbus und acht Euro im Monat. Deshalb helfe ich mit meinem Bruder ab Freitagabend manchmal in einem Supermarkt aufräumen, sauber machen usw. Das sind dann noch mal 15 Euro pro Person. Das brauchen wir auch für Schulsachen, Kulis, Bleistifte usw.
Kerstin, Schwerin, 15 Jahre

3 Zwei Meinungen von Eltern – Hört zu. Wessen Eltern sind das?

Das sind die Eltern von ...

78 achtundsiebzig

Lösung: Interview 1: Manuel, Interview 2: Monika

4 **Wofür muss das Taschengeld reichen? Was zahlen meistens die Eltern? Lest die Texte in Aufgabe 2 noch einmal. Und wie ist das bei euch?**

5 **Was sagen Eltern und Jugendliche über Taschengeld?**
a Ordnet zu und lest vor.

1. Ich benutze Taschengeld nie als Belohnung oder Strafe und zahle regelmäßig und pünktlich.
2. Ich frage immer Freunde, wo etwas am billigsten ist.
3. Ich frage mich immer, was ich gleich brauche und was ich später kaufen kann.
4. Ich kontrolliere immer, was ich ausgebe. Ich schreibe alles auf.
5. Ich spare immer am Monatsanfang ein paar Euro.
6. Ich zahle immer den gleichen Betrag.
7. Kredite gebe ich nicht. Das Taschengeld muss reichen.

b Sammelt Aussagen zum Thema Taschengeld in der Klasse.

Ich finde, dass ...

Meine Eltern ...

Meine Oma ...

Ich habe nie genug Geld, weil ...

6 **Schaut die Collage an und lest die Preisliste. Was ist bei euch teurer oder billiger?**

Kinokarte	7,00 €
Handykarte	20,00 €
Straßenbahnkarte	1,40 €
Hamburger	2,40 €
CD	16,00 €
Jugendzeitschrift	1,30 €
Schwimmbad	1,90 €
Schokolade	0,90 €
Schulheft	1,00 €
Cola	0,50 €

4 Partnerarbeit. Die S. können eine Notizvorlage vorbereiten:
- Zahlen alle Schüler vom Taschengeld: ...
- Zahlen manche Schüler vom Taschengeld: ...
- Zahlen meistens die Eltern: ...

5

a) Lesen und zuordnen. Als Vorbereitung auf **b)**.
Lösung: Eltern: 1, 6, 7

b) Geben Sie leere Kärtchen aus und lassen Sie jeweils zwei S. mindestens eine Aussage aufschreiben. Dann die Karten an eine Pinnwand hängen. Die S. lesen die Karten und versuchen, die Meinungen zu ordnen. Mögliche Kategorien: „zufrieden/unzufrieden", „gute Ideen".

6 Preisvergleiche. Gelegenheit zur Wiederholung der Komparation und für spontane Aussagen in der Klasse.

Die Collage kann auch als Anregung für ein Projekt benutzt werden. Falls Sie und Ihre S. mit dem Internet arbeiten: Geben Sie konkrete Rechercheaufträge:
- Bahnfahrtpreise von z. B. Hamburg nach München: http://www.bahn.de
- Artikel im Supermarkt, etwa unter http://www.onkel-emma.de o. Ä.
- öffentlicher Nahverkehr auf der Internetseite einer Stadt in D, A, CH
- Bücher, aktuelle CDs: über die deutschen Seiten von http://www.amazon.de
- usw.

7 Da die S. hier aus dem Hörtext sehr viele Informationen erhalten, ist ein mehrmaliges Abspielen sinnvoll. Vom zweiten Hören an machen sich die S. Notizen, die anschließend in der Klasse ausgewertet werden.

Als Alternative zur offenen Aufgabenstellung können Sie auch durch gezielte Fragen zu den einzelnen Informationen (siehe Lösung) das selektive Hören unterstützen.

Lösung: Diese Informationen gibt es nur im Hörtext: Felix ist 13 Jahre alt; 15 Euro Taschengeld im Monat; im Vergleich zu anderen relativ wenig, aber es reicht; höchstes Taschengeld in der Klasse: 30 Euro; einer bekommt 70, aber davon muss er alles kaufen (Schulsachen, Klamotten etc.); wenn Felix mehr Geld braucht, macht er etwas zu Hause und bekommt etwas Geld extra (z. B. für Papa etwas am Computer arbeiten). Tipps und Tricks für mehr Taschengeld: Zeitungen austragen, mit dem Nachbarshund spazieren gehen. Mit 14 bekommt Felix etwas mehr Taschengeld.

8 Tipp: Da Internetadressen oft schnell veralten oder sich die Inhalte ändern, empfehlen wir für eine Recherche hier die Eingabe von Stichwörtern wie „Taschengeld" / „Taschengeldrechner" etc. in die Suchmaschine. Interessante Informationen können ausgedruckt und weiter im Unterricht verarbeitet werden.

9 Falls Sie das Video von ***geni@l A1*** zur Verfügung haben, können Sie hier damit einsteigen. Die Fotos sind aus dem Video und zeigen Olli bei verschiedenen Tätigkeiten, für die er Geld bekommt. Hinzu kommt auf dem Video eine längere Szene, in der er Werbezeitungen austrägt. Standbilder aus all den Szenen können für die Vokabelarbeit genutzt werden. Folgende Wörter und Ausdrücke können dabei geklärt werden: „Rasen mähen für jmdn.", „der Rasen", „der Rasenmäher", „der Garten", „Auto waschen", „polieren", „im Haushalt helfen", „Hausarbeit machen", „Staub saugen", „sauber machen", „den Tisch decken", „Geschirr abwaschen", „einen Flohmarkt veranstalten", „auf dem Flohmarkt Dinge verkaufen" u. a.

10 Die Tipps lesen und kommentieren lassen. Gruppenarbeit. Weitere Tipps der S., unter Berücksichtigung der lokalen Besonderheiten und ihrer persönlichen Erfahrungen, ergänzen lassen. Die besten werden prämiert.

11

a) Nach dem Schwerpunkt auf den Inhalten wird der Fokus nun auf die Grammatik gerichtet. Die Tabelle soll dabei verdeutlichen, dass „weil" und „deshalb" zwar beide kausale Bedeutung haben, auf „weil" aber die Angabe des Grundes folgt, auf „deshalb" die der Konsequenz.

b) Überprüfung, ob die S. die Bedeutung und Verwendung von „deshalb" verstanden haben.

c) Transfer auf eigene Aussagen der S. Offene Aufgabe. Sammeln Sie die Aussagen auf einer Folie (oder arbeiten Sie mit Folienstreifen, die Sie vorher ausgeteilt haben) und lassen Sie sie vorlesen.

Lehrtipp zu **b** und **c:** Da die Ergänzung der Satzanfänge in Einzelarbeit nicht ganz einfach ist, lassen Sie die Übung in

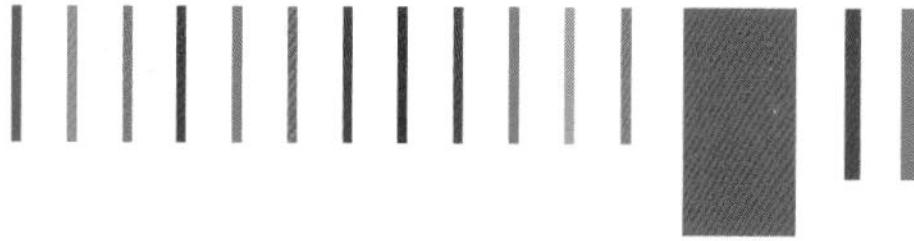

7 **Interview mit Udo und Felix – Lest den Text und hört dann das Interview. Notiert die Informationen, die nur im Hörtext sind.**

Eigentlich ist Taschengeld kein Streitthema für sie, finden Udo und Felix. Felix bekommt sein Taschengeld regelmäßig auf sein Konto. Dafür hat er eine Karte. Mit dem Geld kann er machen, was er will. Was ist wichtig für die beiden? Man muss vergleichen, was die anderen in der Klasse bekommen. Udo meint, dass oft Eltern, die nicht viel Geld haben, den Kindern besonders viel Taschengeld zahlen. Schulsachen kaufen die Eltern. Dafür gibt Felix kein Geld aus, sagt er.

8 **Wie viel ist zu viel? – Vergleicht die Tabelle mit den Aussagen auf Seite 78.**

Deutschland (pro Monat)		Schweiz (pro Monat)	
10 Jahre	12,50 €	5.–6. Schuljahr	15–25 Franken
11 Jahre	15,00 €	7.–8. Schuljahr	25–35 Franken
12 Jahre	17,50 €	9.–10. Schuljahr	35–45 Franken
13 Jahre	20,00 €		
14 Jahre	22,50 €	Quellen: www.eltern.de/	
15 Jahre	25,00 €	www.asb-budget.ch	

Tipps für mehr Taschengeld

9 **Das Taschengeld aufbessern, aber wie?**
a Erinnert ihr euch an Olli? Was macht er?

b Was macht ihr? Sammelt in der Klasse.

10 **Gute und schlechte Tipps – Wie findet ihr sie?**

Spartipps
- Im Schwimmbad: 10er-Karten kaufen und mit anderen teilen.
- Tipps austauschen: Was ist wo am billigsten?
- Feilschen: In vielen Geschäften kann man Sachen auch billiger bekommen.
- Flohmärkte: Billige Dinge kaufen, die andere nicht mehr brauchen.

Das sollte man nicht tun!
- Vorsicht: Geld verdienen per Mausklick geht nicht!
- Keine Geschäfte im Internet!
- Auf Zeitungsanzeigen für „Superjobs" nicht antworten!
- Bei Freunden Geld leihen? Nur im Notfall.

200 Euro
in 2 Stunden! Interessiert?
Ruf uns an: 01 90/6 78 87
(Min. 1,86 Euro)

80 achtzig

11 Über Konsequenzen sprechen mit *deshalb*

a Vergleicht die Sätze.

Gründe	**Warum** arbeiten viele Jugendliche in den Ferien?	Sie arbeiten, **weil** sie zu wenig Taschengeld haben. Sie arbeiten für ein Extra-Taschengeld.
Konsequenzen	Viele Jugendliche haben zu wenig Taschengeld.	**Deshalb** arbeiten sie in den Ferien.

b Thema „Geld" – Ergänzt die Sätze.

1. Viele Schüler haben einen Job am Samstag. Deshalb haben sie keine Zeit für ...
2. Viele Menschen müssen für ihren Urlaub sparen. Deshalb können sie nicht / kein ...
3. Viele CDs sind sehr teuer. Deshalb ...
4. Viele Eltern können nur wenig Taschengeld bezahlen. Deshalb ...

...

c Thema „Schule": Schreibt weiter wie in b.

1. Viele Lehrer verstehen ihre Schüler nicht. Deshalb ...
2. Tests sind meistens zu schwer. Deshalb ...
3. Manche Schüler machen keine Hausaufgaben. Deshalb ...
4. Es gibt zu viel/wenig ...

...

12 *Wofür? Für wen?* – Vergleicht die Sätze. Was ist der Unterschied?

● **Wofür** arbeitest du jeden Samstag?
○ (Ich arbeite) **für ein neues Fahrrad**.

● **Für wen** hast du die CD gekauft?
○ (Die CD habe ich) **für meinen Vater** (gekauft).

13 *Wofür?* – Ergänzt und beantwortet die Fragen.

- Wofür lernst du so viel?
- Wofür sparst du?
- Für wen schreibst du Tagebuch?
- Wofür müssen wir ...
- Wofür brauchst du ...
- Für wen ...
- Wofür ...

(Ich lerne) für die Mathearbeit am Freitag.

14 Private Fragen – anonyme Antworten. Schreibt eure Antworten auf einen Zettel. Sammelt die Zettel ein. Lest die Antworten vor.

Wofür gibst du zu viel Geld aus?
Wofür hättest du gern mehr Geld?
Wofür gibst du nie Geld aus?
Wofür hast du nie Geld?

Für wen kaufst du gern Geschenke?
Für wen hast du immer Zeit?
Für wen arbeitest du gern?
Für wen gehst du durchs Feuer?

Kleingruppen lösen. Hier finden die S. bestimmt interessante und kreative Lösungen, die im Plenum verglichen werden können.

12 Es geht um den Unterschied zwischen dem Bezug auf Sachen und dem Bezug auf Personen. Auswertung im Plenum, ggf. muttersprachlich.

Im mündlichen Sprachgebrauch werden Antworten häufig verkürzt wiedergegeben, daher die Klammern um die Satzteile, die in der Kommunikation weglassbar sind.

13 Offene Liste. Die Formulierungen können als Anregung für „echte" Fragen der S. genommen werden.

14 Die S. schreiben die Antworten auf einen Zettel: „Ich gebe zu viel Geld für ... aus." Die Zettel werden eingesammelt und an einer Pinnwand veröffentlicht.
Variante 1: Die S. schreiben in der Kopiervorlage 17 („Wahre Aussage oder Lüge?") zu jeder Frage jeweils eine kurze Antwort auf und markieren diese als „wahre Aussage" (W) oder als „Lüge" (L). Dann stellt ein S. eine der Fragen, ein anderer antwortet. Die Übrigen raten nun, ob die Antwort der Wahrheit entspricht oder eine Lüge ist.
Variante 2: der heiße Stuhl. Ein S. wird nach dem Zufallsprinzip ausgewählt, muss sich auf den heißen Stuhl setzen und die Fragen der Aufgabe beantworten. Hierbei darf er so viel lügen und Fantasieantworten geben, wie er will, wodurch sowohl die Anonymität gewahrt als auch die kreative Sprachverwendung gefördert wird. Der Lehrer kann natürlich ebenfalls mitmachen.

15/16 Wiederholung und Erweiterung. Die S. lesen den kurzen Text mit dem Fokus auf den Zeit-Präpositionen. Anschließend sollen sie zwei bis drei eigene Aussagen über ihre Zeitpläne machen (Tagesablauf, Ferien, Wochenende). Die vorgegebenen Fragen können als Anregung dienen.

17

a) Hypothesen im Kurs an der Tafel in Stichworten sammeln.

b) Globales Lesen.

Lösung: Die Handy-Rechnung ist zu hoch.

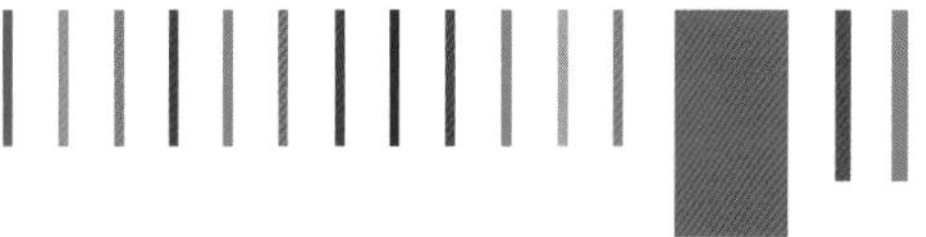

15 **Über Zeit sprechen – Präpositionen *am/vor/um/nach/seit/von … bis***

Vor zehn Uhr darf ich fernsehen.
Um zehn muss ich ins Bett.
Ich darf nach 10 Uhr noch lesen.
Nach der Schule helfe ich meiner Mutter im Haushalt.
Vor dem Abendessen räume ich mein Zimmer auf.
Ich arbeite **von** Montag **bis** Freitag für die Schule.
Am Samstag trage ich Zeitungen aus.
Wir haben **vom** 1.7. **bis** zum 20.8. Sommerferien.
Seit 2003 gehe ich in die Goethe-Schule.
Ich arbeite **seit** zwei Wochen in einem Supermarkt.

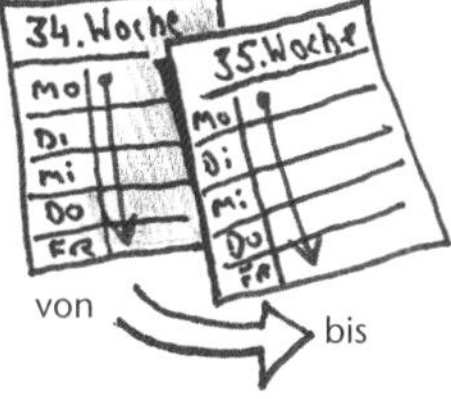

16 **Und eure Zeit? – Sprecht in der Klasse.**

Seit wann bist du auf dieser Schule?
Was machst du meistens nach den Hausaufgaben / am Samstag?
Wie lange und wie oft arbeitest du für Taschengeld?
Wann gehst du ins Bett?
Seit wann lernst du …
…

Nach der Schule …

Seit … Jahren.

Die SMS-Katastrophe – Eine wahre Geschichte

17 **Was ist passiert?**

a Schaut das Foto und die Rechnung an und sammelt Ideen.

b Überprüft danach eure Idee mit dem Text: Warum ist der Vater von Alice wütend?

D2-Rechnung

Erfassungszeitraum vom 08.01.2002 bis 07.02.2002

USt.-Satz	netto in EUR
16 %	13,20
	13,20
16 %	20,43
16 %	1,75
16 %	25,89
16 %	14,64
16 %	0,17
16 %	2,85
16 %	46,20
16 %	1,02
	112,95
	126,15

82 zweiundachtzig

18 Im Text gibt es „Sprachbilder“ – Wozu passen jeweils die Erläuterungen in der linken Spalte?

ist in Ordnung nicht in Ordnung schreit er plötzlich laut strengen uns an und arbeiten viel mit vielen verschiedenen Leuten ist wütend und nicht zu stoppen	Alice kommt aus der Schule nach Hause. Wenig Hausaufgaben. Schönes Wetter, langes Wochenende. Alles im grünen Bereich. Als sie die Wohnungstür aufmacht, merkt sie, dass etwas faul ist. Ihr Vater sitzt am Küchentisch und schaut sie wütend an. Bevor sie etwas sagen kann, platzt er und hält ihr den Brief vor die Nase: „Was denkst du dir eigentlich! Bist du wahnsinnig geworden? Schau dir das an! Deine Mutter und ich, wir legen uns den ganzen Tag krumm für dich und unsere Tochter hat nichts Besseres zu tun, als mit Gott und der Welt zu telefonieren. Internationale Telefonate, 1000 SMS, kannst du mir das erklären?!“ Alice kapiert langsam. Die Telefonrechnung. Sie wird weiß im Gesicht, als sie auf die Zahlen schaut. 898 SMS vom 8.1. bis zum 7. 2. Auweia! Ihr Vater ist in Fahrt. „Glaubst du denn, ich kann das Geld selber drucken? 146 Euro! Das ist mehr als ein halbes Jahr Taschengeld. Wie willst du das bezahlen?“ Normalerweise fällt ihr da ein Witz ein. Ihr Vater arbeitet in einer Druckerei. Aber das ist nicht der richtige Moment für Witze. „Bitte, Papa, reg dich nicht auf. Das ist furchtbar, aber ich kann das erklären.“

19 Ausreden/Entschuldigungen/Begründungen – Was kann Alice sagen?

Tut mir Leid, ich hab nicht aufgepasst und ...

Weißt du, Papa, ich hab zurzeit Probleme mit ...

Ich hab letzte Woche mein Handy ...

20 Wie geht die Geschichte weiter? Schreibt einen Schluss. Hier sind zwei Möglichkeiten:

So?
Die Mutter kommt.
Das Drama geht weiter.
Das Handy ist weg.
Sie bekommt sechs Monate kein Taschengeld.

Oder so?
Der Vater beruhigt sich.
Sie suchen eine Lösung.
Sie arbeitet für die Druckerei und trägt Prospekte aus.
Sie zahlt das Geld nach und nach zurück.

Oder wie?
Habt ihr eine andere Idee?

18 Lassen Sie die S. den Text zu zweit durcharbeiten. Die Erklärungen zu den Metaphern sind links auf die entsprechende Zeile geschrieben. Sie können anstelle dieser direkt in den Text eingefügt werden. Lassen Sie anschließend die S. den jeweiligen Satz einmal mit der Metapher und einmal mit der eingefügten Erklärung vorlesen.

Wenn die S. Interesse an Metaphern haben, können Sie mit ihnen über Sprachbilder auch in der Muttersprache und anderen Fremdsprachen sprechen, z. B.: „‚Im grünen Bereich‘ – gibt es so einen Ausdruck auch in eurer Muttersprache?“

19 Kreative Ausreden werden im Kurs gesucht. Lassen Sie den S. hier allen Spielraum. Die Ergebnisse können in der nächsten Aufgabe mit einbezogen werden.

20 Als Hausaufgabe geeignet. Die beiden Vorgaben sollen die S. zu Ideen anregen, ohne sie festzulegen. Sie können die Texte prämieren: „beste Verwendung von Sprachbildern“, „originellste Idee“, „bester Schluss“ etc. Achten Sie darauf, dass nicht nur leistungsstarke S. Preise bekommen.

Einheit 14

Allgemeines:
In dieser letzten regulären Einheit möchten wir stärker auf das interkulturelle Lernen, Stereotypen und kulturbedingte Missverständnisse eingehen. Welche Erfahrungen machen Ausländer in Deutschland und Deutsche im Ausland? Was war fremd, was typisch, was interessant? Was wissen wir über die „anderen“?

Ein weiteres Thema ist das Wetter – unverzichtbar, wenn wir Länder vergleichen!

Grammatisch beschäftigen wir uns mit den Indefinitpronomen („alle“, „viele“, „manche“ etc.) und den indirekten Fragesätzen, also Nebensätzen, die mit einem Fragewort eingeleitet werden („Weißt du, wo ...?“).

1 Ausländische Schülerinnen und Schüler haben in Deutschland Fotos gemacht. Welche Motive halten die S. in der Klasse für „typisch deutsch“? Was fällt ihnen noch zu den Deutschen ein? Sammeln Sie Wörter, Begriffe und Aussagen an der Tafel.

2 An dieser Stelle möchten wir erneut eine Hörübung anbieten, mit der das strategische Herangehen an Hörtexte geübt werden kann:

a) Die S. überlegen, über welche Themen die ausländischen Jugendlichen berichten werden. Weisen Sie noch einmal auf die Sammlung an der Tafel zu **1** hin. Die S. sammeln spontan weiteren Wortschatz zu den erwarteten Themen.

b) Die S. übertragen die Themen als Liste in ihre Hefte. Machen Sie nach jedem Hörtext eine kleine Pause, damit die S. notieren können, wer was gesagt hat („AM“ = Anna-Maria, „I“ = Iwan, „Ö“ = Ösgün).

c) Im nächsten Schritt wird das Hörverstehen überprüft. Mithilfe der Notizen beurteilen die S., welche Aussagen falsch und welche richtig sind.

Um Missverständnissen vorzubeugen, sollten Sie Ihre Klasse abschließend darauf hinweisen, dass es sich hier um subjektive Ansichten der Sprecher und Sprecherinnen handelt, die nicht verallgemeinert werden können. Das Wetter in Deutschland wird z. B. von Nord- und Südeuropäern sehr unterschiedlich beurteilt.

Lösung: Richtig: 2, 6, 9, 10, 11, 13

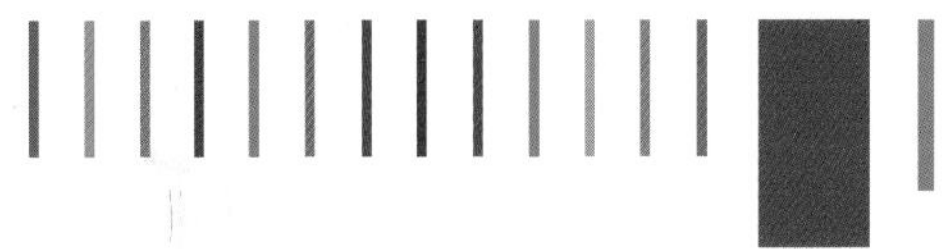

Typisch deutsch

1 **Schülerfotos aus Deutschland – Was kennt ihr und was fällt euch zu Deutschland ein? Sammelt in der Klasse.**

2 **Zu Besuch in Deutschland – Wir haben ausländische Schüler und Schülerinnen gefragt, was ihnen aufgefallen ist.**

a **Vor dem Hören: Über welche Themen sprechen die Jugendlichen? Welche Wörter fallen euch spontan ein?**

Wetter   Schulalltag   Essen   Verkehr   Natur   ...

b **Beim Hören: Was sagen Anna-Maria, Iwan und Ösgün zu den Themen? Macht Notizen.**

c **Nach dem Hören: Was haben die Jugendlichen gesagt? Was ist richtig, was falsch?**

1. Das Abendessen ist immer warm.
2. Alle essen gerne Brot.
3. Es gibt keinen Teppich in der Wohnung.
4. Alle Leute warten bei Grün an der Ampel.
5. In Deutschland gibt es wenig Grün.
6. Privat sind alle sehr nett.
7. Hier gibt es nur wenig Ausländer.
8. Auf Partys singen viele Jugendliche.
9. Niemand trägt eine Schuluniform.
10. Die Lehrer sind nicht so streng.
11. Viele Jugendliche dürfen abends ausgehen.
12. Im Sommer wird es sehr warm.
13. Viele Deutsche fahren gerne in den Süden.

84 vierundachtzig

14

3 Beobachtungen in Deutschland – Jugendliche haben über ihre Eindrücke in Deutschland geschrieben. In welche Lücke (1–4) passen die Sätze a–d?

a) Und am Nachmittag scheint wieder die Sonne.
b) An der Ampel musst du bei Rot warten, auch wenn alles frei ist.
c) In der Schule können die Schüler mit den Lehrern diskutieren.
d) Da kannst du viel Sport machen oder tanzen, sammeln, basteln usw.

Ich finde das Land interessant, aber für Schüler aus Japan gibt es viele Dinge, die sehr fremd sind. Heute berichte ich euch, was für mich neu war: Die Straßenbahnen und Busse sind immer (!) pünktlich. Ich muss mich oft beeilen und bin schon zu spät gekommen. ❶ Das machen fast alle so.
Hier leben viele Ausländer. Auf der Straße kann man viele Menschen sehen und hören, die verschiedene Sprachen sprechen. *Kuniaki, Japan*

Am ersten Tag ist mir schon aufgefallen, dass viele Deutschen nur einmal am Tag warm essen. Und sie essen alle Brot, Brot, Brot. Es gibt bestimmt 100 Sorten Brot, die du kaufen kannst. Ich vermisse das warme Essen. Aber du musst Kuchen und Torten probieren. Die sind soooo lecker! Auch die Schule ist anders: Du musst früh aufstehen. Meine Schule fängt schon um 8.00 Uhr an! ❷ Niemand muss aufstehen, wenn der Lehrer kommt. Das finde ich sehr gut. Viele Dinge sind wie bei uns, z.B. haben viele Jugendliche einen Computer. *Soo-Jung, Korea*

In der Schule gibt es eine Cafeteria. Da gehen manche Schüler in der Pause hin, weil man etwas essen oder trinken kann. Dafür musst du aber bezahlen. Um 13 Uhr ist meistens Schulschluss. Das finde ich gut. Mir gefällt auch, dass meine Freunde fast alle Taschengeld bekommen. Viele können kaufen, was sie wollen. Am Wochenende gehen viele auf Partys. Sie dürfen oft bis 21 oder 22 Uhr bleiben und manchmal holen ihre Eltern sie ab. In der Freizeit kannst du in einen Verein (*Club*) gehen. ❸ *Brian, England*

Man kann hier schnell von Stadt zu Stadt reisen. Meine Gasteltern waren mit mir an einem Wochenende in drei (!!!) Städten, die ich noch nicht kannte. In Deutschland musst du bei einem Ausflug immer eine Jacke mitnehmen. Am Morgen scheint die Sonne, aber am Mittag regnet es und es wird kälter. ❹ Manchmal gibt es drei Jahreszeiten an einem Tag! *Cecília, Brasilien*

4 *Alle, viele, manche, niemand* – Was haben die Schüler beobachtet? Wie viele Deutsche machen was?

Alle (Deutschen) mögen ...
Viele (Jugendliche) gehen ...
Manche (Leute) ...
Niemand mag ...

5 Was müssen Besucher in eurem Land wissen? Was gefällt euch gut? Was machen *alle, viele, manche ...*? Schreibt Texte wie in Aufgabe 3.

3 Das Thema wird weiter vertieft. Die S. lesen die Texte und ordnen die Aussagen a–d den Lücken 1–4 zu. Fragen Sie die S., welche Textelemente ihnen bei der Lösung behilflich waren. Ist die Zuordnung mehr über den Inhalt erfolgt (z. B. „am Mittag" (4) und „Und am Nachmittag" (a)) oder mehr über die Form (z. B. Satzanschluss an „in einen Verein (Club) gehen" (3) mit „Da kannst du ..." (d))?
Lösung: 1b, 2c, 3d, 4a

4 Hier geht es um Detailinformationen aus den Texten und Sätzen in **2** und **3**. Eine Gradierung durch Indefinita gibt es in vielen Sprachen. Sollten die deutschen Bezeichnungen nicht ganz klar sein, können Sie sie z. B. mit Prozentzahlen verdeutlichen: „alle" = sehr, sehr viele, ca. 100 %; „viele" = ab 50 %; „manche" = unter 30 %; „niemand" = 0 %. Die S. bilden komplette Sätze, die in der Klasse vorgelesen werden und als Modelle für **5** dienen können.
Mögliche Lösung: Alle essen viel Brot. Alle warten bei Rot an der Ampel. Viele essen nur einmal täglich warm. Viele Jugendliche haben einen Computer. Viele Schüler bekommen Taschengeld. Manche Schüler gehen in die Cafeteria. Niemand steht in der Schule auf. Niemand trägt eine Schuluniform.

5 Abschluss der Sequenz. Als Hausaufgabe geeignet. Die Sätze aus **3** und **4** können als Vorlage dienen.

6 Xiao Lin verhält sich anders als ihre deutschen Freunde. Es genügt, wenn die S. die vier Situationen hier nur in groben Zügen beschreiben und erwähnen, was ihnen auffällt.

7

a) Die Überschrift fasst den Text bereits zusammen: Kommunikation ist mehr als Sprache. Zum Verstehen müssen unausgesprochene Regeln und Rituale der fremden Kultur mitgelernt werden. Die S. lesen den Informationstext und spielen die am Ende beschriebene Szene („Freund kommt zwanzig Minuten zu spät") jeweils zu zweit, abwechselnd und mit unterschiedlichen Emotionen und Reaktionen, vor der Klasse vor.

b) Die S. lesen die Aussagen 1–6 und hören dann die vier Dialoge. Zu jedem Dialog passt eine Aussage.

Mithilfe der neuen Informationen erklären die S. die Konflikte in den Situationen 1–4 in **6** detaillierter. Dafür können Sie die Bilder 1–4 je einer Kleingruppe zuordnen. Die Erklärungen werden in der Klasse vorgetragen.

Lösung: Dialog 1: 1; Dialog 2: 6; Dialog 3: 3; Dialog 4: 5

Missverständnisse

6 **Xiao Lin ist in Deutschland unterwegs. Seht die Bilder an. Was ist das Problem? Ist das auch ein Problem bei euch?**

7 **Die Sprache können heißt nicht die Leute kennen!**
a Lest den Text.

Auf den ersten Blick sieht vieles oft gleich aus. Die Menschen tragen ähnliche Kleidung, es gibt ähnliche Geschäfte, die Leute fahren die gleichen Autos usw. Manchmal sprechen wir auch die Sprache, die die Leute in dem Land sprechen, und trotzdem verstehen wir die Menschen nicht oder wir verstehen sie falsch und sie uns auch. Warum? Es gibt in allen Ländern Regeln: Was sagt man in einer Situation? Was macht man, was tut man nicht? Diese Regeln sind in jeder Kultur ein bisschen anders. Aber man kann sie zum Teil lernen, genau wie eine Sprache.
Ein Beispiel: Du bist um 15 Uhr vor der Schule verabredet. Der Freund kommt um 15.20 Uhr. Was sagst du? Vergleiche mit Bild 4 oben.

b Dialoge – Hört zu. Welche Aussagen (1–6) passen zu den Fragen in den Dialogen? Könnt ihr jetzt die Situationen in Aufgabe 6 erklären?

1. Ein „Nein" in Deutschland heißt meistens „nein".
2. Der Gast ist ein König. Er muss sehr viel essen.
3. Viele Deutsche tragen in der Wohnung ihre Straßenschuhe.
4. Der Besuch bringt immer ein Geschenk mit.
5. Viele Deutsche achten auf Pünktlichkeit. 10 Uhr heißt 10 Uhr.
6. Bei Rot warten alle an der Ampel. Niemand geht bzw. fährt.

Indirekte Fragesätze

8 Vergleicht die Sätze. Was ist anders?

1. Wo (ist) der Bahnhof? — 2. Weißt du, wo der Bahnhof (ist)?

1. Das Verb steht an Position … — 2. Das Verb steht …

9 Fragen üben

a Schreibt Fragen mit W-Wörtern wie in Aufgabe 8, Satz 1.

Wer hat meinen Kuli?

b Tauscht in der Klasse. Macht aus den W-Fragen indirekte Fragesätze. Spielt dann kleine Dialoge.

Weißt du, wer meinen Kuli hat?

Ich glaube, Peter.

Weißt du, w... ?
Ich frage mich, w... .
Entschuldigung, können Sie mir sagen, w... ?
Hast du eine Ahnung, w... ?
Ich weiß nicht, w... .
Kannst du erklären, w... ?

- ● Können Sie mir sagen, wo der Bahnhof ist?
- ○ Wie bitte?
- ● Wissen Sie, wo der Bahnhof ist?
- ○ Was ist los?
- ● Haben Sie eine Ahnung, wie ich zum Bahnhof komme?
- ○ Tut mir Leid, ich verstehe nichts!

10 *Warum, wieso, wer* und *wo*? Hört das Lied und lest den Text. Könnt ihr die Fragen ergänzen?

52

Weißt du, wo …?
Auf dem Klo.
Ich frag mich, wann …?
Um drei fängt's an.
Hab keine Ahnung, warum …?
Hey, du bist doch nicht dumm.

Fragen, Fragen, Fragen,
du musst es nur sagen.
Sag mir nur ein Wort.
Ich antworte sofort!

Weißt du, wie …?
Du lernst es nie!
Ich weiß nicht, was …?
Ich sag dir das.

Fragen, Fragen, Fragen …

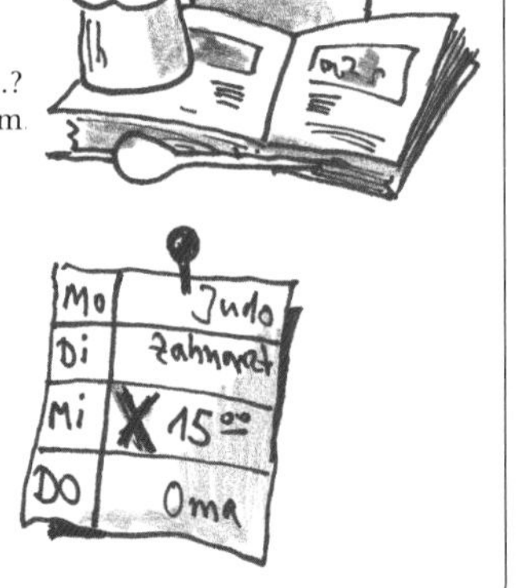

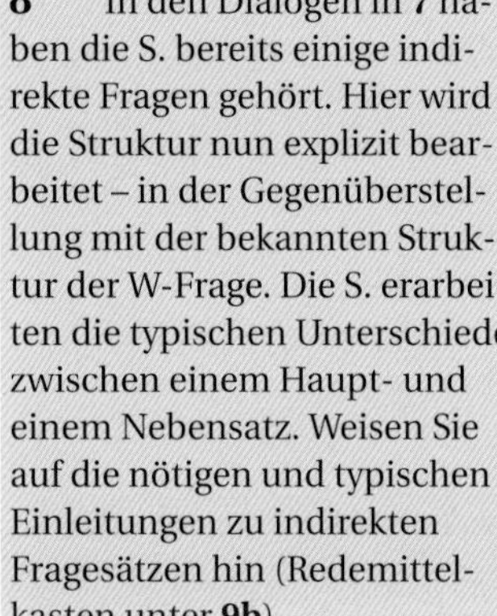

8 In den Dialogen in **7** haben die S. bereits einige indirekte Fragen gehört. Hier wird die Struktur nun explizit bearbeitet – in der Gegenüberstellung mit der bekannten Struktur der W-Frage. Die S. erarbeiten die typischen Unterschiede zwischen einem Haupt- und einem Nebensatz. Weisen Sie auf die nötigen und typischen Einleitungen zu indirekten Fragesätzen hin (Redemittelkasten unter **9b**).
Lösung: 1. Das Verb steht an Position zwei. 2. Das Verb steht am Ende.

9

a) Im ersten Schritt schreiben die S. einzelne W-Fragen auf, jeweils eine auf einen Zettel.

b) Anschließend tauschen sie ihre Zettel untereinander und bilden aus den W-Fragen die entsprechenden indirekten Fragesätze. Geben Sie zuerst ein Beispiel und weisen Sie auf die unterschiedlichen Einleitungen im Redemittelkasten links hin, die hierbei benutzt werden können.
Beispiel: „Wer hat meinen Kuli?"

- „Ich frage mich, wer meinen Kuli hat."
- „Hast du eine Ahnung, wer meinen Kuli hat?"

Die S. spielen im Anschluss Szenen wie im Dialog rechts neben dem Kasten, den sie als Vorlage benutzen und variieren können. Achten Sie hier auf die korrekte Intonation bei den Sprechern (dem Schwerhörigen wie dem Fragenden).

10 Die S. lesen und hören das Lied. Für die Sätze sind unterschiedliche Ergänzungen möglich.
Beispiel: „Weißt du, wo …

- … deine Schwester ist?"
- … Frank ist?"
- … unser Mathelehrer ist?"

Die Klasse kann das Lied singen und eigene Strophen dichten.

11 Beim Ländervergleich spielt das Thema Wetter eine besondere Rolle. Hier wird der entsprechende Wortschatz eingeführt. Die S. ordnen die einzelnen Aussagen zu. Welches Symbol passt?

Was können die S. über ihr Wetter sagen? („Der Winter ist bei uns …" „Im Juli sind es oft … Grad.") Weisen Sie darauf hin, dass das Wetter oft mit dem unpersönlichen „es" beschrieben wird, das die S. vielleicht auch schon aus anderen (Fremd-)Sprachen kennen („it's raining", „il pleut" etc.).
Lösung: Aussage 1: Bild 1 (Regen); Aussage 2: Bild 3 (Sonne)

12 Mithilfe der Wetterkarte können die S. die passenden Fragen formulieren. Dabei sind sowohl W-Fragen als auch indirekte Fragesätze möglich.

Die S. können diese Übung natürlich auch noch mit anderen Wetterkarten wiederholen. Interessant wäre auch das weltweite Wetter, also beispielsweise eine Gegenüberstellung von Córdoba /Argentinien, Hyderabad/Indien und Windhuk/ Namibia etc. Im Internet können Sie Wetterkarten z. B. unter http://www.wetter.de finden.
Mögliche Lösung: 1. Wo sind es 19 Grad? 2. Hast du eine Ahnung, wo es warm und sonnig ist? 3. Wo ist es am wärmsten? 4. Weißt du, wo es bedeckt ist? 5. Wo ist es am kältesten? 6. Wo kann es regnen? 7. Wie warm ist es in Wien? 8. Was ist die höchste Temperatur? 9. Wie ist das Wetter in Norddeutschland? 10. Kannst du mir sagen, wie das Wetter in Wien ist?

13 Kopieren Sie die Länderumrisse auf Folie oder Papier (Kopiervorlage 18) und lassen Sie die S. überlegen, welches Land jeweils dazugehören könnte. Das KB bleibt geschlossen. Die Aufgabe ist nicht ganz leicht und evtl. geben Sie Ihrer Klasse nach und nach ein paar Tipps: 1. Kein Land ist ein Nachbar von Deutschland.
2. Zwei Länder sind Inseln.
3. Alle drei liegen auf unterschiedlichen Kontinenten.
4. Die Anfangsbuchstaben im Deutschen sind „F", „J" und „N".
Lösung: a) Japan b) Finnland c) Neuseeland

Lieblingsthema „Wetter"

11 Hört die Aussagen. Welche Symbole passen dazu?

Es regnet. Es ist kühl/kalt. Es sind nur zehn Grad.	Es ist windig.	Die Sonne scheint. Es ist warm/heiß. Es sind 25 Grad.	Es ist bewölkt/ bedeckt.	Es schneit. Es ist kalt. Es sind minus fünf Grad.

12 Hier sind zehn Antworten zur Wetterkarte. Welche Fragen könnt ihr stellen?

Weißt du, wo es regnet?

Wo ist es am wärmsten?

Wie warm/kalt ist es in …?

1. Nur in Berlin.
2. In Italien.
3. In London und in Rom.
4. In Spanien und in Polen.
5. In Moskau.
6. In London, Paris, Ankara …
7. 17 Grad.
8. 22 Grad.
9. Da scheint heute die Sonne.
10. Da ist es heute bewölkt, aber es regnet nicht.

13 Was wisst ihr über andere Länder?
Welche Länder sind das? Ratet und sucht im Atlas.

a

b
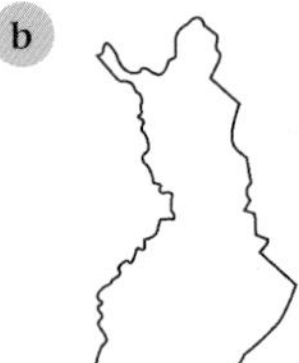

c
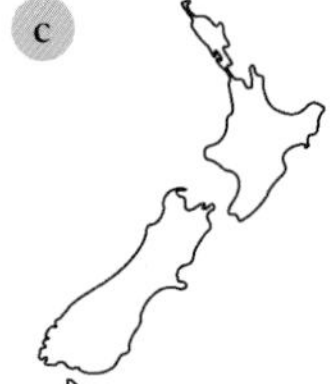

14 Was könnt ihr über Japan, Finnland und Neuseeland sagen? Sammelt in der Klasse.

Japan	Finnland	Neuseeland
Insel	kalt	
viel Fisch		

88 achtundachtzig

14 Wenn **13** gelöst ist, schreiben Sie die Ländernamen an die Tafel. Die S. sammeln, was ihnen zu den einzelnen Ländern einfällt (vgl. **1**).

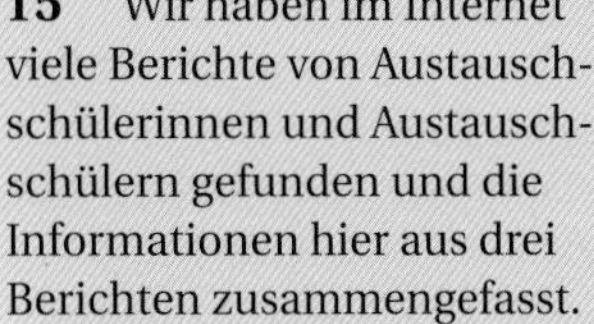

14

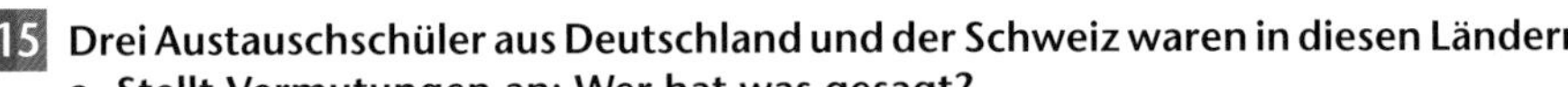

15 Drei Austauschschüler aus Deutschland und der Schweiz waren in diesen Ländern.

a Stellt Vermutungen an: Wer hat was gesagt?

Julian (Japan)

Paul (Finnland)

Rahel (Neuseeland)

1. Baseball ist ein sehr populärer Sport.
2. Das Baden im See macht auch mit Eis Spaß.
3. Vorsicht! Die Autos fahren alle auf der falschen Seite.
4. Die Leute lieben High-Tech-Produkte, z. B. Fotografieren mit dem Handy.
5. Die Noten gehen von 10 (beste Note) bis 4 (schlechteste Note).
6. Die Reise zu meiner Gastfamilie hat über 24 Stunden gedauert.
7. Die Schüler sprechen die Lehrer mit Vornamen an.
8. Es gibt sehr viele Schafe.
9. Fast alle haben eine „möki", eine Art Ferienhaus.
10. Im Winter geht die Sonne erst um 11 Uhr auf und um 15 Uhr unter.
11. In der Schule muss man die Schuhe ausziehen.
12. Mein Lieblingsfach war „outdoor education", da habe ich Kajak fahren gelernt.

b Hört nun zu und kontrolliert eure Vermutungen. 54

16 Ein Projekt – Wohin möchtet ihr als Austauschschüler reisen? Stellt Informationen über das Land / die Region / die Stadt zusammen und berichtet in der Klasse.

17 D-A-CH-Quiz – Wer kennt die Antworten?

a Spielt in zwei Gruppen. Gruppe 1 beginnt. Wechselt nach Frage 5.

1. Wer weiß, wann die Loveparade in Berlin stattfindet?
2. Welches Gebäude steht in Deutschland: Stephansdom – Kölner Dom – Hofburg?
3. Wie heißt ein Fluss in der Schweiz?
4. Kannst du sagen, was die Deutschen am liebsten trinken?
5. Weißt du, wie viele deutsche Bundesländer es gibt: 6 – 16 – 26?
6. Wie heißt die Stadt, wo es einen Fischmarkt gibt?
7. Wie lauten die internationalen Telefonnummern von Deutschland, Österreich und der Schweiz?
8. Wo heißen Tomaten *Paradeiser*?
9. Hast du eine Ahnung, in welchen deutschsprachigen Ländern die Alpen liegen?
10. Sag mir, was nicht aus der Schweiz kommt: Toblerone – Swatch – VW.

b Wollt ihr weiterspielen? – Jede Gruppe schreibt fünf neue Fragen und dann geht es weiter.

neunundachtzig 89

15 Wir haben im Internet viele Berichte von Austauschschülerinnen und Austauschschülern gefunden und die Informationen hier aus drei Berichten zusammengefasst.

a) Die S. sehen sich die Bilder an und lesen die Aussagen 1–12. Wer hat was gesagt? Warum? Die S. vermuten und begründen.

b) Die Klasse hört die Aussagen von Julian, Paul und Rahel. Welche Vermutungen waren richtig? Welche Aussagen waren eine Überraschung? Welche weiteren Informationen haben sie gehört?

Weitere Berichte von Schülern und Schülerinnen im Ausland können Sie im Internet z. B. unter http://www.afs.de (Bereich „Schüler") finden.

Lösung: Siehe Tafelbild unten.

16 Im Anschluss bieten sich Recherchen von S. zu einem von ihnen gewählten Land an. Was lässt sich über Land und Leute sagen? Was haben z. B. andere Jugendliche bisher darüber berichtet? Dabei sollten die S. eine Checkliste in die Hand bekommen (Kopiervorlage 19), die ihnen hilft, ihre Informationssuche zu strukturieren und sich auf die Präsentation der Ergebnisse vorzubereiten.

17

a) Bei diesem D-A-CH-Quiz geht es um Fragen, zu denen die S. die Antworten bisher nur zum Teil aus dem KB, ansonsten aufgrund ihres Alltagswissens kennen dürften.

Lösung: 1. Im Sommer 2. Kölner Dom 3. Aare, Rhein, Limmat, Rhone 4. Kaffee 5. 16 6. Hamburg 7. 0049, 0043, 0041 8. In Österreich 9. In Deutschland, Österreich und der Schweiz 10. VW (der Volkswagen kommt aus Deutschland)

b) Wenn die S. weiterspielen wollen, müssen sie sich neue Fragen ausdenken. Diese sollten sich auf deutschsprachige Regionen beziehen. Die Klasse könnte aber auch ein Quiz für ihr Heimatland entwickeln und auf Deutsch spielen.

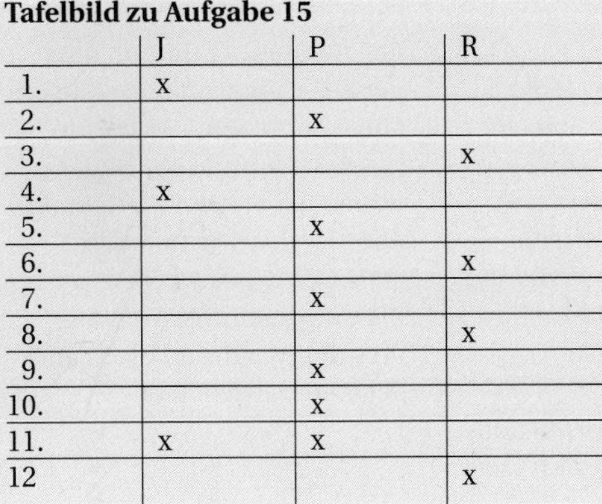

Tafelbild zu Aufgabe 15

	J	P	R
1.	x		
2.		x	
3.			x
4.	x		
5.		x	
6.			x
7.		x	
8.			x
9.		x	
10.		x	
11.	x	x	
12			x

Einheit 15

Allgemeines:

Im dritten Plateau bieten wir den Lernenden erneut eine Wiederholung und Vertiefung der Themen aus den letzten vier Einheiten an. Den Abschluss bildet eine Rallye durch das Buch.

Die letzten drei Seiten behandeln die Feiertage Weihnachten und Ostern. Sie können diese Themen natürlich auch zu einem früheren Zeitpunkt im Unterricht aufnehmen.

1

a) Wir steigen mit dem Thema „Stadt" ein. Die S. sehen sich das erste Foto auf der Seite an und entscheiden, welche Adjektive zu der abgebildeten Stadt passen. Sammeln Sie Begründungen dafür, warum diese Stadt modern, interessant etc. ist. Die S. sollten ganze Sätze formulieren. („Ich finde die Stadt interessant. Die Häuser sehen modern aus und …")

Vorschlag: Die S. sammeln weitere Adjektive, um Orte oder Städte zu beschreiben. Sie können hierbei auch das zweite Foto als Kontrast benutzen.

b) Nun hören und lesen die S. ein Gedicht. Viele Wörter sind bereits aus **a)** bekannt. Stoppen Sie die Kassette nach den ersten beiden Strophen und lassen Sie das Gedicht laut lesen.

c) Die Klasse überlegt, was die Zeile „Meine Stadt und ich: Wir sind Freunde, die sich kennen" bedeutet. Hierfür kann entweder der Text in **b)** herangezogen werden oder aber die Frage wird unabhängig davon und offener diskutiert. Mögliche Interpretationen können sein:

- Die Stadt wird als lebendige Person angesehen.
- Man weiß viel vom jeweils anderen.
- Man mag den anderen, auch seine Fehler.

Im Anschluss können Sie den Rest des Gedichtes vorspielen.

Vorschlag: Kopieren Sie den ganzen Text auf Folie (siehe Teil D „Transkripte der Hörtexte"). 1. Die S. hören den Text ohne schriftliche Vorlage. Was verstehen sie (einzelne Wörter oder das Thema)? 2. Die S. lesen den Text und hören das Gedicht noch einmal.

2 Jetzt sind die S. an der Reihe. Was können sie über ihre Stadt oder ihr Dorf sagen? Was finden sie positiv, was negativ? Möchten sie gerne an einem anderen Ort leben? Wenn ja, wo? Sammeln sie erste mündliche Äußerungen als Redemittel an der Tafel (siehe unten).

Anschließend sagt jeder S. mindestens zwei Sätze zu seiner Stadt. Bei großen Klassen können Sie die Äußerungen auch in Gruppen sammeln lassen. Die Ergebnisse werden aufgeschrieben und vorgelesen.

3 Die S. beantworten den Brief von Erich. In der Klasse kann zu zweit gearbeitet werden. Achten Sie darauf, dass die S. die angegebenen Satzanfänge benutzen. Weisen Sie ggf. noch einmal auf Konventionen bei Briefen hin (Datum, Anrede, Gruß, Unterschrift etc.). Die Briefe werden in der Klasse vorgelesen. Welches Programm würden die S. am liebsten mitmachen?

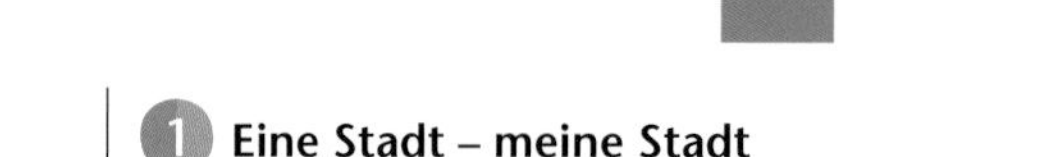

1 Eine Stadt – meine Stadt

a Welche Adjektive passen zum Foto?

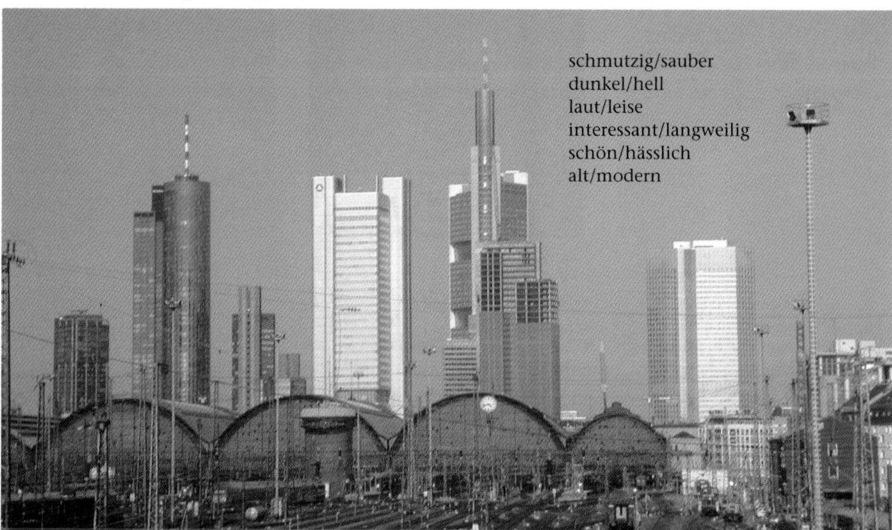

b Lest und hört jetzt das Gedicht.

Josef Reding: Meine Stadt

Meine Stadt ist oft schmutzig;
aber mein kleiner Bruder ist es auch,
und ich mag ihn.
Meine Stadt ist oft laut;
aber meine große Schwester ist es auch,
und ich mag sie.

Meine Stadt ist dunkel
wie die Stimme meines Vaters
und hell
wie die Augen meiner Mutter.
Meine Stadt und ich:
Wir sind Freunde, die sich kennen
…

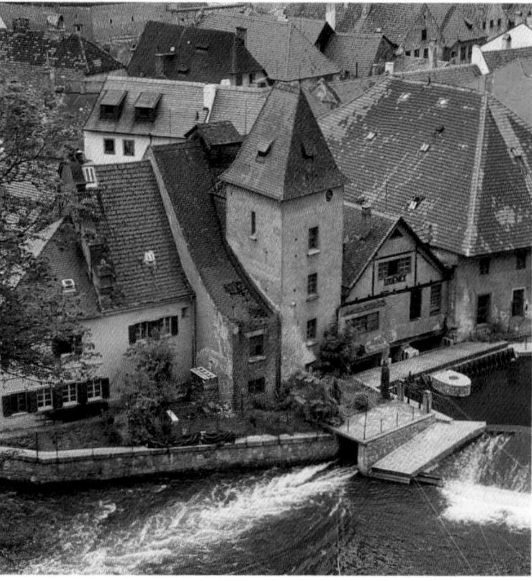

c ***Meine Stadt und ich: Wir sind Freunde, die sich kennen* – Was kann das heißen? Sprecht im Kurs darüber.**

90 neunzig

15

2 **Eure Stadt – Wie gut kennt ihr sie? Mögt ihr die Stadt? Seid ihr „Freunde"? Was kann man dort machen? Sprecht im Kurs.**

3 **Stell dir vor, dein Freund Erich möchte dich besuchen. Beantworte den Brief und vergleicht in der Klasse. Wer hat das interessanteste Programm gemacht?**

… ich freue mich sehr auf das Wochenende und ich hoffe, dass es nicht langweilig wird und dass wir viel zusammen unternehmen können. Bis nächste Woche!

Ich freue mich auch auf das Wochenende. Keine Angst, bei uns in … ist immer etwas los. Wir können z. B. am Samstagvormittag …

Lieber Erich, bei uns gibt es … / Hier sind viele … / Am Wochenende … / Wenn es regnet, …

4 **Ich wünsche mir einen Freund … – Bildet Sätze wie im Beispiel.**

Ich wünsche mir einen Freund, der/den …
Ich wünsche mir eine Freundin, die …

Ich wünsche mir eine Freundin, die gerne Fußball spielt.

Er/Sie hat immer Zeit für mich.
Meine Freunde mögen ihn/sie.
Er/Sie hört mir immer zu.
Er/Sie schreibt mir immer schöne Briefe.
Er/Sie hilft mir, wenn ich Probleme habe.
Ich kann ihn/sie zum Tanzen mitnehmen.
Ich kann ihn/sie immer anrufen.
Er/Sie spielt gerne Fußball.

5 **Und was wünscht du dir? Schreibe auch einen kleinen Text.**

Ich wünsche mir einen Lehrer, der …

Ich wünsche mir ein Zimmer, das …

6 **Fehler korrigieren – Findet bei a–h die Fehler und korrigiert sie. Die richtigen Sätze 1–8 helfen euch.**

Richtige Sätze	Falsche Sätze
1. Der alte Mann hat 20000 Bücher **gelesen**.	a) Anne ist eine Freundin, den ich sehr mag.
2. Der **längste** deutsche Fluss ist der Rhein.	b) Der schneller Schüler ist Harry.
3. In der Zeitung steht, **dass** die Münzen weg **sind**.	c) Gestern Abend bin ich zu Hause.
4. Er mag sie, **weil** sie sehr lustig **ist**.	d) Ich finde die rot Jacke hässlich.
5. **Die Frau, die** da sitzt, ist meine Mutter.	e) Ich komme nicht mit, weil ich habe kein Geld.
6. Können Sie mir sagen, **wo** der Bahnhof **ist**?	f) Ich weiß nicht, wo ist die Jugendherberge.
7. Letztes Wochenende **war** ich in Berlin.	g) Simon hat gesagt, dass ist Herr Schmidt krank.
8. Die **grüne** Hose ist super.	h) Warum ist er nicht zur Party gekommt?

a) + 5: Anne ist eine Freundin, die ich sehr mag.

einundneunzig 91

4 „Wie sollte dein Freund / deine Freundin sein?"
Vorschlag: Sie können diese Übung in Dialogform durchführen:
- Anna: „Ich wünsche mir eine Freundin, die Fußball spielt. Wie soll dein Freund sein, Martin?
- Martin: „Ich wünsche mir einen Freund, der …"

Die S. suchen sich einen anderen Mitschüler aus, den sie ansprechen. Achten Sie bei den Sätzen auf die korrekte Verwendung der Relativpronomen im Nominativ und Akkusativ.

5 Mit der Wiederholung aus **4** haben die S. nun ausreichend Strukturen, um eigene Äußerungen zu formulieren. Zuerst wählen sie eine Person oder ein Objekt aus, über das sie sprechen möchten. Dann formulieren sie die Sätze, z. B. zu „Lehrer", „Zimmer", „Eltern", „Haustier", „Computer" etc. Anschließend werden die Wünsche in der Klasse vorgelesen.

6 In dieser Aufgabe bieten wir den S. die Möglichkeit, Fehler in Sätzen zu erkennen und zu beheben. Hierzu geben wir links korrekte Sätze vor, die die S. mit den falschen Sätzen auf der rechten Seite vergleichen.
1. Welche Fehler finden die S.?
2. Welches Muster aus dem linken Kasten passt dazu?
3. Wie heißt der Satz auf der rechten Seite richtig?

Lösung: a) Anne ist eine Freundin, **die** ich sehr mag. (5) b) Der **schnellste** Schüler ist Harry. (2) c) Gestern Abend **war** ich zu Hause. (7) d) Ich finde die **rote** Jacke hässlich. (8) e) Ich komme nicht mit, weil ich kein Geld **habe**. (4) f) Ich weiß nicht, wo die Jugendherberge **ist**. (6) g) Simon hat gesagt, dass Herr Schmidt krank **ist**. (3) h) Warum ist er nicht zur Party **gekommen**? (1)

Tafelbild zu Aufgabe 2
Ich finde meine Stadt …
Mir gefällt …
… finde ich nicht so gut.
Es gibt viele …
Es gibt zu wenig …
Mein Lieblingsplatz ist …

7

a) Spielen Sie den Text vor, die S. lesen ihn parallel dazu. Mit der Beantwortung der Fragen 1–3 arbeitet die Klasse die Atmosphäre der Situation heraus:

1. Jeder stellt vor der Klasse Überlegungen zum Aussehen von Bernd und Frieder an. Lassen Sie z. B. an der Tafel zweimal Bernd und zweimal Frieder anzeichnen. Welche Merkmale wiederholen sich bei jeder Person, wo gibt es Abweichungen? Wieso beschreiben die S. die Personen so und nicht anders?
2. Wo spielt die Szene? Sammeln Sie Angaben der S. dazu, an welchen Orten die Dialoge vorkommen könnten.
3. Wen mögen die S.? Sammeln Sie ihre Argumente.

Mit den Antworten auf die Fragen 1–3 sollte sich ein Bild der Personen und der Situation ergeben, auf das in **b)** dann zurückgegriffen werden kann.

b) Die Sprechweise richtet sich nach der Situation. Wie würde der Text in der Muttersprache gesprochen werden? Spielen Sie ggf. noch einmal einen Teil des Textes vor.
Vorschlag: Sie können die S. die Sätze probehalber auch einmal bewusst falsch sprechen lassen (z. B. besonders leise und freundlich), um so das Gespür für die korrekte Intonation zu stärken. Anschließend sprechen die S. den Dialog regulär, zuerst zu zweit, dann in der Klasse.

c) Wie könnte das Problem gelöst werden? Ideen sammeln in der Klasse, dann Partnerarbeit, in der die Dialoge geschrieben werden. Zum Abschluss werden die Dialoge in der Klasse gespielt. Auch hier sollten die S. auf die richtige Intonation achten.

56

7 Peter Härtling: Sollen wir uns kloppen?
a Lest und hört den Text. Bearbeitet dann 1–3 unten.

Bernd: Geh mir mal aus dem Weg!
Frieder: Warum?
Bernd: Weil du mir im Weg stehst.
Frieder: Aber du kannst doch an mir vorbeigehen. Da ist eine Menge Platz.
Bernd: Das kann ich nicht.
Frieder: Warum?
Bernd: Weil ich geradeaus will.
Frieder: Warum?
Bernd: Weil ich das will. Weil du jetzt mein Feind bist.
Frieder: Warum?
Bernd: Weil du mir im Weg stehst.
Frieder: Darum bin ich jetzt dein Feind?
Bernd: Ja, darum.
Frieder: Und wenn ich dir aus dem Weg gehe, bin ich dann auch noch dein Feind?
Bernd: Ja, weil du dann ein Feigling bist.
Frieder: Was soll ich denn machen?
Bernd: Am besten, wir verkloppen uns.
Frieder: Und wenn wir uns verkloppt haben, bin ich dann auch noch dein Feind?
Bernd: Ich weiß nicht, kann sein.
Frieder: Dann geh ich dir lieber aus dem Weg und bin ein Feigling.
Bernd: Ich hab gewusst, dass du ein Feigling bist. Von Anfang an hab ich das gewusst.

BERND Frieder

1. Was kannst du über Bernd und Frieder sagen? Alter, Größe, Aussehen …?
2. Wo treffen sich die beiden? Schulhof, Disco …?
3. Wer gefällt dir besser, Bernd oder Frieder?

b Spielt den Dialog. Achtet auf die Intonation. Denkt an die Situation: Wie sind Bernd und Frieder? Wie sprechen sie: laut, leise, ruhig, aggressiv …?

c Wie können Bernd und Frieder ihr Problem lösen? Schreibt ein positives Ende für den Dialog und spielt ihn in der Klasse.

57

8 Das Familienspiel – Hört zu und findet eure Familie. Euer Lehrer / Eure Lehrerin erklärt die Regeln.

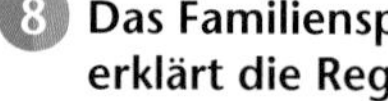

92 zweiundneunzig

8 Das Familienspiel: Personen aus den Familien Bünn, Bien und Bühn suchen ihre Angehörigen. Hören Sie mit den S. zunächst das Beispiel auf der Kassette an, um das Prinzip zu verdeutlichen. Damit sich die richtigen Familienmitglieder finden können, kommt hier alles auf die korrekte Aussprache an. Kopieren Sie die Vorlage 20 und schneiden Sie Kärtchen. Teilen Sie die Klasse in Gruppe A und Gruppe B. Jeder S. aus Gruppe A erhält eine Karte, die die eigene Identität bezeichnet, z. B. „Vater Bühn!". Die S. merken sich ihre Person und stecken ihren Zettel ein. Jeder S. aus Gruppe B erhält eine Karte, die eine Person bezeichnet, die gesucht wird, z. B. „Vater Bühn?". Achten Sie darauf, dass gleich viele Personen aus einer Familie gesucht werden. Die S. von Gruppe B gehen durch die Klasse und fragen nach den Personen auf ihren Karten wie im Hörbeispiel. Die gefragten S. in Gruppe A schütteln den Kopf, wenn sie nicht die gesuchte Person sind, oder nicken, wenn es richtig ist. Gefundene Personen stellen sich an den Rand und andere Familienmitglieder stellen sich dazu. Außer den Fragen darf nicht gesprochen werden. Die Familie, die sich zuerst gefunden hat, hat gewonnen.

LERNEN MIT SYSTEM

9 Selbstevaluation

a Lest 1–14. Zu welchen Aussagen passen die Situationen in a–d?

Ich kann ...

1. ... sagen, wie es mir/anderen geht.
2. ... wichtige Informationen in Texten finden.
3. ... um Hilfe bitten oder Hilfen geben.
4. ... berichten, was andere sagen.
5. ... meine Meinung sagen.
6. ... sagen, was mir schmeckt/gefällt (Essen/Trinken, Kleidung ...).
7. ... nach dem Weg fragen / Wegbeschreibungen verstehen / Wege beschreiben.
8. ... über Vergangenes berichten (wo ich war / was ich gemacht habe).
9. ... etwas vergleichen.
10. ... etwas begründen.
11. ... eine Person beschreiben und sagen, was sie trägt.
12. ... mein Zimmer, meine Wohnung/Straße/Stadt beschreiben.
13. ... beschreiben, wo etwas steht, liegt, hängt ...
14. ... anderen widersprechen.

a

- ● Wie findest du meinen neuen Pullover?
- ○ Na ja, es geht.
- ● Wieso?
- ○ Ich finde ihn zu bunt.

b

- ● Und was hast du am Wochenende gemacht?
- ○ Am Samstag war ich mit meinen Eltern im Zoo. Und am Sonntag bin ich mit meiner Schwester ins Kino gegangen.

c

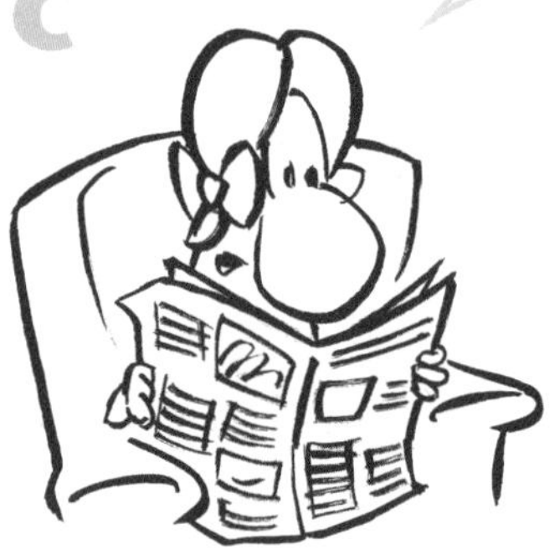
Sie schreiben, dass der Film gut ist.

d

Stimmt gar nicht!

b Könnt ihr selbst Beispiele zu 1–14 in Aufgabe 9a finden?

c Was kann ich gut / nicht so gut? – Wählt ein Thema aus und organisiert eine Wiederholung im Kurs.

9 Da mit diesem Plateau der Band 2 von ***geni@l*** abgeschlossen wird, bieten wir an dieser Stelle den S. die Möglichkeit, sich selbst zu überprüfen.

a) In der Liste haben wir die „Kannbeschreibungen", wie sie in Band 2 berücksichtigt wurden, zusammengestellt. Zu einigen davon passen die Situationen a–d; die S. sollen überlegen, zu welchen. Dabei gibt es mehrere Möglichkeiten, die in der Klasse diskutiert werden sollten.

Mögliche Lösung: a: 5, 6, 10; b: 8; c: 2, 4; d: 14

b) Vorschlag: Die S. suchen sich jeweils mindestens vier Aussagen aus der Liste aus und schreiben einen Beispielsatz dazu. Teilen Sie nun die Klasse in A und B. Ein S. aus A liest eine der Aussagen von 1–14 vor, ein S. aus B meldet sich mit einem Beispielsatz. Passt dieser zur Aussage, erhält die Gruppe B einen Punkt. Nun liest der S. aus B eine Aussage vor, ein S. aus A meldet sich usw.

c) Die S. kennen die Aussagen 1–14 bereits aus dem AB. Nach jeder Einheit haben sie dort eine Selbsteinschätzung vorgenommen, die sie mit ihren jetzigen Ergebnissen vergleichen können. („Wo habe ich mich verbessert? Wo gibt es noch Probleme?" Etc.) Lassen Sie in der Klasse diskutieren, welche Themen besondere Schwierigkeiten bereiten, und Vorschläge zur Problemlösung machen.

Tafelbild zu Aufgabe 9c

„Wege beschreiben"
Problem: Verben + Präpositionen
Lösung:
- Lernplakate erstellen
- Reime entwickeln
- in Rollen üben
- Szenen entwickeln
- Übungen selber machen
- ...

10 Vorgehen, wie in den „Spielregeln“ (KB, S. 94/95 unten) beschrieben. Sie können das Spiel aber auch etwas verlängern, indem Sie die Zahl der nötigen Steine in einer Reihe auf vier erhöhen. Ob eine Antwort richtig ist oder nicht, kann mit dem Buch beantwortet werden. Hier die Verweise auf die entsprechenden Einheiten im KB, in denen die S. Hilfe finden können: 1. E1 2. E1 3. E2 4. E9 5. E1 6. E1 7. E3 8. alphabetische Wortliste in ***geni@l A1*** 9. E4 10. E4 11. E4 12. E1 13. E6 14. E10 15. E6 16. E7 17. E6 18. E7 19. E7 20. E8 21. E8 22. E8 23. E8 24. E8 25. E11 26. E8 27. E7 28. E12 29. E11 30. E5 31. E1 32. E5 33. E6 34. E2 35. E2 36. E2, E9
Lösung: S. 132 (KB, S. 120)

10 Eine geni@le Rallye durch das Buch

1 Vera und Nilgün sind Freundinnen. Wie muss ein Freund / eine Freundin sein? Nenne 3 Adjektive.	2 Wie heißt das Gegenteil? stark – … laut – … interessant – …	3 Wie heißt die Hauptstadt?
4 Wie geht es dir?	5 Wie heißen die Strategien?	6 Wer ist das? Gib drei Informationen.
7 Sie mag …	8 Telefon, E-Mail, Computer. Artikel und Plural?	9 Vergleiche: groß / Berlin > Kassel, teuer / Ferrari > VW
10 Wie findest du eure Schule? Ich finde, dass …	11 Wie heißt der Text im Präteritum? „Ich kann nicht kommen. Ich muss zur Nachhilfe und später habe ich Klavierunterricht.“	12 Annas Freund heißt …
13 Nenne drei Sportarten:	14 Erkläre das Hobby.	15 Was sind die „Bundesjugendspiele“?
16 Nenne fünf Kleidungsstücke mit Artikel.	17 eine Hand – zwei Hände …	18 Das ist zu …

Spielregeln:
- Immer zwei Schüler oder zwei Gruppen spielen gegeneinander.
- Für das Spiel braucht ihr 36 „Spielsteine“, z.B. Münzen.
- Wer eine Aufgabe richtig gelöst hat, darf den Spielstein auf das Feld legen.
- Man braucht drei Spielsteine in einer Reihe.

94 vierundneunzig

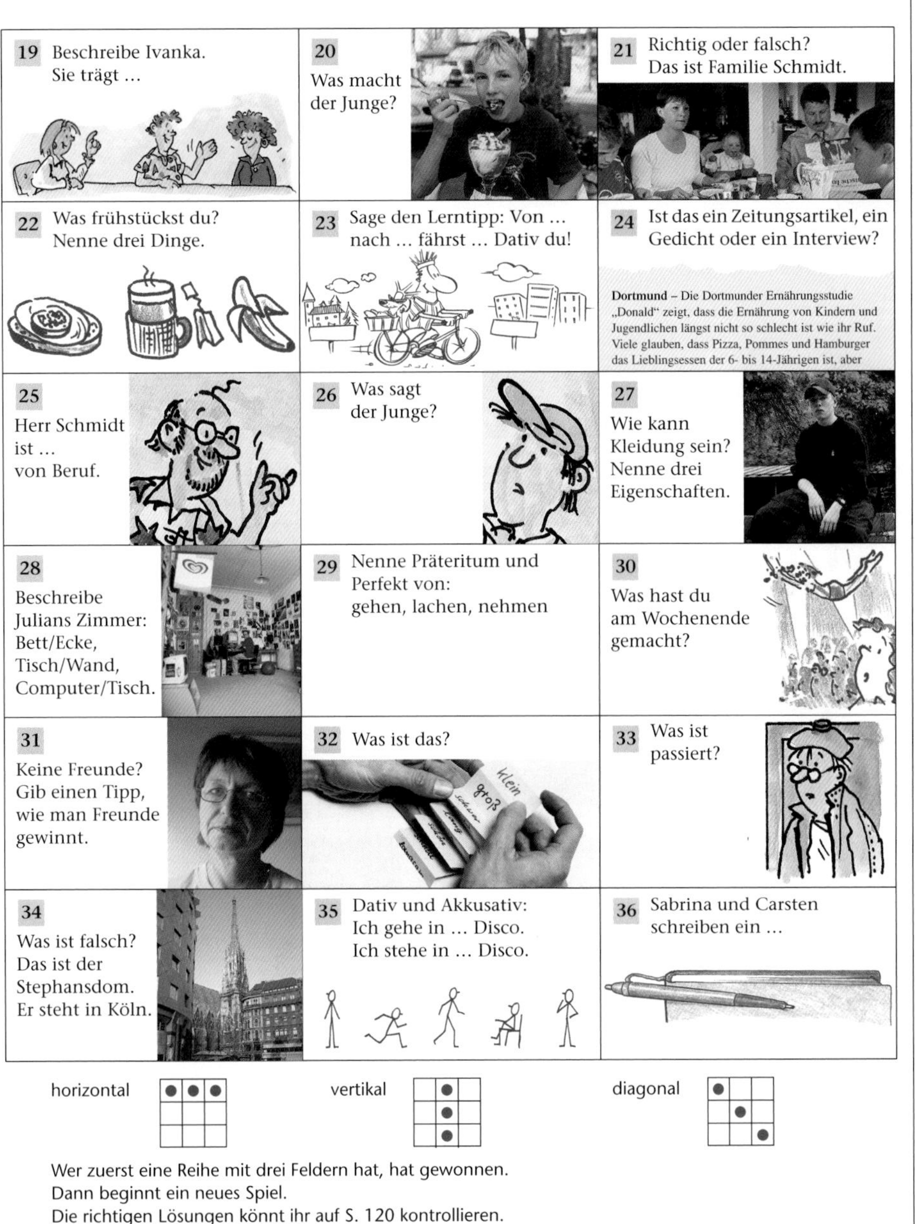

horizontal ● ● ●

vertikal ● / ● / ●

diagonal ● / ● / ●

Wer zuerst eine Reihe mit drei Feldern hat, hat gewonnen.
Dann beginnt ein neues Spiel.
Die richtigen Lösungen könnt ihr auf S. 120 kontrollieren.

19 Beschreibe Ivanka.
Sie trägt ...
20 Was macht der Junge?
21 Richtig oder falsch?
Das ist Familie Schmidt.
22 Was frühstückst du?
Nenne drei Dinge.
23 Sage den Lerntipp: Von ... nach ... fährst ... Dativ du!
24 Ist das ein Zeitungsartikel, ein Gedicht oder ein Interview?
Dortmund – Die Dortmunder Ernährungsstudie „Donald“ zeigt, dass die Ernährung von Kindern und Jugendlichen längst nicht so schlecht ist wie ihr Ruf. Viele glauben, dass Pizza, Pommes und Hamburger das Lieblingsessen der 6- bis 14-Jährigen ist, aber
25 Herr Schmidt ist ... von Beruf.
26 Was sagt der Junge?
27 Wie kann Kleidung sein? Nenne drei Eigenschaften.
28 Beschreibe Julians Zimmer: Bett/Ecke, Tisch/Wand, Computer/Tisch.
29 Nenne Präteritum und Perfekt von: gehen, lachen, nehmen
30 Was hast du am Wochenende gemacht?
31 Keine Freunde? Gib einen Tipp, wie man Freunde gewinnt.
32 Was ist das?
klein
groß
33 Was ist passiert?
34 Was ist falsch? Das ist der Stephansdom. Er steht in Köln.
35 Dativ und Akkusativ:
Ich gehe in ... Disco.
Ich stehe in ... Disco.
36 Sabrina und Carsten schreiben ein ...

Die folgenden Seiten sind den wichtigsten Feiertagen in den deutschsprachigen Ländern, Weihnachten und Ostern, gewidmet. Sie sind so konzipiert, dass Sie sie bereits nach den ersten Einheiten von Band 2 optional, je nach Interesse Ihrer S., einsetzen können. Hier werden der wichtigste Wortschatz und die wesentlichen landeskundlichen Informationen zur Verfügung gestellt. Die Strukturen haben wir auf einem einfachen Niveau belassen (z. B. wird nur das Präsens verwendet) und die längeren Lesetexte erfordern vor allem rezeptive Fähigkeiten.

11 Lassen Sie die S. zunächst die Bilder und Texte auf Seite 108 (KB, S. 96) kurz ansehen. Was kennen die S. bereits? (Tannenbaum, „Fröhliche Weihnachten"?) Was ist unbekannt? (Adventskalender?) Hören Sie nun gemeinsam die Ausschnitte aus drei Weihnachtsliedern: „O Tannenbaum", „O du fröhliche, o du selige ..." und „Stille Nacht, heilige Nacht". Welches passt zur abgedruckten Strophe? Welche deutschen Weihnachtslieder kennen die S.?

12 Hören und lesen Sie gemeinsam das Weihnachtsgedicht. Lassen Sie die S. das Gedicht auch laut vorlesen, um die Aussprache zu üben. Sammeln Sie anschließend gemeinsam weiteren „weihnachtlichen" Wortschatz an der Tafel („Winter", „Schnee", „Geschenk").
Mögliche Lösung: dunkel, Nikolaus, mitgebracht, Baum im Lichterschein, Weihnacht, schönstes Fest (im Jahr)

13 Was ist typisch für Weihnachten im eigenen Land? Wird Weihnachten überhaupt gefeiert? Wie wird gefeiert? Wissen die S. noch mehr über Weihnachten in D-A-CH? Auch im Internet können die S. hierzu viel Material finden, z. B. weitere Gedichte unter der im KB angegebenen Adresse. Mit dem Gespräch hierüber und dem Wortschatz aus **12** sind die S. bereits gut auf den Text in der nächsten Aufgabe vorbereitet.

Weihnachten

58

11 Weihnachtslieder
Welche Lieder kennt ihr?

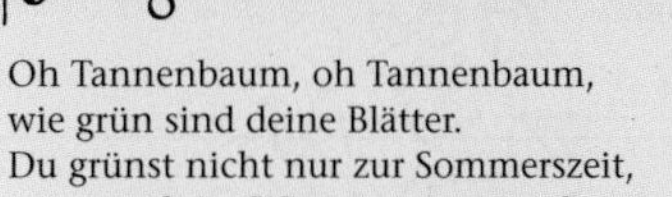

Oh Tannenbaum, oh Tannenbaum,
wie grün sind deine Blätter.
Du grünst nicht nur zur Sommerszeit,
nein, auch im Winter, wenn es schneit ... 4

59

12 Ein Weihnachtsgedicht
Welche Wörter passen zu Weihnachten?

Wird es dunkel vor dem Haus,
kommt zu uns der Nikolaus.
Hat uns etwas mitgebracht,
schöner, als wir je gedacht.

Steht der Baum im Lichterschein,
gehen wir zur Tür hinein.
Weihnacht, Weihnacht – es ist wahr,
ist das schönste Fest im Jahr.

www.blinde-kuh.de/weihnachten/gedichte/

13 Weihnachten in den deutschsprachigen Ländern und bei euch – Was kennt ihr? Sammelt in der Klasse.

96 sechsundneunzig

14 Die S. ordnen einzelne Textstellen den Bildern auf S. 96 im KB zu. Außerdem: Welche Wörter passen zu der Zeichnung unter dem Text? („Weihnachtsmann" und „Weihnachtsgans".)
Lösung: Bild 1: Z. 5, Bild 2: Z. 3/4 (Weihnachtsdekoration, die auf einem Weihnachtsmarkt gekauft werden kann), Bild 3: Z. 6/7, Bild 4: Z. 13, Bild 5: Z. 10ff. (Heiligabend, 24. Dezember, der Weihnachtsbaum brennt und es gibt Geschenke.)

15

14 Lest den Text. Welche Fotos von Seite 96 gehören zu welchen Stellen im Text?

Die Zeit vor Weihnachten, die Vorweihnachtszeit, ist in Deutschland, Österreich und in der Schweiz fast so wichtig wie das Weihnachtsfest selbst. Die Adventszeit beginnt vier Sonntage vor Weihnachten. Die Orte sind dann weihnachtlich dekoriert und in vielen Städten gibt es einen Weihnachtsmarkt. Der bekannteste ist der „Christkindlmarkt" in Nürnberg.
Viele Familien haben einen Adventskranz mit vier Kerzen. Jeden Sonntag brennt eine Kerze mehr. Die Kinder haben einen Adventskalender mit 24 Türchen. Vom 1. bis zum 24. Dezember machen sie jeden Tag ein Türchen auf und finden Bilder oder Schokolade. In der Adventszeit gibt es viele leckere Sachen zu essen und viele Leute backen, z. B. Plätzchen und Lebkuchen. Sehr bekannt ist der Christstollen, ein Kuchen mit Rosinen und Früchten.
Ein wichtiger Tag ist der 6. Dezember, der Nikolaustag. Am Abend stellen die Kinder ihre Schuhe vor die Tür und am Morgen finden sie darin kleine Geschenke und Süßigkeiten. Am Heiligabend, dem 24. Dezember, gehen viele Menschen zuerst in die Kirche. Danach feiern Eltern, Kinder und Großeltern zu Hause. Sie sitzen zusammen, essen, singen und spielen. Die Kinder freuen sich auf die Geschenke, die manchmal der Weihnachtsmann persönlich bringt. Am 25. und 26. Dezember sind die Weihnachtsfeiertage. Man besucht Verwandte und fast überall gibt es ein traditionelles Essen, z. B. die „Weihnachtsgans".

15 Ergänzt die Aussagen mit dem Text.

1. Am vierten Sonntag vor Weihnachten beginnt ...
2. Weihnachten ist ein Fest für die ...
3. Am 6. Dezember stellen die Kinder ...
4. Es gibt leckere Sache zu essen, z. B. ...
5. Heiligabend ist am ...
6. Zu Weihnachten trifft sich die Familie. Sie ...

16 Silbenrätsel – Welche Wörter aus Aufgabe 14 findet ihr? Gibt es das auch bei euch?

abend – Ad – der – gans – Hei – ka – ko – laus – len – lig – markt – nachts – nachts – Ni – tag – vents – Weih – Weih

17 Interview – Wie feierst du Weihnachten? Was berichtet Ágota über ihr Land? Hört zu, notiert und vergleicht in der Klasse.

18 Internetprojekt „Weihnachten" – Sucht euch ein Thema aus: Essen, Lieder, Gedichte, Weihnachtsmärkte ... Sammelt Informationen und präsentiert eure Ergebnisse in der Klasse.

www.es-weihnachtet-sehr.de.vu/
www.christkindlmarkt.de
www.weihnachtsseite.de

15 In der Aufgabe werden noch einmal Wörter zum Thema Weihnachtszeit eingeübt.
Lösung: 1. der Advent 2. Familie 3. Schuhe vor die Tür 4. Plätzchen, Lebkuchen, Christstollen 5. 24. Dezember 6. sitzen zusammen, essen, singen und spielen

16 Zuerst setzen die S. die Silben zu Wörtern zusammen. Können die S. anschließend auch aus anderen deutschen Wörtern Silbenrätsel bilden? („Kir – che – Leb – ku – chen –...")
Lösung: Heiligabend, Weihnachtsgans, Weihnachtsmarkt, Adventskalender, Nikolaustag

17 Bereiten Sie die S. auf einen längeren Hörtext vor. Z. B.: „Welche Fragen können vorkommen? Welche Wörter können hier wichtig sein?"
Die S. hören jetzt das Interview mit Ágota. Sie machen sich Notizen, etwa zu folgenden Fragen:
- „Woher kommt sie?" (Aus Ungarn.)
- „Was ist dort typisch für die Adventszeit?" (Viele Vorbereitungen auf Weihnachten, Postkarten und Weihnachtsgrüße verschicken, Wohnung aufräumen, mit Kerzen oder Engelchen dekorieren, kochen und backen.)
- „Wie feiert sie Weihnachten in ihrem Land?" (Zu Hause feiern, mit der Familie, am 24. Dezember, Christbaum aufstellen und schmücken, Kirche, Bescherung mit Geschenken, praktische Sachen (Kleider oder Schulsachen), Kinder basteln Geschenke oder schreiben Gedichte.)

Was ist ähnlich, was ist anders als im Heimatland der S.? Besprechen Sie in der Klasse, wie die S. ihre Notizen gemacht haben. Welche Techniken gibt es? Welche waren effektiv?

18 Was interessiert die Klasse am Thema Weihnachten? Die S. recherchieren im Internet. Teilen Sie ihnen hierzu ein entsprechendes Arbeitsblatt (Kopiervorlage 21) aus.

Ostern

19 **Welche Informationen findest du im Text zu diesen Wörtern?**

anmalen – suchen – essen – Frühling – Hase

Nach Weihnachten ist Ostern das zweitwichtigste christliche Fest in den deutschsprachigen Ländern. Die beiden Feiertage sind Ostersonntag und Ostermontag. Ostern ist ein Fest im Frühling (März/April). Die Woche vor Ostern ist die „Karwoche“.
Das Osterfest ist bunt und fröhlich. Die wichtigsten Symbole sind der Osterhase und das Osterei. Schon vor Ostern bemalen die Familien Eier mit Farben und Ostermotiven. In den Wohnungen und vor den Häusern stehen Sträucher, die mit vielen bunten Eiern dekoriert sind.
Am Ostermorgen verstecken viele Eltern Ostereier und Süßigkeiten im Garten und im Haus und die Kinder suchen sie. Die kleinen Kinder glauben, dass der Osterhase die Eier und die kleinen Geschenke versteckt hat.

20 **Ostern international – Hört das Interview mit Persa aus Griechenland und macht Notizen. Welche Wörter aus dem Kasten kommen im Text vor? Was berichtet sie?**

Geschenke
Kirche
Kinder
Kuchen
Familie
Ostereier
Süßigkeiten
malen
Hase
Feier
Mitternacht

21 **Wählt Aufgabe a oder b.**

a **Feiert ihr auch Ostern? Was ist bei euch wichtig? Was ist anders?**

b **Was ist bei euch das wichtigste Fest? Sammelt in Gruppen Informationen für Freunde in Deutschland. Vergleicht in der Klasse.**

achtundneunzig

19 Die S. überlegen, welche deutschen Wörter ihnen zum Thema „Ostern“ einfallen. Wörternetz an der Tafel (siehe unten), das in **20** und **21** weiter ergänzt werden kann. Jetzt sehen sich die S. die Fotos an. Welche Wörter passen dazu?

Die Klasse liest nun den Text und sucht weitere Oster-Vokabeln heraus. Besprechen Sie, welche weiteren Informationen im Text zu Ostern gegeben werden. Ostergedichte für Sprechübungen sowie Internetadressen finden Sie auf der Kopiervorlage 22.

Mögliche Lösung: anmalen: „Das Osterfest ist bunt“ (Z. 4), „vor Ostern Eier bemalen“ (Z. 5), „mit vielen bunten Eiern“ (Z. 6); suchen: „Am Ostermorgen verstecken viele Eltern Ostereier und Süßigkeiten ... und die Kinder suchen sie“ (Z. 7/8), „dass der Osterhase die Eier versteckt hat“ (Z. 8/9); essen: „wichtigste Symbole: Osterei“ (Z. 4, 5), „mit Eiern dekorieren“ (Z. 6), „Ostereier und Süßigkeiten verstecken und suchen“ (Z. 7/8); Frühling: „Ostern ist ein Fest im Frühling (März/April)“ (Z. 2); Hase: „wichtigste Symbole: Osterhase“ (Z. 4), „kleine Kinder glauben, dass der Osterhase ... versteckt hat“ (Z. 8/9)

20 Die S. lesen zunächst die Wörter im Kasten.

1. Beim Hören achtet die Klasse darauf, welche der Wörter im Kasten vorkommen. Klären Sie weitere unbekannte Wörter im Hörtext. (Z. B.: „Zu Ostern wird oft Lamm gegessen.“ „Das Feuerwerk gibt es in vielen Ländern zu Silvester.“ Zu „Eierstoßen“ (= „Eiertütschen/ Eiertüpfen“) vgl. AB, S. 90, Nr. 2 und Foto unten Mitte.)

2. Gruppenarbeit: Jede Gruppe notiert zu einem Begriff, was Persa sagt:

- Aktivitäten: z. B. „kochen und backen“ ...
- Essen: z. B. „kein Fleisch in der Karwoche“ ...
- Eierspiel: z. B. „ein rotes Ei aussuchen“ ...

Am Schluss berichtet jede Gruppe, was sie verstanden hat. Notieren Sie Stichwörter an der Tafel und kontrollieren Sie mit dem Text. Welche Unterschiede zwischen Ostern in Griechenland und Ostern in Deutschland kann man festhalten? (Z. B.: „Ostern ist in Griechenland das wichtigste Fest.“ „Es beginnt am Samstag.“ Etc.)

Lösung: Feier (feiern), Kirche, Kinder, (Oster-)Eier, Kuchen

21

a) Die S. überlegen zu zweit, was wichtig oder anders ist. Bieten Sie geeignete Redemittel an, z. B.: „Bei uns ist ... sehr wichtig.“ – „... ist ganz anders.“ – „Hier gibt es ein/ kein ...“ – „Sehr typisch ist ...“ – „Ich kann mir Ostern ohne ... nicht vorstellen.“

b) Nun sprechen die S. über das wichtigste Fest in ihrem Land. Zunächst werden Wörter und Informationen gesammelt (ggf. Wörterbuch als Hilfe). Anschließend schreiben die S. einen kleinen Text, z. B. einen Brief an einen Freund in Deutschland. Was soll der Adressat wissen? Was ist gleich/anders? Etc. Die S. können auch Bilder, Fotos usw. mit in den Unterricht bringen und zur Illustration ihrer Texte verwenden.

Tafelbild zu Aufgabe 19

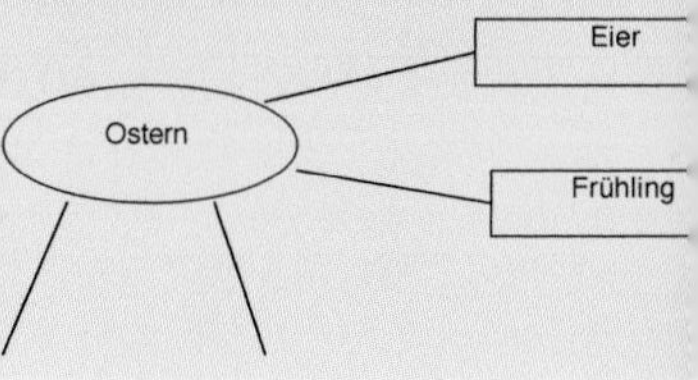

Grammatik im Überblick

Das findest du hier:

Symbole auf S. 100–110:
▶ 11 = Kommt in Einheit 11 vor.
▶ G 12 = Mehr Informationen gibt es bei Punkt 12 in der „Grammatik im Überblick“.

G

Einheit 1–5

SÄTZE

▶ 1

1 Nebensätze mit *dass*

Hauptsatz	Nebensatz		
Jennifer erzählt,	dass sie aus Erfurt	kommt	.
Ich finde,	dass du zu viel	arbeitest	.

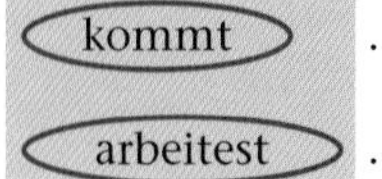

In Nebensätzen steht das konjugierte Verb am Ende: …, … VERB.

▶ 2

2 Die Satzklammer

a Perfekt

Die Jugendlichen	haben	in Wien viel Spaß	gehabt	.
Sie	haben	eine Stadtrundfahrt	gemacht	.
Der Zug	ist	pünktlich	abgefahren	.
Mareike	hat	ihre Tasche	mitgenommen	.
Wo	haben	sie die meisten Fotos	gemacht	?
Was	ist		passiert	?

Das Hilfsverb steht an Position 2. Das Verb steht am Ende.

▶ 4

b Modalverben (Präteritum)

Ich	konnte	gestern nicht	kommen	.
Ich	musste	auf meine Schwester	aufpassen	.

Das Modalverb steht an Position 2.
Das Verb steht am Ende.

c Trennbare Verben

einladen:	Niemand	lädt	mich	ein	.
anrufen:		Rufst	du mich am Samstag	an	?
zuhören:		Hör	mir jetzt bitte gut	zu	!

Der zweite Teil des Verbs steht am Ende.

3 Hauptsätze verbinden ▶ 4
a Informationen aufzählen: *und*

Hauptsatz 1	Hauptsatz 2
Gestern Abend durften wir ins Kino gehen.	
Gestern Abend durften wir ins Kino gehen	und (wir durften) einen Film sehen.
Wir hatten keinen Computer	und wir konnten keine E-Mails schreiben.

b Gegensätze: *aber* ▶ 4

Hauptsatz 1	Hauptsatz 2
Meine Eltern hatten ein Telefon,	aber (sie hatten) keinen Computer.
Ich habe die Hausaufgaben gemacht,	aber ich habe sie zu Hause vergessen.
● Ich bezahle die Cola.	○ Aber du hast doch kein Geld.

c Alternativen: *oder*

Hauptsatz 1	Hauptsatz 2
Ich rufe dich heute Abend um acht an	oder ich komme zu dir.
Kommst du mit	oder bleibst du zu Hause?

WÖRTER

4 Personalpronomen: Nominativ – Akkusativ – Dativ ▶ 1

Nominativ	Akkusativ	Dativ
ich	mich	mir
du	dich	dir
er	ihn	ihm
es	es	ihm
sie	sie	ihr
wir	uns	uns
ihr	euch	euch
sie/Sie	sie/Sie	ihnen/Ihnen

Kannst du mir helfen?
Ich verstehe den Text nicht.

Frag mich nicht.
Ich versteh ihn auch nicht.

Ich bin kleiner als Cora,
aber viel größer als Turbo!

5 Adjektive: Komparation ▶ 4

+ -er	schnell	→	schneller
	klein	→	kleiner
a → ä + -er	lang	→	länger
o → ö + -er	groß	→	größer
u → ü + -er	kurz	→	kürzer
unregelmäßig	gern	→	lieber
	gut	→	besser
	viel	→	mehr
	hoch	→	höher

▶ 4

6 Vergleiche mit … *als* und … *so* … *wie*

Monika läuft (genau)so schnell wie Carla.
Rita läuft nicht so schnell wie Carla.
Astrid läuft schneller als Monika, Carla und Rita.

= / ≠:	so + Adjektiv + wie
$>$ / $<$:	Adjektiv + -er + als

▶ 2

7 Verben und Präpositionen: *Wohin?*

in, über, durch, an + Akkusativ		gehen	fahren laufen
der Prater	Stefan	geht	in den Prater.
das Kino	Cora	geht	ins Kino.
die Kirche	Christian	geht	in die Kirche.
der Marktplatz	Der Bus	fährt	über den Marktplatz.
das Meer	Das Schiff	fährt	übers Meer.
die Brücke	Ich	laufe	über die Brücke.
der Park	Wir	rennen	durch den Park.
das Dorf	Die Autos	fahren	durchs Dorf.
die Altstadt	Biene	geht	durch die Altstadt.
der Rhein	Familie Schröder	fährt	an den Rhein.
das Meer		…	ans Meer.
die Nordsee		…	an die Nordsee.

⚠ *zu* und *an … vorbei* immer mit Dativ.

Mareike geht/fährt/läuft zum Bahnhof/Rathaus / zur Kirche.
Mareike geht/fährt/läuft am Bahnhof/Rathaus / an der Kirche vorbei.

▶ 3

8 Vergangenheit: Perfekt

Wir sind vier Tage in Wien geblieben. Wir haben eine Stadtrundfahrt gemacht.
Wir haben ein Museum besucht und wir haben viel fotografiert.

Perfekt mit *haben*:	die meisten Verben
Perfekt mit *sein*:	Verben mit Bewegung laufen, fahren, fliegen, aufstehen …
⚠ Auch mit *sein*:	sein, bleiben, passieren, werden

Das Perfekt bildet man mit *haben* oder *sein* und mit dem Partizip.

Das Perfekt kann man für alle Aussagen über die Vergangenheit benutzen.

9 Perfekt – Partizip der regelmäßigen Verben

▶ 3

ge…(e)t	…ge…(e)t	…t
gehabt	abgeholt	fotografiert
gekauft	eingekauft	studiert
geredet	ausgerechnet	
geordnet		

10 Perfekt – Partizip der unregelmäßigen Verben

Wir sind sechs Monate in Madrid geblieben.
Manchmal hat mich mein Vater in die Schule gebracht.
Meistens habe ich den Bus genommen.
Ich habe viele Postkarten geschrieben.
Vor zwei Jahren sind wir zurück nach Deutschland gegangen.

Infinitive denken, nehmen, bringen, bleiben, zurückbringen, nachdenken, aufstehen, weggehen

Partizip	ge …en	…ge…en
	genommen	aufgestanden
	geblieben	weggegangen
	ge…t	…ge…t
	gebracht	zurückgebracht
	gedacht	nachgedacht

Verben mit untrennbarem Präfix bilden das Partizip ohne *-ge*:

Infinitiv	vergessen	verlieren	beschreiben	verpassen	zerreißen
Partizip	vergessen	verloren	beschrieben	verpasst	zerrissen

11 Präteritum der Modalverben: *können dürfen, müssen, wollen*

▶ 4

	können	dürfen	müssen	wollen	haben	sein
ich	konnte	durfte	musste	wollte	hatte	war
du	konntest	durftest	musstest	wolltest	hattest	warst
er/es/sie	konnte	durfte	musste	wollte	hatte	war
wir	konnten	durften	mussten	wollten	hatten	waren
ihr	konntet	durftet	musstet	wolltet	hattet	wart
sie/Sie	konnten	durften	mussten	wollten	hatten	waren

G

Einheit 6–10

SÄTZE

▶ 6/G 1

12 Nebensätze mit *weil*: Gründe

Ich war gestern nicht in der Schule, **weil** ich krank (war).

WARUM? → GRUND

Ich hatte gestern keine Zeit.		Ich (hatte) zu viele Hausaufgaben.
Ich hatte gestern keine Zeit,	**weil**	ich zu viele Hausaufgaben (hatte).

In Nebensätzen steht das konjugierte Verb am Ende: …, *weil/dass* … (VERB).

Ich hatte gestern keine Zeit,	**weil**	ich arbeiten (musste).
Weil ich arbeiten (musste),		hatte ich gestern keine Zeit.

In Nebensätzen mit Modalverb steht das konjugierte Modalverb am Ende.

▶ 9/ G 1, 12

13 Nebensätze mit *wenn*

Nebensatz	Hauptsatz
Wenn Monika mit Markus (tanzt),	(dann) (ist) Carsten sauer.
Wenn es (regnet),	(dann) (gehen) wir ins Kino.

Hauptsatz	Nebensatz
Ich fahre zu meinen Großeltern,	**wenn** ich Ferien habe.

Nebensatz	Hauptsatz
Wenn ich Ferien habe,	(dann) fahre ich zu meinen Großeltern.

In Nebensätzen steht das konjugierte Verb am Ende: …, *weil/dass/wenn* … (VERB).

WÖRTER

14 Possessivartikel: Dativ

▶ 8

Wie geht es deiner Katze?

Meiner Katze? Gut. Warum?

		der Hund das Pferd	die Katze
Singular	ich	meinem	meiner
	du	deinem	deiner
	er/es	seinem	seiner
	sie	ihrem	ihrer
		(k)einem	(k)einer
Plural	wir	unserem	unserem
	ihr	eurem	eurer
	sie/Sie	ihrem/Ihrem	ihrer/Ihrer

Plural (Nomen) meinen/unseren Hunden/Pferden/Katzen

der /das = -em, die = -er, Nomen im Plural = -en

15 Possessivartikel: Nominativ – Akkusativ – Dativ (Übersicht)

▶ 8 / G 14

Kennst du meine Schwester?

Ja, sie geht auch in meinen Yogakurs.

Wie geht's deinem Bruder?

Meinem Bruder geht's ganz gut.

		der	das	die
Singular	Nominativ	mein Bruder	mein Pferd	meine Schwester
	Akkusativ	meinen Bruder	mein Pferd	meine Schwester
	Dativ	meinem Bruder	meinem Pferd	meiner Schwester
Plural (Nomen)	Nominativ	meine Brüder/Pferde/Schwestern		
	Akkusativ	meine Brüder/Pferde/Schwestern		
	Dativ	meinen Brüdern/Pferden/Schwestern		

Alle Possessivartikel (*mein, dein, sein, ihr …*) haben die gleichen Endungen wie *mein.*

16 Präpositionen – Immer mit Dativ: *aus, bei, mit, nach, seit, von, zu, an … vorbei*

▶ 8 / G 7

Kommst du jetzt erst **von** deiner Freundin?
Warst du schon **bei** deiner Großmutter?
Tut mir Leid, ich komme jetzt erst **aus** der Schule.
Bitte komm **nach** der Schule nach Hause.

Gehst du **mit** dem Hund raus? Er muss mal.
Fahr doch mit dem Rad **zu** deiner Freundin.
Sie wartet **seit** einer Stunde auf dich.
Fahr **am** Rathaus **vorbei** und dann rechts.

G

▶ 4, 6 / G 5, 6

17 Adjektive: Komparativ und Superlativ

Das Riesenrad im Prater in Wien ist **das älteste** in Europa.
Es gibt viele schöne Berge. Aber das Matterhorn ist **am schönsten**.

	Komparativ	Superlativ			
schnell weit	schneller weiter	am	schnellsten weitesten	der/das/die	schnellste weiteste
alt groß dumm	älter größer dümmer	am	ältesten größten dümmsten	der/das/die	älteste größte dümmste
gern gut viel hoch	**lieber** **besser** **mehr** **höher**	am	**liebsten** **besten** **meisten** **höchsten**	der/das/die	**liebste** **beste** **meiste** **höchste**

▶ 7

18 Adjektive vor dem Nomen (Attribute)

Ich mag den roten Schal und die roten Schuhe.

Und wie findest du die hellblaue Bluse?

	der Schal	**das** Hemd	**die** Jacke	**die** Schuhe (Plural)
Nominativ	der rote Schal (k)ein roter Schal mein/dein ...	das rote Hemd (k)ein rotes Hemd mein/dein ...	die rote Jacke (k)eine rote Jacke meine/deine ...	die roten Schuhe – rote Schuhe keine/meine/deine roten Schuhe
Akkusativ	den roten Schal (k)einen roten Schal meinen/deinen ...			

▶ 9

19 Modalverb *sollen*

ich	soll
du	sollst
er/es/sie	soll
wir	sollen
ihr	sollt
sie/Sie	sollen

Du sollst sofort deine Mutter anrufen!

Mein Vater hat gesagt, ich soll das Zimmer aufräumen.

Soll ich dir helfen?

▶ 1, 7, 8

20 Verben mit Dativ

Einige Verben brauchen immer den Dativ:

helfen	Meine Mutter **hilft mir** immer.	gehören	Das Fahrrad **gehört meiner** Mutter.
schmecken	**Schmeckt dir** Müsli?	stehen	Das T-Shirt **steht dir** gut.
gefallen	Der neue Biolehrer **gefällt uns**.	schenken	**Schenkst** du **ihm** den Comic?

106 einhundertsechs

Einheit 11–15

SÄTZE

21 Relativsätze

▶ 12

Der alte Mann, der in der Wohnung neben uns wohnt, hört nicht gut.
Über uns wohnt **eine Musikstudentin**, die immer abends Trompete übt.

Der Relativsatz erklärt ein Nomen im Hauptsatz (Mann/Musikstudentin).

a Nominativ: *der , das, die*

Hauptsatz	Relativsatz: WER/WAS?	Hauptsatz
Der alte Mann,	der in der Wohnung neben uns wohnt,	hört nicht gut.
Das neue Haus,	das uns gehört,	war nicht so teuer.
Die Familie,	die drei kleine Kinder hat,	ist immer sehr laut.

b Akkusativ: *den, das, die*

Hauptsatz	Relativsatz: WEN/WAS?	Hauptsatz
Der Film,	den ich gestern gesehen habe,	ist super.
Das Fahrrad,	das mein Onkel gekauft hat,	war kaputt.
Die Schule,	die ich seit April besuche,	hat einen neuen Computerraum.

22 Hauptsätze mit *deshalb* – Konsequenzen

▶ 13

Hauptsatz 1	Hauptsatz 2: Konsequenz				
Ich habe kein Geld.	Ich	kann	nicht ins Kino	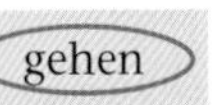	.
Ich habe kein Geld.	Deshalb	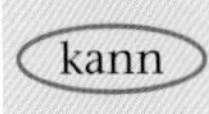	ich nicht ins Kino	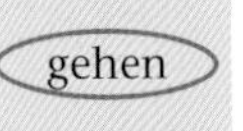	.
Ich habe kein Geld,	deshalb	kann	ich nicht in Kino	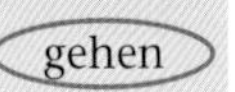	.

23 Indirekte Fragesätze und Antworten

▶ 14

W-Frage	Indirekte Frage			
Wo ist der Bahnhof?	Weißt du,	wo der Bahnhof		?
	Kannst du mir sagen,	wo der Bahnhof		?
	Er hat gefragt,	wo der Bahnhof	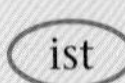	.
	Antwort			
Nein, tut mir Leid,	ich weiß auch nicht,	wo der Bahnhof	ist	.

Indirekte Fragesätze sind Nebensätze: Das Verb steht am Ende.

WÖRTER

▶ 6, 14

24 *Es*

als Pronomen	Das Buch ist super, aber es war teuer.
als Funktionswort	Es ist kalt. Es hat geregnet Es schneit oft im Winter.
	Es ist schön, dass du kommst. Es ist ganz einfach: hier rechts und dann links.

es
steht oft bei Wetterverben.

▶ 6, 14

25 Indefinita

a Nur für Sachen: *(et)was, nichts*

Siehst du (et)was?
Nein, ich sehe nichts.
Doch, jetzt sehe ich (et)was.
TITANIC
Magst du noch etwas Tee?
Nein danke, ich mag nichts mehr.

Diese Pronomen verändern sich nicht.

b Nur für Personen: *man, jemand, niemand*

Man weiß, dass Sport gesund ist.
Jemand hat gesagt: Sport ist gesund.
Gestern war ich auf dem Tennisplatz, aber es war niemand da.

c Für Sachen und Personen: *alle, viele, einige, manche, wenige*

Julian treibt viel Sport, Marco (treibt) wenig (Sport).
Ich mache viele Stunden Sport in der Woche.
Alle Schüler machen bei den Bundesjugendspielen mit.
Manche Menschen sind schon über 70 und treiben noch viel Sport.
Einige Schüler, aber nicht alle, bekommen Medaillen.

Indefinita verwendet man, wenn man die Menge oder die Sache, die man meint, nicht ganz genau nennen kann oder will.

26 Fragewörter: *Wofür? Womit? Woran? – Für wen? Mit wem? An wen?*

▶ 13

Sachen	**Wofür** arbeitest du jeden Samstag?	(Ich arbeite) für ein neues Fahrrad.
	Womit hast du den Brief geschrieben?	Mit meinem Computer.
	Woran denkst du gerade?	An die Ferien.
Personen	**Für wen** arbeitest du?	Ich arbeite für meinen Vater.
	Mit wem gehst du Samstag ins Stadion?	Mit meiner Freundin Janet.
	An wen denkst du?	An meinen Freund Boris.

27 Wechselpräpositionen (Akkusativ/Dativ): *an, auf, hinter, in, neben, über, unter, vor, zwischen*

▶ 2, 12/ G 7, 16

Akkusativ ➡

Detlev fährt **über die** Kreuzung.
Detlev fährt **vor die Parkuhr**.
Das Moped fährt **neben** den Lkw.
Detlef läuft **hinter das** Haus.
Er fährt **zwischen** das Haus
und die Parkuhr.

Dativ ●

Die Ampel hängt **über der** Kreuzung.
Das Stopp-Schild steht **vor der** Kreuzung.
Das Auto steht **neben der** Parkuhr.
Die Polizei steht **hinter dem** Haus.
Detlev steht **zwischen den** Polizisten.

Das Auto fährt **an den** Baum.
Die Katze klettert **auf den** Baum.
Atze kriecht **unter das** Auto.
Großvater steigt **in das** Auto.

Der Hund steht **am** Baum.
Der Vogel sitzt **auf dem** Baum.
Der Vater liegt **unter dem** Auto.
Mutter sitzt **im** Auto.

28 Präpositionen mit Zeitangaben: *bis, an, in, nach, von … bis, vor, um, zwischen*

▶ G 7, 16

Ich habe Schule **bis** um 3 Uhr.
Tschüs, **bis** Mittwoch.
Ich komme **in** zwei Tagen zurück.
Am Samstag habe ich keine Schule.
Ich arbeite samstags immer **von** 9 **bis** 1.

Ich komme **zwischen** 4 und 5 zurück.
Es ist jetzt 10 **vor** 7.
10 **nach** 7 muss ich nach Hause gehen.
Ich besuche dich **nach** der Schule.
Um wie viel Uhr kommst du?

▶ 11 / G 2, 9–11

29 Verben: Präteritum

a Regelmäßige Verben

Herr Schmidt **wischte** die Tafel ab und **packte** seine Tasche.
Einstein und Herr Schmidt **schauten** aus dem Fenster.

Infinitiv	schau-en
ich/er/es/sie	schau-**te**
wir/sie/Sie	schau-**ten**

⚠ Die zweite Person Singular und Plural brauchst du fast nie.
Nur bei den Modalverben und *haben* und *sein* verwendet man sie oft.

b Unregelmäßige Verben

Albert Neumann tr**u**g eine Brille. Alle nannten ihn Einstein.
Sein bester Freund h**ie**ß Olli.

Infinitiv	tragen
ich/er/es/sie	tr**u**g
wir/sie/Sie	tr**u**gen

Unregelmäßige Verben verändern den Vokal im Stamm.

30 Liste der unregelmäßigen Verben

Die Liste enthält die unregelmäßigen Verben aus geni@l A2. Bei Verben mit trennbaren Vorsilben ist nur die Grundform aufgeführt: *aufschreiben* siehe *schreiben*, *anrufen* siehe *rufen* usw. Das Perfekt mit sein ist grün markiert.

befehlen, er befiehlt, befahl, er hat befohlen
bekommen, er bekommt, bekam, hat bekommen
beschreiben, er beschreibt, beschrieb, hat beschrieben
bitten, er bittet, bat, hat gebeten
bleiben, er bleibt, blieb, **ist** geblieben
braten, er brät, briet, hat gebraten
bringen, er bringt, brachte, hat gebracht
denken, er denkt, dachte, hat gedacht
erschließen, er erschließt, erschloss, hat erschlossen
fahren, er fährt, fuhr, **ist** gefahren
fallen, er fällt, fiel, **ist** gefallen
fangen, er fängt, fing, hat gefangen
finden, er findet, fand, hat gefunden
geben, er gibt, gab, hat gegeben
gehen, er geht, ging, **ist** gegangen
gewinnen, er gewinnt, gewann, hat gewonnen
halten, er hält, hielt, hat gehalten
helfen, er hilft, half, hat geholfen
kommen, er kommt, kam, ist gekommen
lassen, er lässt, ließ, hat gelassen
laufen, er läuft, lief, **ist** gelaufen
leihen, er leiht, lieh, hat geliehen
lesen, er liest, las, hat gelesen
liegen, er liegt, lag, hat gelegen
nehmen, er nimmt, nahm, hat genommen
nennen, er nennt, nannte, hat genannt
pfeifen, er pfeift, pfiff, hat gepfiffen
rennen, er rennt, rannte, **ist** gerannt
schießen, er schießt, schloss, hat geschossen
schlafen, er schläft, schlief, hat geschlafen
schlagen, er schlägt, schlug, hat geschlagen
schneiden, er schneidet, schnitt, hat geschnitten
schreiben, er schreibt, schrieb, hat geschrieben
schreien, er schreit, schrie, hat geschrien
sehen, er sieht, sah, hat gesehen
sitzen, er sitzt, saß, hat gesessen
sprechen, er spricht , sprach, hat gesprochen
springen, er springt, sprang, **ist** gesprungen
stehen, er steht, stand, **ist/hat** gestanden
stehlen, er stiehlt, stahl, hat gestohlen
steigen, er steigt, stieg, **ist** gestiegen
streiten, er streitet, stritt, hat gestritten
tragen, er trägt, trug, hat getragen
treiben, er treibt, trieb, hat getrieben
tun, er tut, tat, hat getan
verbinden, verbindet, verband, hat verbunden
vergehen, er vergeht, verging, **ist** vergangen
vergleichen, er vergleicht, verglich, hat verglichen
verlassen, er verlässt, verließ, hat verlassen
verlieren, er verliert, verlor, hat verloren
werden, er wird, wurde, **ist** geworden
zerreißen, er zerreißt, zerriss, hat zerrissen
ziehen, er zieht, zog, **ist/hat** gezogen

Alphabetische Wortliste

In der Liste findest du die neuen Wörter aus geni@l A2. Namen von Personen, Städten, Ländern usw. sind nicht in der Liste.

Diese Informationen findest du in der Wortliste:

Bei Verben: den Infinitiv, von den unregelmäßigen Verben die 3. Person Singular im Präsens, Präteritum und Perfekt. Beim Perfekt wird außerdem angegeben, wenn das Perfekt mit *sein* gebildet wird.
springen, er springt, sprang, ist gesprungen 38/7

Bei Nomen: das Wort, den Artikel, die Pluralform.
Mensch, der, -en 6/2

Bei Adjektiven: das Wort, die unregelmäßigen Steigerungsformen.
kalt, kälter, am kältesten 50/7

Bei verschiedenen Bedeutungen eines Wortes:
Seite, die, –n (1) *(die Buchseite)* 70/12
Seite, die, –n (2) *(die Straßenseite)* 89/15

Den Wortakzent: kurzer Vokal • oder langer Vokal –.
nett 8/7
legen 36/2

Wo du das Wort findest: Seite/Aufgabennummer.
Punkt, der, -e 37/2

Fett gedruckte Wörter gehören zum Lernwortschatz. Diese Wörter musst du auf jeden Fall lernen.
Hand, die, "-e 40/13

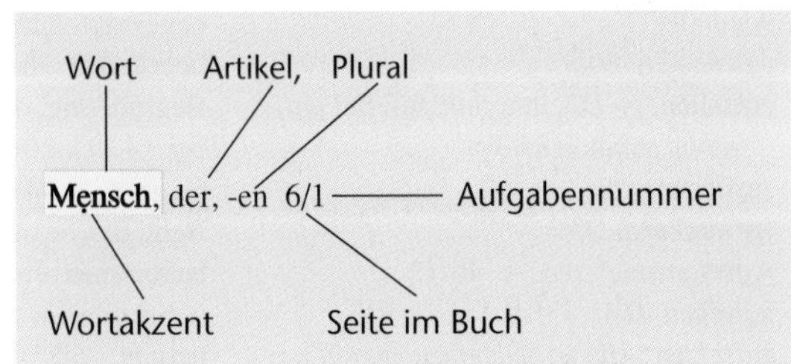

Abkürzungen und Symbole

"	Umlaut im Plural (bei Nomen)
*, *	keine Steigerung (bei Adjektiven)
Sg.	nur Singular (bei Nomen)
Pl.	nur Plural (bei Nomen)
(+ *A.*)	Präposition mit Akkusativ
(+ *D.*)	Präposition mit Dativ
(+ *A./D.*)	Präposition mit Akkusativ oder Dativ
Abk.	Abkürzung
ugs.	umgangssprachlich

Eine Liste mit unregelmäßigen Verben von geni@l A2 findest du auf Seite 110.

Aal, der, -e 65/15
ab und zu 59/20
abends 17/16
Abenteuer, das, – 26/8
Abfahrt, die, -en 13
abwischen 66/1
ach 14/4
Achtung, die *Sg.* 10/14
Adventskalender, der, – 97/14
Adventskranz, der, "-e 97/14
Adventszeit, die *Sg.* 97/14
aggressiv 39/12
äh 14/4
ähnlich 58/16
Akademie, die, -n 14/3
Aktivität, die, -en 23/18
alle *(Die Schokolade ist alle.)* 58/17
Allerseelen, das *Sg.* *(ein katholischer Feiertag)* 65/15
Alltag, der *Sg.* 53/15
Altbau, der, -ten 74/8
Alter, das *Sg.* 38/7
Alternative, die, -n 63/10
altmodisch 42/3
Altstadt, die, "-e 16/10
Ampel, die, -n 84/2
Anfang, der, "-e 92/7
anfangen, er fängt an, fing an, hat angefangen 57/14
angehend, *, * 65/15
Angst, die, "-e 91/3
anhören 66/1
Ankunft, die, "-e 13
anmalen 98/19
anonym 81/14
anprobieren 43/5
anschauen 18/4
ansehen, er sieht an, sah an, hat angesehen 13/2
anstellen *(Vermutungen anstellen)* 89/15
anstrengen 83/18
Anzug, der, "-e 44/9
Apfel, der, "– 48
Aquarium, das, Aquarien 73/7
arbeitslos 78/2
Arbeitszimmer, das, – 75/9
Ärger, der *Sg.* 56

arm, ärmer, am ärmsten 63/9
Arm, der, -e 40/13
arrogant 10/14
Art, die, -en 89/15
Arzt/Ärztin, der/die, "-e/-nen 65/16
Atlas, der, Atlanten 88/13
Aua! 40/15
aufbessern 80/9
auffallen (+ *D.*), ihm fällt auf, fiel auf, ist aufgefallen 85/3
Auflösung, die, -en 59
aufmerksam 7/4
Aufräumspiel, das, -e 46/12
aufregen, sich 83/18
aufsetzen *(die Brille aufsetzen)* 69/7
Aufsicht, die *Sg.* 67/4
aufteilen 69/8
Auge, das, -n 40/13
aus (+ *D.*) (3) 32/7
Ausdruck, der, "-e 57/15
ausgeben, er gibt aus, gab aus, hat ausgegeben 78/2
Ausländer/Ausländerin, der/die, –/-nen 84/2
ausländisch 49/4
auspacken 66/1
ausprobieren 11/19
Ausrede, die, -n 83/19
ausruhen (+ sich) 37/2
Ausruhen, das *Sg.* 13
aussprechen, er spricht aus, sprach aus, hat ausgesprochen 32/7
austauschen 80/10
Austauschschüler/-schülerin, der/die, –/-nen 89/15
austragen, er trägt aus, trug aus, hat ausgetragen *(Zeitungen austragen)* 78/2
auswählen 38/6
Auswertung, die, -en 36/2
ausziehen, er zieht aus, zog aus, hat ausgezogen 23/20
Auweia! 83/18
Bad, das, "-er 75/9
Badminton, das *Sg.* 36/2
Balkon, der, -e 74/8
Ballwerfen, das *Sg.* 38/7
Bank, die, "-e *(Sitzbank)* 23/20
Banküberfall, der, "-e 65/16
Baseball *Sg.* ohne Artikel *(das Spiel)* 89/15
basteln 35/16
Bauch, der, "-e 40/13
Bauchschmerzen *Pl.* 41/16
Bauchweh, das, *Sg.* 65/16
beantworten 38/7
bearbeiten 92/7
bedeckt 88/11
beeilen (+ sich) 85/3
befehlen, er befiehlt, befahl, hat befohlen 65/15
befragen 52/13
befreundet 32/7
begeistert 23/20
begründen 38/6
Begründung, die, -en 41/18
bei (+ *D.*) 20/9
beige, *, * 44/9
Bein, das, -e 40/13
bekommen, er bekommt, bekam, hat bekommen 49/4
beliebt 26/8
belohnen 65/15
Belohnung, die, -en 79/5
bemalen 98/19
benutzen 35/12
beobachten 10/14
Beobachtung, die, -en 85/3
bequem 43/5
Bereich, der, -e 83/18
bereits 26/8
berichten 46/14
Berliner, der, – *(eine Speise)* 48
beruhigen 83/20
Bescheid, der, -e *(Bescheid wissen)* 67/4
beschreiben, er beschreibt, beschrieb, hat beschrieben 11/20
Beschwerdebrief, der, -e 77/15
besorgen 47/17
besprechen, er bespricht, besprach, hat besprochen 67/4
bestimmt (2) 7/6
Bestseller, der, – 26/8
Besuch, der, -e 16/12
besuchen 17/14
Besucher/Besucherin, der/die, –/-nen 69/7
betonen 34/11
Betrag, der, "-e 79/5
Betrugsversuch, der, -e 23/19
bevor 83/18
Bewegung, die, -en 22/16
bewölkt 88/11
bezahlen 78/2
Bikini-Top, das, -s *(das Oberteil)* 42/1
bilden 22/16
billig 25/7
Biografie, die, -n 20/10
bis (2) 59/20
bisher 26/8
bitten, er bittet, bat, hat gebeten 8/7
Blatt, das, "-er (2) 32/7
Blick, der, -e 18/2
Blödsinn, der *Sg.* 53/15
Bluse, die, -n 43/5
Bohne, die, -n 65/15
böse, böser, am bösesten 7/4
braten, er brät, er briet, hat gebraten 63/10
Bratkartoffel, die, -n (meist *Pl.*) 49/4
brennen, er brennt, brannte, hat gebrannt 97/14
Brieffreund/Brieffreundin, der/die, -e/-nen 28/14
Brille, die, -n 42/1
Brokkoli, der,-s 48
Bronze, die *Sg.* 38/7
Brotsorte, die, -n 52/13
Brücke, die, -n 12
brüllen 65/15
Brust, die, "-e 40/13
brutal 39/12
Bücherei, die, -en 26/8
Bücherwurm, der, "-er 26/8
Bummel, der, – 18/4
Bummeln, das *Sg.* 13
Bundesjugendspiele *Pl.* (*Abk.* BJS) 38
Bundesland, das, "-er 89/17
Büro, das, -s 69/7
Bushaltestelle, die, -n 68/7
ca. (= circa) 26/8
Café, das, -s 18/4
Chance, die, -n 26/8
Chaos, das *Sg.* 73/6
chaotisch 18/1
Chef/Chefin, der/die, -s/-nen 63/9
Chips *Pl.* 48
Christkindlmarkt, der, "-e 97/14
christlich 98/19
Christstollen, der, – 97/14
Cola, die, -s 38/6
Collage, die, -n 42/1
Computerspiel, das, -e 25/7
cool 19/4
Cornflakes *Pl.* 50/7
dafür 38/7
dagegen 25/7
Dame, die, -n 52/14
danach 18/3
darüber 24/1
dasitzen, er sitzt da, saß da, hat dagesessen 10/14
dass 21/13
dauern 16/12
Daumen, der, – 40/13
dazu 43/5
dazugehören 38/7
dehnen, sich 65/15
dekorieren 97/14

112 einhundertzwölf

deshalb 66/1
Deutschlehrer/Deutschlehrerin, der/die, –/-nen 52/12
deutschsprachig 89/17
diagonal 94/10
Diamant, der, -en 73/4
Diamantensuche, die *Sg.* 73/4
dick 6
Diebstahl, der, "-e 67/4
Ding, das, -e 47/16
direkt 74/8
Diskette, die, -n 73/7
diskutieren 12
doch *(Ist doch klar!)* 26/8
Doktor/Doktorin, der/die, Doktoren/-nen 65/16
Dom, der, -e 14/3
Dorf, das, "-er 16/10
drauf sein, er ist drauf, war drauf, ist drauf gewesen 55/6
Drohne, die, -n 65/15
drucken 83/18
Druckerei, die, -en 83/18
dumm, dümmer, am dümmsten 7/4
dunkel 42/3
dunkelblau, *, * 44/9
dunkelrot, *, * 45/9
durchschneiden, er schneidet durch, er schnitt durch, hat durchgeschnitten 63/10
duschen 23/17
echt 23/20
Ecke, die, -n 67/4
egal 10/14
ehrlich 6
Ei, das, -er 63/9
Eigenschaft, die, -en 7/5
eigentlich 43/5
eilig 69/7
ein bisschen 18/4
einbauen 47/17
Eindruck, der, "-e 85/3
einfallen (+ *D.*), es fällt ein, fiel ein, ist eingefallen 84/1
einfarbig 42/3
Einkauf, der, "-e 78/2
einmal 38/7
einpacken 34/11
einsammeln 81/14
einschlafen, er schläft ein, schlief ein, ist eingeschlafen 71/17
einsetzen 20/9
einstecken 34/11
Eisdiele, die, -n 78/2
Eislaufen *Sg.* 36/2
elegant 39/12
elektronisch 26/8
Ende, das, -n 12
eng 43/7
Englischarbeit, die, -en 23/19
entdecken 67/4
entfernt 36/2
entschuldigen 47/17
ergänzen 9/9
Ergebnis, das, -se 36/2
erinnern 17/14
erkälten (+ sich) 41/17
Erkältung, die *Sg.* 41/16
erkennen, er erkennt, erkannte, hat erkannt 37/3
erlauben 25/6
Ernährung, die, -en 52/13
Ernährungsstudie, die, -n 52/13
erreichen 26/8
erschließen, er erschließt, er erschloss, hat erschlossen 58/18
ersetzen 26/8
Erwachsene, der/die, -n 35/12
Esslöffel, der, – 63/9
Experte/Expertin, der/die, -n/-nen 26/8
extra 22/16
Extra-Geld, das, -er 78/2
Fachwerkhaus, das, "-er 74/8
Fahrplan, der, "-e 34/11
Fahrt, die, -en (1) 13
Fahrt, die, -en (2) *(Vater ist in Fahrt.)* 83/18
Fährte, die, -n 66
Fall, der, "-e 69/10
falsch 23/20
falten 32/7
Fan, der, -s 26/8
Fantasie, die, -n 26/8
Farbe, die, -n 42/2
Fastfood, das *Sg.* 52/13
faul 83/18
Feier, die, -n 98/20
feige 7/4
Feigling, der, -e 92/7
feilschen 80/10
Feind/Feindin, der/die, -e/-nen 92/7
Feld, das, -er *(das Spielfeld)* 94/10
Ferienhaus, das, "-er 89/15
festhalten, er hält fest, hielt fest, hat festgehalten 32/7
fett 49/6
Feuer, das, – 81/14
Figur, die, -en 26/8
Filiale, die, -n 49/4
Finger, der, – 40/13
Firma, die, Firmen 50/7
Fischmarkt, der, "-e 89/17
fit, fitter, am fittesten 37/5
fix und fertig 12
Flohmarkt, der, "-e 18/2
Flur, der, -e 75/9
Fluss, der, "-e 15/6
flüstern 65/16
Form, die, -en 29/15
Fotoladen, der, "– 18/4
Freitagabend, der, -e 78/2
fremd 85/3
Freundschaft, die, -en 6
Frisör/Frisörin, der/die, -e/-nen 8 7
Frisur, die, -en 8/8
fröhlich 98/19
Frucht, die, "-e 52/13
früher 26/8
frühstücken 23/17
funktionieren 11/19
furchtbar 23/19
Fuß, der, "-e 40/13
Fußballer/Fußballerin, der/die, –/-nen 84/1
Fußballspiel, das, -e 30/3
Fußballtraining, das, -s 33/10
Fußgängerzone, die, -n 30/3
Futter, das *Sg.* 6
Futteral, das, -e 65/15
Gameboy, der, -s 24/5
Garten, der, "– 98/19
Gasse, die, -n 14/3
Gast, der, "-e 86/7
Gasteltern *Pl.* 85/3
Gastfamilie, die, -n 89/15
geben, er gibt, gab, hat gegeben 70/14
Gebäude, das, – 89/17
Gedicht, das, -e 65/15
gefährlich 37/5
Gefühl, das, -e 55
gegen 26/8
gegeneinander 94/10
Gegensatz, der, "-e 35/13
Gegensatzpaar, das, -e 7/4
Gegenteil, das *Sg.* 94/10
gehen (4), er geht, ging, ist gegangen 21/13
gehören (+ *D.*) 9/12
Geist, der *Sg.* 58/17
geistig 32/7
Geldfrage, die, -n 43/6
gemeinsam 22/15
Gemüse, das, – 48
gemütlich 47/17
genauso 22/15
Genie, das, -s 66/1
genug 10/14

gepunktet 42/3
gerade 8/8
gering 52/13
Geschäft, das, -e (1) *(der Laden)* 80/10
Geschäft, das, -e (2) *(die Geschäftsaktivität)* 80/10
Geschichte, die, -n (2) 26/8
geschlechtsspezifisch 35/13
Geschmack, der *Sg.* 43/6
Geschmackssache, die *Sg.* 51
Gesicht, das, -er 40/13
Gespräch, das, -e 10/13
gestreift 42/3
Gesunde, das *Sg.* 52/13
gewinnen, er gewinnt, gewann, hat gewonnen 37/5
Glas, das, "-er *(ein Glas Bier)* 65/15
glasklar, *, * 69/7
Glasschrank, der, "-e 67/4
gleich (3) 14/4
Glotze, die, -n 57/13
glücklich 52/12
Gold, das *Sg.* 38/6
goldgelb, *, * 63/10
Goldmedaille, die, -n 38/7
Goldmünze, die, -n 67/4
Gott/Göttin, der/die, "-er/-nen 83/18
Graben, der, "– 13
Grad, der, *Sg.* *(10 °C)* 88/11
graublau, *, * 42/3
Grippe, die *Sg.* 41/16
Größe, die, -n 43/5
Grund, der, "-e 41/19
Gruppe, die, -n 14/4
Gruppenfahrt, die, -en 12
Gruppenfoto, das, -s 19/4
Gruppenleiter/Gruppenleiterin, der/die, –/-nen 12
grüßen 65/15
Haar, das, -e 40/13
Hähnchen, das, – 31/4
halb-, *, * *(eine halbe Stunde)* 19/4
halbtags 69/7
Hals, das, "-e 40/13
Halsschmerzen *Pl.* 41/17
halten, er hält, hielt, hat gehalten 23/20
Haltestelle, die, -n 14/5
Hand, die, "-e 40/13
Handball *Sg.* ohne Artikel *(das Spiel)* 36/2
Handy-Boom, der -s 26/8
Handykarte, die, -n 79/6
hässlich 90/1
häufig 35/13
Hauptsache, die *Sg.* 38/7
Hauptstraße, die, -n 74/8
Hausbesitzer/Hausbesitzerin, der/die, –/-nen 77/15
Haushalt, der, -e 82/15
Heiligabend, der *Sg.* 97/14
heiß 47/16
helfen, er hilft, half, hat geholfen 23/19
hell 42/3
hellblau, *, * 44/8
hellgrün, *, * 42/3
hellwach, *, * 59/20
herausfinden, er findet heraus, fand heraus, hat herausgefunden 69/7
herausgeben, er gibt heraus, gab heraus, hat herausgegeben 65/16
Herbstferien *Pl.* 12
Heu, das *Sg.* 51/9
Hey! 10/14
High-Tech-Produkt, das, -e 89/15
High-Tech-Zeit, die, -en 26/8
hilfsbereit 7/4
hineingehen, er geht hinein, ging hinein, ist hineingegangen 14/4
hinlegen 43/5
hm 14/4
hoch, höher, am höchsten 27/10
Hochhaus, das, "-er 74/8
Hochsaison, die *Sg.* 69/7
Hochspringen, das *Sg.* 38/7
Hof, der, "-e 74/8
hoffentlich 21/13
holen 57/14
horizontal 94/10
Hose, die, -n 42/1
Hosenanzug, der, "-e 44/8
hundemüde, *, * 71/17
hungrig 67/2
Husten, der *Sg.* 41/16
Hut, der, "-e 42/1
ideal 31/6
Idiot/Idiotin, der/die, -en/-nen 54/3
Igitt! 14/5
Imbiss, der, -e 49/4
Impression, die, -en 12
indirekt 87
Industrie, die, Industrien 26/8
informieren 12
Ingenieur/Ingenieurin, der/die, -e/-nen 20/9
insgesamt 35/13
Internetcafé, das, -s 66/1
Internetprojekt, das, -e 97/18
Intonation, die, -en 92/7
irgendwie 66/1
irren 38/8
Jacke, die, -n 42/1
Jahreszeit, die, -en 85/3
-jährig-/Jährig-, der/die, -n/-n 52/13
jed- *(jeder Text)* 6/2
Journalist/Journalistin, der/die, -en/-nen 71/16
Jugend, die *Sg.* 52
Jugendabteilung, die, -en 12
Jugendgästehaus, das, "-er 12
Jugendherberge, die, -n 17/14
Jugendzeitschrift, die, -en 79/6
Käfig, der, -e 31/4
kahl 65/15
Kajak, der, -s 89/15
kalt, kälter, am kältesten 50/7
Kamel, das, -e 65/15
Kamera, die, -s 34/11
Kanone, die, -n 65/15
Kantine, die, -n 50/7
kapieren 83/18
Karate, das *Sg.* 37/3
kariert, *, * 44/9
Karotte, die, -n 52/13
Kartenspielen, das *Sg.* 24/3
Kartoffel, die, -n 49/6
Karwoche, die, -n 98/19
Käse, der *Sg.* 50/7
Käsebrötchen, das, – 49/4
Katastrophe, die, -n 53/15
Katzenchips *Pl.* 51/9
Kaufhaus, das, "-er 30/3
Kaugummi, der, -s 41/16
Kegelklub, der, -s 69/7
Keks, der, -e 53/15
Keller, der, – 75/9
Kerze, die, -n 97/14
Kilo, das, – (= das Kilogramm, –) 64/12
Kinderzimmer, das, – 75/9
Kinobesuch, der, -e 35/13
Kinokarte, die, -n 78/2
Kirche, die, -n 14/3
Kiwi, die, -s 48
Klamotte, die, -n 10/13
klasse, *, * 23/20
Klassenkamerad/Klassenkameradin, der/die, -en/-nen 8/7
Klassik, die *Sg.* 26/8
Kleid, das, -er 45/10
Kleidung, die, -en 42/4
Kleidungsstück, das, -e 42/2
Kleinigkeit, die, -en 67/4
Kleinstadt, die, "-e 64/14
klingeln 26/8
Klo, das, -s 87/10
kloppen 92/7
Klub, der, -s 69/7
klug, klüger, am klügsten 32/7
Knie, das, – 40/13
Koffer, der, – 12

Komma, das, -s 38/8
kommen, er kommt, er kam, er ist gekommen 70/14
Kommode, die -n 46/12
Komparativ, der, -e 27/10
komplett 78/2
Kompliment, das, -e 8/7
Konditorei, die, -en 14/4
Konflikt, der, -e 56/12
König/Königin, der/die, -e/-nen 86/7
Konsequenz, die, -en 81/11
Kontakt, der, -e 28/14
Konto, das, Konten 80/7
kontrollieren 47/15
Kopf, der, "-e 40/13
Kopfschmerzen *Pl.* 41/17
Kopfweh, das *Sg.* 40/15
Körper, der, – 40
Körperteil, der, -e 40/14
Krabbe, die, -n 51/9
krank, kränker, am kränksten 41/16
Krawatte, die, -n 42/1
kreativ 8/7
Kredit, der, -e 79/5
Kreuzung, die, -en 15/6
kriegen 21/12
Kritik, die, -en 57/14
Krone, die, -n 65/15
krumm legen (+ sich) 83/18
Küche, die, -n 75/9
Küchentisch, der, -e 83/18
Küchentür, die, -en 47/17
Kugelstoßen, das *Sg.* 38/7
Kuh, die, "-e 51/9
Kultur, die, -en 86/7
kunsthistorisch 13
Lächeln, das *Sg.* 8/7
Land, das, "-er 47/16
längst 52/13
langweilen (+ sich) 64/12
laufen (2), er läuft, lief, ist gelaufen *(Der Film läuft montags.)* 33/10
laufen (3), er läuft, lief, ist gelaufen *(Ski laufen)* 36/2
laufend, *, * *(Ich frage mich laufend: Warum?)* 58/17
Laune, die, -n 54/3
laut (+ *D.*) (2) 52/13
Lebensmittel, das, – (meist *Pl.*) 52/13
Lebkuchen, der, – 97/14
lecker 85/3
legen 36/2
Leggins *Pl.* 43/7
leicht 26/8
leihen, er leiht, lieh, hat geliehen 77/13
leise 28/14
Lernplakat, das, -e 15/6
Lernziehharmonika, die, -s 35/16
Lese-Club, der, -s 26/8
Leseratte, die, -n 26/8
Leserbrief, der, -e 7/6
letzt- 35/13
Lichterschein, der *Sg.* 96/12
Liebesbrief, der, -e 31/6
Lieblingsessen, das, – 52/13
Lieblingsfarbe, die, -n 46/14
Lieblingsprogramm, das, -e 24/4
Lieblingsthema, das, -themen 88/11
liefern 28/13
liegen (3), er liegt, lag, hat gelegen 52/13
link- *(in der linken Spalte)* 83/18
Liste, die, -n 27/10
Liter, der, – 63/9
Literatur, die, -en 26/8
logisch 63/10
los sein *(Was ist los?)* 41/17
lösen 69/10
losgehen, er geht los, ging los, ist losgegangen *(hier: Es geht los.)* 12
loslassen, er lässt los, ließ los, hat losgelassen 32/7
Lösung, die -en 8/8
Loveparade, die, -s 89/17
Lücke, die, -n 85/3
Mal, das, -e 38/7
malen 39/11
Mama, die, -s 65/16
Manager/Managerin, der/die, –/-nen 47/17
Mantel, der, "– 42/1
Margarine, die *Sg.* 63/9
Markt, der, "-e 26/8
Marktplatz, der, "-e 16/10
Marmelade, die, -n 50/7
Marmorkuchen, der, – 50/7
Matratze, die, -en 72/1
Mausklick, der, -s 80/10
Medaille, die, -n 38/7
Medienexperte/Medienexpertin, der/die, -n/-nen 35/15
Medienstatistik, die, -en 35/14
Medium, das, Medien 24
Meer, das, -e 16/10
mega-out 44/8
Mehl, das *Sg.* 65/15
mehrmals 35/13
meinen 32/7
Meinung, die, -en 11/17
meist- *(Die meisten möchten nach Wien.)* 12
meistens 35/12
Melange, die, -n 19/4
Meldung, die, -en 71/16
Melodie, die, -n 26/8
Menge, die, -n: eine Menge 92/7
Mensch, der, -en 6/2
Miete, die, -n 73/6
Milch, die *Sg.* 63/9
Mindestleistung, die, -en 38/7
Mineralwasser, das *Sg.* 48
Minidisc-Player, der, – 67/4
Mini-Drama, das, -Dramen 65/16
mischen 63/10
Missverständnis, das, -se 86
Mist, der *Sg.* 21/13
mitbringen, er bringt mit, brachte mit, hat mitgebracht 50/7
mitmachen 38/7
mitnehmen, er nimmt mit, nahm mit, hat mitgenommen 21/12
Mitschüler/Mitschülerin, der/die, –/-nen 8/7
Mitspieler/Mitspielerin, der/die, –/-nen 65/16
Mittag, der, -e 21/13
mittags 50/7
mitteilen 67/4
Mitternacht, die, "-e 98/20
Möbelstück, das, -e 72/1
mobil 26/8
Mobilfunk, der *Sg.* 26/8
Modalverb, das, -en 29
Mode, die, -n 43/5
Modenschau, die, -en 42
modern 26/8
möglich 32/7
Möglichkeit, die, -en 23/20
Möhre, die, -n 48
Moment, der, -e 16/11
monatlich 78/2
Monatsanfang, der, "-e 79/5
morgens 43/5
Muffel, der, – 59/20
Mund, der, "-er 40/13
Münze, die, -n 67/4
Museumsdirektor/-direktorin, der/die, -en/-nen 69/7
Musikkassette, die, -n 28/13
mutig 7/4
Muttersprache, die -n 53/15
Mütze, die, -n 43/5
mysteriös 67/4
na ja 31/5
nach (+ *D.*) (2) *(nach zehn Minuten)* 12
nach und nach 83/20
nach wie vor 35/13
nachdenken, er denkt nach, dachte nach, hat nachgedacht 23/20
Nachhilfe, die *Sg.* 29/17

W

nachmittags 12
Nachricht, die, -n 24/4
nachsehen, er sieht nach, sah nach, hat nachgesehen 41/20
nächst- *(nächstes Jahr)* 6
Nachteil, der, -e 25/7
Nachtexpress, der, -e 13
nah, näher, am nächsten 12
Nase, die, -n 40/13
Nation, die, -en 49/4
Natur, die, -en 6
naturhistorisch 13
natürlich 43/6
nennen, er nennt, nannte, hat genannt 46/13
Nerv, der, -en 53/15
nerven 34/11
nett 8/7
neugierig 66/1
Nicht wahr? 32/7
nie 28/14
niemand 7/6
Nikolaustag, der *Sg.* 97/14
Notebook, das, -s 27 9/
Notfall, der, "-e 80/10
notieren 20/7
Notiz, die, -en 30/1
oben 32/7
oberfaul, * 68/7
Oberteil, das, -e 42/1
Obst, das *Sg.* 48
Och! 32/7
offen 7/4
ohne (+ *A.*) 63/10
Ohr, das, -en 40/13
Oje! 40/15
okay (*Abk.* o.k.) 57/13
olympisch *(die Olympischen Spiele)* 36/2
Oper, die, -n 17/16
optimistisch 59
Ordnung, die, -en 32/7
organisieren 38/7
orientieren 32/7
Orientierung, die, -en 14
Ort, der, -e 17/15
Osterei, das, -er 98/19
Osterfest, das *Sg.* 98/19
Osterhase, der, -n 98/19
Ostermotiv, das, -e 98/19
Paar, das, -e 31/6
Päckchen, das, – 63/9
packen 23/17
Packung, die, -en 14/4
Paniermehl, das *Sg.* 63/9
Pantomime, die, -n 30/2
Papa, der, -s 83/18
Paradeiser, der, – *(österreichisch für die Tomate)* 89/17
Partygeschichte, die, -n 54
Pausenbrot, das, -e 59/20
Pausenhof, der, "-e 67/4
PC, der, -s 26/8
pennen *(= schlafen)* 12
per (+ *A.*) 80/10
Personalausweis, der, -e 12
persönlich 97/14
Pfahl, der, "-e 65/15
Pfanne, die, -n 63/9
pfeifen, er pfeift, pfiff, hat gepfiffen 67/4
piep, piep 26/8
Plan, der, "-e *(Stadtplan)* 15/8
Platte, die, -n *(die Schallplatte)* 58/17
Platz, der *Sg.* (2) 74/8
Platz, der, "-e (1) 13
Plätzchen, das, – 97/14
pleite sein, er ist pleite, war pleite, ist pleite gewesen 78/2
Polizei, die *Sg.* 21/13
Polizeisprecher/-sprecherin, der/die, –/-nen 67/4
Pommes frites *Pl.* 31/4
Pommes *Pl. Pl.* (= Pommes frites *Pl.*) 52/13
Pop, der *Sg.* (= Popmusik, Pop-Art usw.) 26/8
populär 26/8
positiv 92/7
Positive, das *Sg.* 59
praktisch 26/8
präsentieren 97/18
Preisliste, die, -n 79/6
Prinz/Prinzessin, der/die, -en/-nen 29/18
privat 81/14
pro (+ *A.*) 25/6
probieren 85/3
Programm, das, -e 13
Projekt, das, -e 89/16
Prospekt, der, -e 12
Prozent, das, -e (*Abk.:* %) 6
prüfen 26/8
Pullover, der, – 42/1
Pult, das, -e 66/1
Punkt, der, -e 37/2
pünktlich 12
Pünktlichkeit, die *Sg.* 86/7
putzen 69/7
Quadratmeter, der, – (*Abk.* qm, m²) 74/8
quatschen 26/8
Rache, die *Sg.* 47/17
Radfahren, das *Sg.* 38/7
Radiomeldung, die, -en 68/6
Radtour, die, -en 6
Rallye, die, -s 94/10
Rang, der, "-e 35/13
Rathaus, das, "-er 19/4
Rätsel, das, – 69/7
Ratte, die, -n 28/12
raus 32/7
rausgehen, er geht raus, ging raus, ist rausgegangen 37/2
Ravioli *Pl.* 50/7
reagieren 57/14
rechnen 67/2
Redewendung, die, -en 53/15
Regal, das, -e 72/1
Regel, die, -n 11/15
Regisseur/Regisseurin, der/die, -e/-nen 65/16
Reh, das, -e 65/15
Reihenfolge, die, -n 35/12
reinkommen, er kommt rein, kam rein, ist reingekommen 47/17
Reisegruppe, die, -n 69/7
reisen 85/3
Rekord, der, -e 38/6
rennen, er rennt, rannte, ist gerannt 36/2
renovieren 74/8
reservieren 21/13
Restaurant, das, -s 49/4
Rhythmus, der, Rhythmen 71/15
Richtung, die -en 23/20
riesengroß, *, * 47/17
Riesenrad, das, "-er 13
riesig 47/17
Ring, der, -e 14/3
Ritter, der, – 63/9
Rock, der, "-e *(das Kleidungsstück)* 42/1
Rockkonzert, das, -e 8/7
Rolle, die, -n 34/11
rollen 63/10
Rollenspiel, das, -e 17/15
Rosine, die, -n 97/14
Rücken, der, – 40/13
Rückreise, die, -n 13
Ruf, der *Sg.* 52/13
rufen, er ruft, rief, hat gerufen 70/14
Rugby, das *Sg.* 36/2
Ruhe, die *Sg.* 21/13
ruhig 31/6
rumziehen, er zieht rum, zog rum, ist rumgezogen 32/7
Runde, die, -n 69/7
Rundfahrt, die, -en 17/14
runterfallen, er fällt runter, fiel runter, ist runtergefallen 40/15

116 einhundertsechzehn

runterlaufen, er läuft runter, lief runter, ist runtergelaufen 68/7
Saal, der, Säle 65/15
Sahne, die *Sg.* 53/15
Salat, der, -e 50/7
salzig
Salzkartoffel, die, -n (meist *Pl.*) 49/4
Satellitenfernsehen, das *Sg.* 26/8
sauber 90/1
sauber machen 78/2
saukalt, *, * 12
Saxophon, das, -e 29/18
Schach, das *Sg.* *(das Schachspiel)* 57/14
Schaf, das, -e 89/15
schaffen 38/7
Schal, der, -s 44/8
scharf, schärfer, am schärfsten 49/6
schauen 66/1
schaurig 58/17
schick 44/8
schicken 26/8
schielen 65/15
schießen, er schießt, schoss, hat geschossen 65/15
Schiffchen, das, – 32/7
Schlafzimmer, das, – 75/9
Schlimmere, das *Sg.* 59/20
schmusen 64/13
schmutzig 90/1
Schnee, der *Sg.* 65/15
schneien (es schneit) 88/11
schnell 13/1
Schnitzel, das, – 49/4
Schnupfen, der *Sg.* 41/16
schockieren 47/17
Schrank, der, "-e 72/1
Schreck, der, -en 14/4
schreiben, er schreibt, schrieb, hat geschrieben 20/10
Schreibtisch, der, -e 72/1
schreien, er schreit, schrie, hat geschrien 47/17
Schritt, der, -e 20/7
Schublade, die, -n 46/12
Schuh, der, -e 12
Schulalltag, der *Sg.* 84/2
Schulbus, der, -se 78/2
Schülerfoto, das, -s 84/1
Schüler-Handy, das, -s 26/8
Schulhof, der, "-e 26/8
Schuljahr, das, -e 80/8
Schulsachen *Pl.* 78/2
Schulschluss, der, *Sg.* 85/3
Schultag, der, -e 23/19
Schultasche, die, -n 67/4
Schulter, die, -n 40/13
Schultür, die, -en 68/7
Schuluniform, die, -en 84/2
Schüssel, die, -n 63/9
schwach, schwächer, am schwächsten 7/4
Seele, die -n 65/15
sehnen (+ sich + nach + *D.*) 65/15
seit (+ *D.*) 14/5
Seite, die, -n (1) *(die Buchseite)* 70/12
Seite, die, -n (2) *(die Straßenseite)* 89/15
selber 32/7
selbst 8/7
Selbstevaluation, die, -en 93/9
Semmel, die, -n 21/13
Sessel, der, – 72/1
setzen 18/4
Silbenrätsel, das, – 97/16
Silber, das *Sg.* 38/7
singen, er singt, sang, hat gesungen 28/12
Sinn, der *Sg.* 58/17
Situation, die, -en 44/9
Skandal, der, -e 47/17
skaten (er ist geskatet) 36/2
Skizze, die, -n 15/9
SMS, die, – 23/19
sofort 41/16
sogar 6/2
Sommerferien *Pl.* 82/15
Sommertyp, der, -en 43/5
Sonnenschein, der *Sg.* 59/20
sonnig 43/5
Sonntag, der, -e 31/4
Sonntagnachmittag, der, -e 50/7
sonst 32/7
Sorte, die, -n 85/3
sortieren 57/13
Souvenir, das, -s 30/3
sowieso 43/6
Spalte, die, -n 83/18
spannend 25/7
sparen 78/2
Spartipp, der, -s 80/10
Spaziergang, der, "-e 18/3
Speise, die, -n 48/3
speziell 26/8
Spickzettel, der, – 23/19
spielen (5) *(keine Rolle spielen)* 52/13
Spielfilm, der -e 24/4
Spielstein, der, -e 94/10
Spinat, der *Sg.* 29/18
spinnen, er spinnt, spann, hat gesponnen *(Du spinnst!)* 40/15
Spitze, die, -n 52/13
spontan 84/2
Sportabzeichen, das, – 38
Sportart, die, -en 36/2
Sportfreak, der, -s 37/2
Sportgeräusch, das, -e 37/3
sportlich 7/4
Sportplatz, der, "-e 38/7
Sportschuh, der, -e 43/5
Sporttest, der, -s 36/2
Sprachbild, das, -er 83/18
Sprechübung, die, -en 65/15
springen, er springt, sprang, ist gesprungen 38/7
Spur, die, -en 67/4
Stadtbummel, der, – 13
Stadtplan, der, "-e 13/2
Stadtrundfahrt, die, -en 13
Stahl, der *Sg.* 65/15
stattfinden, er findet statt, fand statt, hat stattgefunden 38/7
stehen (3), er steht, stand, hat gestanden *(Die Jeans steht dir gut.)* 8/7
stehlen, er stiehlt, stahl, hat gestohlen 65/15
steigen, er steigt, stieg, ist gestiegen 26/8
Stein, der, -e 32/7
Stelle, die, -n 49/4
stellen *(Fragen stellen)* 88/12
Stichpunkt, der, -e 34/12
Stichwort, das, -e/"-er 23/19
Stiefel, der, – 42/1
still 32/7
Stock, der *(das Stockwerk)* 74/8
stoppen 83/18
Strafe, die, -n 79/5
Strand, der, "-e 47/16
Straßenbahn, die, -en 85/3
Straßenbahnkarte, die, -n 79/6
Straßenschuh, der, -e 86/7
Strategie, die, Strategien 94/10
Strauch, der, "-er 98/19
Streit, der *Sg.* 43/5
Streitthema, das, -themen 80/7
streng 84/2
Strophe, die, -n 65/15
Strumpf, der, "-e 12
Strumpfhose, die, -n 42/1
Stück, das, -e (aber: zwei Stück Torte) 48/2
Student/Studentin, der/die, -en/-nen 77/13
Studie, die, -n 52/13
studieren 20/9
Sturz, der, "-e 65/15
Superjob, der, -s 80/10
Superlativ, der, -e 39/10
Supermarkt, der, "-e 78/2
Süßigkeit, die, -en 78/2

Sweatshirt, das, -s 43/5
Symbol, das, -e 26/8
System, das, -e 35
Szene, die, -n 10/14
Tagebuch, das, "-er 12
Tagebuchauszug, der, "-e 17/16
Tagebuchtext, der, -e 18/4
Tannenbaum, der, "-e 96/11
Tapete, die, -n 72/1
Taschengeld, das, -er 56/11
Tasse, die, -n 50/7
Täter/Täterin, der/die, –/-nen 67/4
tauschen 87/9
Teelöffel, der, – 63/10
Teig, der, -e 63/10
Teil, der, -e 35/12
Telefonat, das, -e 71/17
telefonieren 21/13
Telefonrechnung, die, -en 83/18
Teller, der, – 50/7
Tendenz, die, -en 26/8
Textstelle, die, -n 67/3
Thron, der, -e 65/15
Tiger, der, – 31/4
tja 67/4
todschick, *, * 45/10
Tomate, die, -n 50/7
Tomatensoße, die, -n 50/7
Top, das, -s 44/8
topmodern, *, * 45/10
Torte, die, -n 48
tot, *, * 47/17
total 37/5
Touristengruppe, die, -n 71/16
traditionell 97/14
tragen, er trägt, trug, hat getragen 42/3
transportieren 26/8
träumen 52/12
traurig 7/4
Treffen, das, – 13
treiben, er treibt, trieb, hat getrieben *(Sport treiben)* 36/2
Trend, der, -s 26/8
treu 7/4
Trick, der, -s 7/6
T-Shirt, das, -s 8/7
tun, er tut, tat, hat getan *(Tut mir Leid!)* 14/4
Türchen, das, – 97/14
Türklinke, die, -n 32/7
Turnen, das *Sg.* 38/7
Typ, der, -en 36/1
überall 10/14
Überfall, der, "-e 65/16
überhaupt 43/5
überlegen 47/17
übernachten 30/3
überprüfen 82/17
Überraschung, die, -en 54/3
Überschrift, die, -en 52/13
übrigens 52/13
umdrehen 68/7
Umfrage, die, -n 52/13
umsteigen, er steigt um, stieg um, ist umgestiegen 21/13
umziehen, er zieht um, zog um, ist umgezogen 74/8
unbedingt 9/11
und so weiter (*Abk.* usw.) 17/16
unehrlich 7/4
unglaublich 69/7
Universität, die, -en 14/3
unmodern 45/10
unschuldig 71/17
unten 12
untergehen, er geht unter, ging unter, ist untergegangen 89/15
unterhalten (+ sich), unterhält, unterhielt, hat unterhalten 54/3
Unterhose, die, -n 42/1
Unterschied, der, -e 34/12
Unterschrift, die, -en 23/19
untreu 7/4
unzufrieden 78/2
unzuverlässig 7/4
Urkunde, die, -n 38/7
usw. (= und so weiter) 28/14
Vanillezucker, der *Sg.* 63/9
Variation, die, -en 49/4
verabreden (+ sich) 59/20
verändern 34/11
verbinden, er verbindet, verband, hat verbunden *(Informationen verbinden)* 76
Verdacht, der *Sg.* 68/5
verdächtig 68/7
verdienen 26/8
Verein, der, -e 85/3
Vergangene, das *Sg.* 93/9
Vergangenheit, die *Sg.* 20
vergleichen, er vergleicht, verglich, hat verglichen 11/20
Verkehr, der *Sg.* 84/2
verkloppen 92/7
verlassen (+ sich + auf), er verlässt, verließ, hat verlassen 6
verlieben (+ sich) 66/1
verliebt 66/1
verlieren, er verliert, verlor, hat verloren 23/19
vermissen 85/3
vermuten 67/4
Vermutung, die, -en 89/15
verpassen 23/20
verrückt 54/3
verrühren 63/10
verschieden 36/2
Version, die, -en 65/16
verstecken 73/4
versuchen 58/17
verteilen 34/11
vertikal 94/10
vertrauen 6
vertraulich 66/1
Verwandte, der/die, -n 97/14
verwenden 19/6
Videokonsum, der *Sg.* 35/13
Videospiel, das, -e 56/12
Vokabel, die, -n 23/19
Vokabelstadtplan, der, "-e 15/6
Voll-Chaot/Voll-Chaotin, der/die, -en/-nen 12
Volleyball *Sg.* ohne Artikel *(das Spiel)* 36/2
vor allem 35/13
vorbeifahren, er fährt vorbei, fuhr vorbei, ist vorbeigefahren 74/8
vorbeigehen, er geht vorbei, ging vorbei, ist vorbeigegangen 14/4
vorbereiten 17/15
vorgestern 66/1
vorlesen, er liest vor, las vor, hat vorgelesen 24/4
Vormittag, der, -e 18/4
Vorname, der, -n 89/15
Vorschlag, der, "-e 64/12
vorschlagen, er schlägt vor, schlug vor, hat vorgeschlagen 67/4
Vorsicht, die *Sg.* 31/6
vorspielen 9/12
vorstellen (+ sich) 73/4
Vorteil, der, -e 25/7
Vortrag, der, "-e 30/3
vortragen, er trägt vor, trug vor, hat vorgetragen 65/15
Vorweihnachtszeit, die *Sg.* 97/14
wählen 38/7
wahnsinnig 83/18
wahr 82/17
während 69/7
Walkman, der, -s/-men 34/11
warm, wärmer, am wärmsten 45/11
wechseln 57/14
Wecker, der, – 59/20
Wegbeschreibung, die, -en 15/7
wegen (+ *D./G.*) 23/19
weggehen, er geht weg, ging weg, ist weggegangen 21/13
weglaufen, er läuft weg, lief weg, ist weggelaufen 22/16

weglegen 67/4
wegmüssen, er muss weg, musste weg, hat weggemusst 66/1
wegnehmen, er nimmt weg, nahm weg, hat weggenommen 23/19
Weihnacht, die *Sg.* 96/12
Weihnachten, das, – 96
weihnachtlich 97/14
Weihnachtsfeiertag, der, -e 97/14
Weihnachtsfest, das, -e 97/14
Weihnachtsgans, die, "-e 97/14
Weihnachtsgedicht, das, -e 96/12
Weihnachtslied, das, -er 96/11
Weihnachtsmann, der, "-er 97/14
Weihnachtsmarkt, der, "-e 97/14
weil 41/16
Weile, die *Sg.* 68/7
weinen 65/16
Weißbrot, das, e 52/13
weit (2) *(weite Hosen)* 43/7
weitergehen, er geht weiter, ging weiter, ist weitergegangen 17/16
weiterlesen, er liest weiter, las weiter, hat weitergelesen 14/5
weiterspielen 89/17
Weitspringen, das *Sg.* 38/7
Welle, die, -n 12
Welt, die, -en 26/8
Weltrekord, der, -e 39/9
weniger 28/13
wenn 56/10
werden, er wird, wurde, ist geworden 29/18
werfen, er wirft, warf, hat geworfen 39/11
wertvoll 67/4
Westbahnhof, der, "-e 23/20
Wetterkarte, die, -n 88/12
widersprechen, er widerspricht, widersprach, hat widersprochen 57/15
Wiederholung, die, -en 70/11
wiederkommen, er kommt wieder, kam wieder, ist wiedergekommen 9/11
windig 88/11
wirklich 23/20
Witz, der, -e 52/14
witzig 59/20
Woche, die, -n 35/13
Wochenendausflug, der, "-e 64/13
Wochenendreise, die, -n 17/14
wöchentlich 78/2
wofür 78
wohl 58/17
Wohnung, die, -en 73/6
Wohnungstür, die, -en 83/18
woran 78/1
worauf 76/12
wundern 67/3
Wunsch, der, "-e 8/7
wünschen 69/7
wurst *(Das ist mir wurst!)* 53/15
Wurstbrötchen, das, – 49/4
wütend 82/17
z.B. (= zum Beispiel) 28/14
zählen 69/7
Zahn, der, "-e 40/13
Zeile, die, -n 66/1
Zeitungsanzeige, die, -n 80/10
Zeitungsbericht, der, -e 67/4
Zeitungsnotiz, die, -en 26
Zentrale, die, -n *(hier: Bankzentrale)* 65/16
Zentrum, das, Zentren 18/2
zerreißen, er zerreißt, zerriss, hat zerrissen 58/17
Zeugs, das *Sg.* 32/7
Ziel, das, -e 12
ziemlich 10/14
Zimt, der *Sg.* 63/9
Zirkus, der, -se 30/1
zu (+ *D.*) 31/4
Zugfahrt, die, -en 12
zum Teil (*Abk.* z.T.) 86/7
zur (+ *D.*) (= zu der) 36/2
zurückgeblieben 32/7
zurückbringen, er bringt zurück, brachte zurück, hat zurückgebracht 21/13
zurückfahren, er fährt zurück, fuhr zurück, ist zurückgefahren 14/5
zurückgeben, er gibt zurück, gab zurück, hat zurückgegeben 67/4
zurückgehen, er geht zurück, ging zurück, ist zurückgegangen 12
zurückkommen, er kommt zurück, kam zurück, ist zurückgekommen 23/20
zurücklaufen, er läuft zurück, lief zurück, ist zurückgelaufen 23/20
zurücklegen 68/7
zurückrennen, er rennt zurück, rannte zurück, ist zurückgerannt 23/20
zurückspringen, er springt zurück, sprang zurück, ist zurückgesprungen 12
zurückzahlen 83/20
zusammenfassen 73/6
zusammenpassen 6/1
zusammenstellen 89/16
zuverlässig 7/4
zwar (zwar ... aber) 26/8
zweitwichtigst- 98/19
zwischen (+ *A./D.*) 12

Quellen

U 2 © Polyglott Verlag
6 v.o.n.u: T. Scherling, V. Daly, M. Koenig, H. Funk
7 L. Rohrmann
10 V. Daly
12 H. Funk, V. Daly
13 © Stadtplan: Polyglott
14 l.: R. Freyer, M. u. r.: H. Funk
15 M. Sturm
17 V. Daly
18 H. Funk
19 V. Daly
21 V. Daly
23 L. Rohrmann
24 V. Daly
28 P. Kunzler, U. Koithan
31 M. Koenig
32 Freunde: mit frdl. Genehmigung von Gina Ruck-Pauquêt
33 © Jugendamt der Stadt Kassel, Kinder- und Jugendbüro
35 C. Knobel
37 l.: H. Funk, M.:V. Daly (2), r.: M. Koenig
38 u.: M. Koenig
43 V. Daly (2)
44 V. Daly
48 1, 5–8, 10 M. Koenig, 2, 4 L. Rohrmann, 9 T. Scherling
50 V. Daly
54 A. Sulzer
55 M. Mariotta
58 Schaurig, traurig: © 1992 by Moderator Musikproduktion GmbH / George Glueck Musik GmbH
59 l. + M. T. Scherling, r. D Rogge
60 S. Keller (3)
61 V. Daly
62 o.: dpa, Bildarchiv München, M.:V. Daly
63 H. Funk (5)
64 H. Funk
65 Sprechübung: mit freundl. Gen. von Claudia Lobe-Janz
72 M. Koenig
74 1 M. Koenig, 2 L. Rohrmann, u. M. Mariotta (4)
75 3 M. Mariotta, 4 L. Rohrmann
78 V. Daly
79 V. Daly
80 u.: H. Funk
82 V. Daly
84 1, 3–5 L. Rohrmann, 2 H. Funk, 6 A. Scherling
88 Wetterkarte: © wetterOnline.de, Länderumrisse: © Polyglott Verlag, München
89 l.: V. Daly, M.: P. Schmidt, r.: V. Daly
90 Fotos: o.: L. Rohrmann, u.: T. Scherling, Josef Reding, Meine Stadt, mit frdl. Gen. von Josef Reding
92 Peter Härtling, Sollen wir uns kloppen: mit freundl. Gen. des Autors
96 1, 2 H. Funk, 3 L. Rohrmann, 5 Archiv Bild + Ton Weihnachtsgedicht von Birgit Bachmann, mit freundl. Gen. der Autorin
97 Homepage: © 2001 Es weihnachtet sehr
98 o.:T. Scherling (3), u.: M. Koenig

Eine geni@ale Rallye durch das Buch (S. 94–95) – Lösungen

1. Beispiel: Ein Freund muss nett, sportlich und lustig sein.
2. schwach, leise, uninteressant
3. Die Hauptstadt heißt Wien.
4. Beispiel: Es geht mir gut. / Es geht mir schlecht.
5. Express- und Schnüffelstrategie
6. Beispiel: Das ist Rudi. / Er mag Computer. / Er hat eine Ratte. / Er macht Musik in einer Band.
7. Sie mag Stefan.
8. das / die Telefone – die / die E-Mails – der / die Computer
9. Berlin ist größer als Kassel. / Ein Ferrari ist teurer als ein VW.
10. Beispiel: „Ich finde, dass unsere Lehrer nett sind."
11. „Ich konnte nicht kommen. Ich musste zur Nachhilfe und später hatte ich Klavierunterricht."
12. Annas Freund heißt Peter.
13. Beispiel: Handball, Fußball, Judo
14. Das Mädchen macht Tattoos. Sie malt Bilder auf die Haut. Wenn man duscht, sind die Bilder wieder weg.
15. Das ist ein Sportfest mit Laufen, Werfen, Springen usw. Jeder kann mitmachen und bekommt Punkte. Am Ende bekommt man eine Urkunde.
16. Beispiel: das T-Shirt, die Hose, der Pullover, die Jeans, der Schal
17. ein Fuß – zwei Füße
18. Das ist zu weit. / Das ist zu eng.
19. Sie trägt eine blaue Bluse (und einen Ohrring).
20. Der Junge isst ein Eis.
21. Falsch. Das ist Familie Schumann.
22. Beispiel: „Ich esse ein Brot mit Wurst und ein Müsli. Und ich trinke einen Kakao."
23. Von „Ausbeimit" nach „Vonseitzu" fährst immer mit dem Dativ du!
24. Das ist ein Zeitungsartikel.
25. Herr Schmidt ist Mathelehrer von Beruf.
26. „Da haben wir den Salat."
27. Beispiel: modisch, teuer, in, langweilig, chic, altmodisch ...
28. Beispiel: Das Bett steht in der Ecke. Der Tisch steht an der Wand. Der/Sein Computer steht auf dem Tisch.
29. gehen – ging – gegangen / lachen – lachte – gelacht / nehmen – nahm – genommen
30. Beispiel: Am Wochenende habe ich meine Freunde getroffen. / Am Samstag sind wir im Park gewesen und haben Basketball gespielt. / Am Sonntag habe ich meine Großeltern besucht.
31. Beispiel: Mach eine Party und lade Leute ein. / Sei nett zu anderen in der Klasse.
32. Eine Lernziehharmonika. Damit kann man Vokabeln lernen.
33. Beispiel: Er hat zu viel gelernt. Jetzt hat er Kopfschmerzen.
34. Er steht in Wien.
35. Ich gehe in **die** Disco. (gehen + Akkusativ). – Ich stehe in **der** Disco. (stehen + Dativ)
36. Sabrina und Carsten schreiben ein Tagebuch.

D Transkripte der Hörtexte von Kursbuch und Arbeitsbuch

Im Folgenden finden Sie die Hörtexte, die nicht im Kurs- bzw. Arbeitsbuch abgedruckt sind.

Hörtexte im Kursbuch

Einheit 1

20 Mein Freund Rudi

Also, mein Freund Rudi ist einfach toll. Er ist treu und sportlich und immer sehr lustig und hilfsbereit und außerdem …

Einheit 2

1b Stimmt das oder nicht?

6
Das Jugendgästehaus liegt am Karl-Marx-Platz.

7
Am dritten Tag besuchen die Jugendlichen ein Museum.

8
Von Göttingen nach Wien sind es sechs Stunden mit dem Zug.

9
Die Stadtrundfahrt beginnt an der Staatsoper.

10
Am zweiten Tag treffen sich alle abends am Rathaus.

8 Zwei Wegbeschreibungen

a
- • Entschuldigung, ich suche die Wagnergasse.
- ○ Die Wagnergasse? Das ist ganz einfach. Gehen Sie hier geradeaus, bis zur Ampel, dann gehen Sie rechts bis zum Theaterplatz. Nach dem Theaterplatz ist es die erste Straße links.

b
- • Entschuldigung, wo ist bitte die Wagnergasse?
- ○ Kein Problem, das ist nicht weit. Sie gehen hier bis zur Ampel, dann rechts zum Theaterplatz. Auf dem Theaterplatz gehen Sie links. Das ist die Wagnergasse.

11 Dialoge

Dialog 1
- • Entschuldigung, wie komme ich zum Bahnhof?
- ○ Zum Westbahnhof? Das ist ganz einfach. Zuerst gehst du durch den Park, dann über eine Brücke und über den Marktplatz. Danach einfach geradeaus.

Dialog 2
- • Entschuldigen Sie, wie komme ich zur Altstadtbrücke?
- ○ Moment, gehen Sie hier geradeaus. Das ist die Korngasse. In der Korngasse gehen Sie dann an der zweiten Ampel rechts, dann über den Karlsplatz zum Rathaus. Sie sind jetzt in der Altstadt und sehen die Brücke rechts.

Einheit 3

7 S-O-S – Grammatik systematisch. 3. Schritt: Systematisieren

- • Sie haben die Fotos abgeholt.
- ○ Mareike hat sich geärgert.
- ■ Warum habt ihr nicht gewartet?
- □ Die Gruppe hat eine Stadtrundfahrt gemacht und viel fotografiert.

18 Was haben die Jugendlichen in den Ferien gemacht?

1. *Schlafen* 2. *Gitarre spielen* 3. *Radio hören* 4. *Schwimmen* 5. *Straßenbahn fahren* 6. *Mit Freunden spielen* 7. *Ankunft am Bahnhof*

Einheit 4

2 Was ist passiert?

Tom: Wann fängt die Show an?
Sandra: O Mann, warum ist der Fernseher denn gerade heute Abend kaputt?
Tom: Was? Kaputt? Gib mir mal die Fernbedienung!
–
Sandra: Na ja, ich muss nicht fernsehen …
Tom: Ich auch nicht.
–
Tom: Ich sehe sowieso nicht gerne fern.
Sandra: Ich auch nicht. Es ist auch zu blöd.
–
Sandra: Ich meine, das Programm ist blöd.
Tom: Stimmt. Gut, dass wir heute nicht fernsehen müssen.
Sandra: Genau.
–
Tom: Aber du siehst auf den Fernseher.
Sandra: Wer? Ich?
Tom: Ja, du.
Sandra: Nein. Ich sehe über den Fernseher. Ich sehe extra nicht auf den Fernseher. Ich sehe am Fernseher vorbei!
Tom: Aha.
–
Tom: Wir können ja auch was anderes machen.
Sandra: Genau. Zum Beispiel Karten spielen. Karten spielen finde ich viel besser als fernsehen.

Tom: Stimmt. Und auf Partys gehen. Das ist noch cooler.
Sandra: Ja. Und Freunde treffen. Freunde sind viel wichtiger als das blöde Fernsehen.

–

Tom: Was machen denn unsere Freunde?
Sandra: Sind bei Rudi.
Tom: Und?
Sandra: Sie surfen im Internet.
Tom: Und?
Sandra: Sehen fern.
Tom: Aha.

–

Sandra: Komm, wir gehen.
Tom: Wohin?
Sandra: Zu unseren Freunden! Fernsehen.

18 Biene und Boris früher und heute

Biene: Und jetzt will ich achtzehn sein.
Jetzt kann ich sehr gut Saxophon spielen.
Ich darf bei Konzerten spielen.
Aber ich muss immer noch in die Schule gehen.

Boris: Und im Moment kann ich alles machen.
Jetzt muss ich nichts machen.
Ich will Sportler werden.
Oh, jetzt haben wir Mathe. Ich darf nicht schon wieder zu spät kommen.

Einheit 5

1 Wochenende

Maria: Mein Wochenende war super. Am Freitagabend war ich mit meinen Eltern im Zirkus und am Samstagnachmittag hat mich meine beste Freundin Anita besucht. Wir haben drei Stunden nur über Freunde, Schule und so weiter geredet. Ach ja, wir haben unsere Lieblingslieder gesungen. Tja, und am Abend sind wir dann noch zusammen ins Kino gegangen. Meine Freundin hat bei mir übernachtet und am Sonntagmorgen haben wir lange geschlafen und dann sind wir noch auf den Flohmarkt gegangen. Anita hat sich eine alte Gitarre gekauft.

Ron: Am Samstag habe ich meinen Vater besucht. Das mache ich alle vierzehn Tage. Wir haben bei McDonalds einen Hamburger gegessen und danach waren wir auf einer Computershow. Mein Vater hat mir ein paar Spiele geschenkt und am Nachmittag haben wir noch in einem Café Kuchen gegessen. Viel Kuchen. Ich hatte danach Bauchschmerzen und ich glaube, dass mein Vater auch zu viel gegessen hat. Dann bin ich wieder nach Hause gefahren. Am Sonntag habe ich fast nichts gemacht. Ein bisschen für die Schule gearbeitet, meine Computerspiele probiert und sonst nichts …

Juliane: Das Wochenende war ziemlich blöd. Ich war krank und habe die ganze Zeit nur im Bett gelegen, gelesen und ferngesehen und geschlafen. Es war stinklangweilig. Und dann habe ich mich noch mit meinem Bruder gestritten. Er nimmt immer meinen Walkman. Sein Walkman war natürlich wieder kaputt. Er ist unmöglich! Was noch? Na ja, ich habe alle meine Freunde angerufen, aber niemand war da. Alle weg. Das Wetter war ja auch super schön. Typisch – dann bin ich natürlich krank! Am Sonntagnachmittag ist dann meine Oma zum Kaffee gekommen. Sie hat die ganze Zeit Geschichten erzählt. Am Ende ist es mir noch schlechter gegangen. Wie gesagt: Katastrophe!

Herr Schmidt: Oje, das war ein Wochenende! Am Samstag habe ich die Klassenarbeit der 8a korrigiert. Fast alle hatten eine Eins. Ich weiß auch nicht, wieso. Das ist schon komisch. Dann habe ich eine Stunde Tennis gespielt mit dem Direktor. Ja, und dann die Geschichte mit der Katze. Die ganze Woche hat sie nur geschrien und nichts gegessen und da bin ich mit ihr zum Tierarzt gegangen. Aber das war nicht so einfach. Sie hat gekratzt und gebissen. Der Tierarzt sieht noch schlimmer aus!

8 Orientierung in der Stadt

Dialog 1

- Verzeihung, wie komme ich zum …?
- ○ Das ist ganz einfach. Du gehst aus dem Bahnhof nach rechts über den Willi-Brandt-Platz bis zur Wilhelmshöher Allee. Das ist eine große Straße. Dann läufst du links, immer geradeaus, rechts kommt dann die Lange Straße. Immer weiter geradeaus, vielleicht fünfhundert Meter, bis du links die Kurklinik siehst. Du gehst links in die Mulangstraße und nach zweihundert Metern rechts in den Park. Dann siehst du schon den Schlossteich. Da gehst du dann links vorbei und dann siehst du schon das … geradeaus auf dem Berg.
- Uff! Danke!

Dialog 2

- Verzeihung, ich such die … in der Rolandstraße.
- ○ Kein Problem. Am Willi-Brandt-Platz gehst du links, dann nach fünfzig Metern gleich wieder rechts in die Gerstäckerstraße. Dann über die Landgraf-Karl-Straße. Die erste Straße rechts ist die Rolandstraße. Die … ist auf der linken Seite.

Dialog 3

- Wir wollen zum … Ist das weit von hier?
- ○ Na ja, das ist etwas kompliziert. Also, ihr müsst zuerst über den Willi-Brandt-Platz und dann an der Wilhelmshöher Allee nach links. Immer weiter die Straße entlang, ungefähr dreihundert Meter. Dann rechts in die Lange Straße. Dann kommt nach hundert Metern eine Kreuzung. Da geht ihr links und gleich wieder rechts in die Bachstraße. Dann kommt ihr in die Kirchditmolder Straße und da ist nach zwanzig Metern gleich links ein kleiner Weg. Der geht zur Rammelsbergstraße. Auf der Rammelsbergstraße geht ihr sofort wieder links und dann seht ihr drei Wege. In der Mitte, das ist der Roterkopfweg. Da müsst ihr noch zweihundert Meter hochlaufen und dann seht ihr rechts schon den … Viel Spaß!
- Uff! Danke.
- ▪ Verzeihung, können Sie das noch einmal beschreiben?

12b Wie benutzen Jugendliche die Medien?

Das Ergebnis der Studie ist deutlich: Jugendliche lesen immer weniger Bücher, Zeitungen und Zeitschriften. Stattdessen wird der Computer immer beliebter. Nach wie vor beliebtestes Medium in der Freizeit ist bei Jugendlichen jedoch – wie auch bei Erwachsenen – das Fernsehen. 93 % aller deutschen Jugendlichen nutzen dieses Medium mehrmals pro Woche. Es folgen das Hören von CDs (92 %) und von Radioprogrammen (84 %). Dann jedoch – und das ist neu – kommt schon der Computer in der Beliebtheitsliste der Medien (60 %). 1999 hatte noch das Zeitunglesen vor dem Computer gelegen.

15 Ein Interview mit einem Medienexperten

- Stimmt es wirklich, dass für die Jugendlichen das Fernsehen wichtiger ist als der Computer?
- ○ Na ja, das stimmt nicht ganz. Bei den Jungen ist es manchmal anders. Besonders wenn sie sich langweilen, dann sitzen sie mehr vor dem Computer als vor dem Fernseher. Computerspiele und das Surfen im Internet sind dann noch interessanter als das Fernsehen.
- Aber mit dem Computer kann man ja auch gut für die Schule arbeiten.
- ○ Das ist richtig, aber das machen die Jugendlichen nicht so oft. Meistens spielen sie und erst an zweiter und dritter Stelle kommt das Schreiben von Texten oder das Arbeiten für die Schule.
- Gibt es da auch Unterschiede bei Jungen und Mädchen?
- ○ Ja. Die Jungen spielen viel lieber am PC und hören mit ihm Musik. Die Mädchen sind anders und nutzen den Computer mehr für Texte und Schularbeiten.
- Danke für das Gespräch.

Einheit 6

3 Sportgeräusche

1. *Reiten* 2. *Boxen* 3. *Tischtennis* 4. *Basketball*
5. *Schwimmen* 6. *Kegeln* 7. *Radfahren* 8. *Tennis*
9. *Karate*

4 Vier Interviews: Sport? Na klar! Sport? Nein danke!

Marco: Also ich treibe gern Sport. Das ist nicht immer so einfach, weil ich im Rollstuhl sitzen muss, aber es geht. Wir haben bei uns im Dorf einen Basketballclub für Rollstuhlfahrer und wir spielen und trainieren jeden Sonntag und das macht viel Spaß. Für mich ist Sport wichtig, weil ich dann das Gefühl habe, dass ich etwas für meinen Körper mache, und weil bei uns in der Guppe viele nette Leute sind. Ich finde es auch toll, dass wir oft in andere Städte fahren und gegen andere Teams spielen. Und da freue ich mich immer, wenn unser Team gewinnt.

Klaus: Eigentlich mag ich Sport überhaupt nicht. Den Fußball und das Trikot habe ich nur für das Foto dabei. Ich finde Sport viel zu gefährlich. In der Schule müssen wir immer nur Fußball spielen und da habe ich mich schon oft verletzt. Für Sport habe ich keine Zeit. Ich sitze lieber zu Hause und lese ein spannendes Buch.

Steffi: Ja, für mich ist Sport sehr wichtig. Am liebsten spiele ich Tennis. Ich gehe zweimal in der Woche zum Training, weil ich gerne fit bin, und das ist auch gut für die Figur. Vielleicht werde ich später einmal ein Tennisprofi, so wie Steffi Graf. Dann verdiene ich viel Geld.

Mathias: Also wir haben hier ein super Inline-Hockey-Team und da stehe ich meistens im Tor. Ich finde das Training toll, weil ich da immer meine Freunde treffe und wir viel Spaß beim Spielen haben. Das Training ist sehr intensiv und ich bin danach immer total kaputt, aber ich fühle mich prima. Am besten ist das alles im Sommer, weil wir dann draußen spielen können. Immer allein zu Hause sitzen finde ich blöd.

8 Julian Becker hat das Sportabzeichen in Gold

Interviewer: Julian, du machst sehr viel Sport – warum?
Julian: Ja, also der Sport macht fit, man lernt viele neue Leute kennen. Durch den Sport ist die Freizeit nicht so langweilig.
Interviewer: Was machst du denn alles so?
Julian: Och, ich spiel Tennis, im Winter laufe ich Ski, im Sommer inlineskate ich und fahre Skateboard, und Leichtathletik mag ich sehr gern.
Interviewer: Was ist Leichtathletik genau?
Julian: Ja, das ist Schwimmen und Laufen und so weiter.
Interviewer: Hast du denn schon irgendwelche Prüfungen gemacht, auch in deinem Sport?
Julian: Ja, ich hab das Sportabzeichen in Leichtathletik gemacht, in Bronze, Silber und Gold.
Interviewer: Wow, und kannst du dich denn noch erinnern, was deine Ergebnisse waren?
Julian: Oje, das ist aber schon ein paar Jahre her. Moment ... also, im Schwimmen, das müssten, auf die fünfzig Meter, eine Minute, zehn Komma eins Sekunden gewesen sein ...
Interviewer: Ach, das ist ja total genau, hier, du bist ja gut.
Julian: Ja, gut, im Weitsprung, das waren drei Meter fünfundzwanzig, glaub ich, und im Fünfzigmeterlauf, da bin ich acht Komma vier Sekunden gelaufen, und im Ballwurf, da hab ich neununddreißig Komma fünf Meter geworfen.
Interviewer: Das ist ja nicht schlecht? Sag mal, was ist eigentlich dein Lieblingssport?
Julian: Das ist auf jeden Fall Tennis.
Interviewer: Dann weiter viel Spaß mit deinem Sport – und bis irgendwann mal.
Julian: Alles klar.
Interviewer: Tschüs!
Julian: Tschüs!

Einheit 7

6 Zwei Interviews

Interview 1
Interviewer: Interessierst du dich für Mode, Herbie?
Herbie: Ne, Mode interessiert mich eigentlich überhaupt nicht. Das ist doch ein Thema für Mädchen, oder?
Interviewer: Was trägst du am liebsten?
Herbie: Also, am liebsten sportliche Sachen, bequeme Jeans und T-Shirts. Wenn's kalt ist, wie heute, dann natürlich Sweatshirts. Das blaue hier mag ich Moment am liebsten. Meine Mutter legt die Sachen morgens hin und ich ziehe sie einfach an. Ach so, ja, und Baseballmützen. Die mag ich. Ich hab drei. Im Moment sind schwarze Sportschuhe total in.
Interviewer: So wie diese hier?
Herbie: Ja, die haben jetzt alle in meiner Klasse.

Interview 2
Interviewer: Und du, Alexa, interessiert du dich für Mode?
Alexa: Ja, ich weiß nicht, eigentlich schon – ja. Ich geh manchmal mit meiner Freundin Ilona nach der Schule in den Kaufhof. Das ist auf dem Schulweg. Wir probieren dann manchmal Sachen an.

Interviewer: Gibst du viel Geld für Kleidung aus?
Alexa: Nein, eigentlich nicht. Wir probieren die Sachen an, aber wir kaufen sie nicht.
Interviewer: Was ziehst du am liebsten an?
Alexa: Ich mag helle Sachen am liebsten. Ilona steht auf Blau. Ich glaube, ich bin eher so ein Sommertyp. Helle Farben. Die karierte Bluse hier und den roten Rock mag ich im Moment am liebsten. Die Bluse hat meine Mutter selbst gemacht. Sie macht das richtig gut. Und das ist billiger.
Interviewer: Und den roten Rock?
Alexa: Ja, das ist ein Problem. Den hab ich selbst gekauft. Meine Mutter mag keine kurzen Röcke.

15 Fredo und Benno

Also, Fredo hat ein kleines Ohr, Benno hat ein großes Ohr. Das Fell von Benno ist schwarz. Fredo hat ein gestreiftes Fell. Er hat zwei braune Pfoten und zwei weiße Pfoten. Benno hat drei weiße Pfoten und eine schwarze Pfote links vorne. Fredo hat blaue Augen, Benno hat braune Augen. Fredo hat einen kurzen Schwanz, Benno hat einen langen Schwanz und ist größer als Fredo.

Einheit 8

11 Minidialoge

1
• Wie geht es deiner Schwester?
○ Meiner Schwester? Gut. Warum?

2
• Gehört das Fahrrad dir?
○ Nein, das gehört meinem Vater.

3
• Fährt Peter allein nach Hamburg?
○ Nein, mit seinem Freund.

4
• Wie hat euch der Film gefallen?
○ Mir hat er gut gefallen, aber unseren Eltern nicht.

5
• Was schenkst du deiner Freundin?
○ Zum Geburtstag? Eine CD.

6
• Was ist denn mit eurer Mutter los?
○ Ach, die hat wieder schlechte Laune.

Einheit 9

2 Partydialoge

1
• Hallo, Carsten.
○ Hey, Tanja. Alles klar?
• Alles okay. Warum kommst du so spät?
○ Ach, ich musste auf meine Schwester aufpassen.
• Hm.
○ Und – wo ist Monika?
• Da drüben.

2
▪ Super Musik.
□ Ja, Paul ist ein super DJ.
▪ Und, Markus, tanzt du?
□ Aber nur mit dir.
–
○ Mist, jetzt tanzt Markus schon wieder mit Monika. Ich finde das ätzend.

3
• Hey, Carsten – was ist los?
○ Ist ne blöde Party.
• Finde ich auch.
○ Ich geh nach Hause.
• Ich geh auch. Komm, gleich fährt der Bus in die Stadt.
○ Äh ... Okay.

4 Was hat Tanja gesagt?

• Sag mal, was machst du morgen?
○ Morgen? Na ja, ich habe noch nichts vor.
• Wollen wir was zusammen machen?
○ Ja ... was denn?
• Wie wär's mit einer Fahrradtour?
○ Ja, klasse. Ich habe gerade ein neues Fahrrad bekommen.
• Super!
○ Ich weiß eine super Tour.
• Na, dann ist ja alles klar.
○ Soll ich dich abholen?
• Ja, gerne. Um drei?
○ Um drei.
• Ich muss aussteigen. Tschüs. Ich freue mich auf morgen.
○ Äh ... ich auch ... ja ... äh ... Bis morgen, Tanja.

5 Na, wie geht's?

1
• Hey, Tom, was ist los?
○ Ich habe keine Hausaufgaben für Physik gemacht. Ich kapiere das nicht.
• Na und?
○ Ich komme bestimmt dran. Der Krause ist ja nett. Aber ich hasse Physik.
• Ich gebe sie dir.
○ Ey super, Bodo, danke. Bin ich froh.
• Schon gut.

2
• Hallo, Clarissa.
○ Na, Heike?
• Hast du schlechte Laune?
○ Ja.
• Wieso?
○ Ich habe dir zehn Euro geliehen und du gibst sie nicht zurück.
• Tut mir Leid. Ich gebe dir jetzt fünf und morgen fünf. Okay?
○ Okay.

3
• Das Fußballturnier war echt super.
○ Habt ihr gewonnen?
• Ja, 4 : 0 im Finale. Am Ende haben wir gegen die 9a gewonnen. Die waren sauer.
○ Cool.

- Am Ende haben wir einen Pokal bekommen. Die 9b ist die beste Mannschaft der Schule. Wir haben den ganzen Nachmittag mit unserem Sportlehrer gefeiert.

6 Wie geht's? Gut? Schlecht? Warum?

1
- Na, wie geht's?
- ○ Danke, ganz gut. Der Mathetest war ja nicht so schwer.

2
- Hey, was ist los?
- ○ Ich bin total sauer.
- Warum?
- ○ Ach, ich hab Ärger mit meiner Mutter. Wie immer.

3
- Hallo, Vera, alles klar?
- ○ Nein, ich hab schlechte Laune.
- Was ist denn los?
- ○ Alle gehen heute ins Kino. Aber ich habe kein Geld. Mist.

4
- Du bist ja gut drauf!
- ○ Ja, es geht mir sehr gut.
- Wieso? Ist etwas passiert?
- ○ Ja, ich habe heute einen sehr lieben Brief bekommen.
- Echt? Los, erzähl!
- ○ Du bist aber neugierig …

17 Die Prinzen. Schaurig traurig

Mein Kaffee ist kalt,
die Schokolade ist alle,
was ich auch tu,
gar nichts macht mir Spaß.
Die Platten hab ich alle schon tausendmal gehört,
draußen regnet's, alles wird ganz nass.

Und ich bin traurig,
so schaurig traurig.
Ich bin traurig,
so schaurig traurig.

Der Fernseher läuft
und geht mir ziemlich auf den Geist,
ich warte auf dich,
doch das hat wohl keinen Sinn.
Versuch, dir zu schreiben,
und zerreiße den Brief,
ich frag mich laufend,
warum ich alleine bin.

Und ich bin traurig …

Komm, lass dir erklären,
ich wollte dich wirklich nicht kränken,
dass du mir egal bist,
darfst du echt nicht denken.
Komm, lass uns mal reden,
hau nicht einfach ab.
Komm, lass uns mal reden,
denn ich bin traurig.

Das Telefon schweigt
und macht mich völlig verrückt,
warum rufst du nicht an,
warum meldest du dich nicht?
Nur ein kleines Zeichen,
nur ein winziges Signal,
nur ein Wort, nur ein Lächeln,
nur ein kleines Licht.

Denn ich bin traurig …

Einheit 10

11 Komisch …

Vier Brötchen, zwei Eier, zwei Liter Milch, Margarine, Zimt und fünf Esslöffel Zucker.

–

Hm … komisch. Ich versteh das nicht. Das sieht komisch aus. Und – uah, das schmeckt auch komisch. Irgendwas stimmt da nicht.

Einheit 11

6 Diebstahl im Museum

Nachrichtensprecherin: Weimar. Nach Auskunft der Polizei verschwand gestern eine wertvolle Münzsammlung von Goldmünzen aus dem neunten Jahrhundert spurlos aus dem Stadtmuseum. Der Direktor des Museums sagte dazu:
Direktor: Wir stehen vor einem Rätsel. Um halb fünf waren alle Münzen noch da. Ab fünf war der Alarm aktiviert und alle Türen waren gesichert.
Nachrichtensprecherin: Die Polizei bittet um Ihre Mithilfe: Wer hat gestern zwischen vier und sechs verdächtige Personen beim Stadtmuseum bemerkt? Die Münzsammlung war eine der bedeutendsten …

10 Der Fall ist gelöst

Kassel. Heute Mittag wurde in Kassel-Waldau ein 22-jähriger Student verhaftet. In seiner Wohnung fand die Polizei eine wertvolle Münzsammlung aus dem Stadtmuseum in Weimar. Der Mann hatte Schulden und wollte so sein neues Montainbike bezahlen. Die Polizei berichtet, dass der Tipp von einem 13-jährigen Schüler kam. Die Münzen sind inzwischen wieder zurück im Stadtmuseum.

16 Grammatik hören

Nach dem Diebstahl von wertvollen Goldmünzen blieb das Stadtmuseum heute geschlossen. Der Direktor gab keine Informationen an die Presse. Niemand durfte in sein Büro. Viele Journalisten riefen ihn an, aber sie bekamen keine Antwort. Bekannt ist nur: Als der Direktor um fünf eine Runde durch sein Museum machte, lagen die Münzen noch im Schrank. Die letzten Besucher gingen um fünf. Danach schloss der Direktor zu und fuhr nach Hause. Die Polizei konzentrierte sich zunächst auf eine Touristengruppe.

17 Offene Fragen

- Hallo, Einstein!
- ○ Hallo, Olli, was ist los? Weißt du, wie spät es ist?
- Ja, entschuldige. Ich musste dich einfach anrufen. Es tut

mir Leid, dass ich heute weggelaufen bin. Aber ich hatte Angst, dass du sauer bist.
- ○ Ich? Sauer? Warum?
- • Du weißt, du bekommst noch zwanzig Euro von mir. Ich habe am Montag dreißig Euro bekommen. Ich hab für amerikanische Touristen eine Führung durch die Stadt gemacht und ihnen das Museum gezeigt. Ich wollte dir am Dienstag das Geld geben, aber dann hab ich ein Geschenk für Jessica gekauft.
- ○ Mensch, Olli, das ist doch kein Problem. Ich muss dir morgen auch eine Geschichte erzählen. Gute Nacht, Olli.

Einheit 12

3 Julian beschreibt sein Zimmer

Also, das ist mein Zimmer. Ich habe ein Zimmer ganz für mich alleine. Das ist toll. Mein Bruder hat auch ein eigenes Zimmer, aber das ist viel kleiner. Wenn man in mein Zimmer kommt, dann steht gleich links hinter der Tür ein großer Schrank. In dem Schrank habe ich meine Kleider und meine Sportsachen. Links neben dem Schrank steht mein Computertisch und daneben in der Ecke steht mein Schreibtisch. Ich sitze aber meistens vor dem Computer, auf meinem Schreibtischstuhl, wenn ich Hausaufgaben mache oder im Internet surfe. Ach ja, auf dem Boden steht noch mein Papierkorb, aber der ist meistens ziemlich voll. Wenn ich lesen will oder wenn ich Musik höre, dann sitze ich immer auf meinem Lieblingsplatz, ein gelber Sessel von Ikea. Ich höre übrigens am liebsten Hip-Hop. Rechts an der Wand gibt es noch eine braune Kommode mit vielen Schubladen. Da sind tausend Kleinigkeiten drin, viele alte Spielsachen, Computerspiele, Disketten, CDs und so weiter. Und auf der Kommode ist das Wichtigste: meine Stereoanlage! Ganz hinten in der Ecke, vor dem Fenster, steht mein Bett. Es hat eine grüne Matratze. An der anderen Wand gegenüber habe ich noch ein Regal mit Büchern, Bildern und ein paar Sportsachen. Und am Regal hängen viele Poster und auch Werbung von meinem Lieblingseis. Vor dem Regal steht mein Fernseher. Überall an den Wänden habe ich Poster, Fotos und Bilder von meinen Lieblingsstars und Skateboardprofis aufgehängt. Es ist ziemlich bunt in meinem Zimmer, da brauche ich keine Tapete. Auf dem Boden liegt ein hellbrauner Teppich. Den muss ich immer sauber machen – sagt meine Mutter. In der Mitte an der Decke hängt noch eine Lampe. Die Decke ist schön verziert, weil das Haus schon hundert Jahre alt ist. Und über meinem Schreibtisch hängt mein erstes Skateboard. Aber das ist jetzt schon lange kaputt.

9 Die Clique zu Besuch

Frau: Hallo, da seid ihr ja. Eure Jacken könnt ihr hier an die Garderobe hängen.
–
Frau: So, setzt euch. Macht es euch bequem. Möchtet ihr etwas trinken? Kakao? Kaffee oder Tee?
–
Frau: Paul, jetzt hör mal auf und komm, wir haben Besuch!
Kaffeemaschine.
Lärm aus dem Kinderzimmer.
Paul: Seid mal ein bisschen leiser!
Biene: Entschuldigung, kann ich mir mal kurz die Hände waschen?
Frau: Aber bitte, hier gleich links.
Rudi: Entschuldigung, ähm, wo ist denn hier die ...?
Frau: Oh, natürlich, hier bitte!
–
Frau: Paul, hol doch noch ein paar Flaschen Mineralwasser.
–
Frau: Moment, ich zieh mir nur noch schnell eine andere Bluse an.
–
Frau: So, jetzt erzählt mal, was gibt's denn Neues?
Cora: Eine ganze Menge. Aber wir können doch in der Sonne Kaffee trinken. Es ist heute so schönes Wetter.
Frau: Gute Idee, also, helft ihr mir mit den Tellern und Tassen? Wir tragen alles raus.

Einheit 13

3 Zwei Meinungen von Eltern

1
Also, ich finde ... bekommt genug Taschengeld. Die Extras wie Kinokarten zahlen wir sowieso noch zusätzlich. Außerdem geht ... am Wochenende manchmal zu meiner Mutter. Dann klagt ... wie wenig Geld ... hat, und dann bekommt ... meistens noch was extra.

2
Na ja ... bekommt nicht sehr viel, aber wir zahlen ja auch oft etwas extra. Ich glaube ... gibt gar nicht das ganze Geld aus. ... sitzt den ganzen Tag in ihrem Zimmer und lernt. Nur am Wochenende ist ... unterwegs mit den anderen aus der Klasse.

7 Interview mit Udo und Felix

Interviewer: Felix, wie alt bist du?
Felix: Na ja, fast vierzehn.
Interviewer: Thema Taschengeld. Sag mal, wie viel Taschengeld bekommst du?
Felix: Fünfzehn Euro im Monat.
Interviewer: Fünfzehn Euro. Reicht dir das?
Felix: Also, ich kann mich jetzt nicht so direkt beklagen, dass ich jetzt Geldnot hätte und immer total sparen muss. Aber wenn ich mir mal was richtig Teures kaufen will, dann muss ich halt schon ziemlich lange daran sparen, bis ich so hundert Euro oder so zusammenhab.
Interviewer: Was bekommen die anderen Schüler bei euch in der Klasse?
Felix: Also, ich lieg da schon ziemlich an der Untergrenze mit den fünfzehn Euro – aber das ist 'ne ziemlich große Spanne. Der mit dem meisten Taschengeld, der kriegt dreißig Euro, ohne dass er irgendwas dafür macht. Also, na ja ... Das ist schon 'n ziemlicher Unterschied.
Interviewer: Dreißig Euro ist ziemlich viel, ja. Und wenn du ein bisschen mehr brauchst, was machst du da?
Felix: Na ja, da frag ich eigentlich eher meine Eltern, ob ich irgendwas bei denen machen kann, und da kriegt man auch mal so 'ne einmalige Sonderzahlung.
Interviewer: Was zum Beispiel?
Felix: Weiß jetzt nicht direkt ... Irgendwie einfach mal für Papa was am Computer machen oder so.
Interviewer: Und die anderen Schüler in der Klasse – haben die irgendwelche Tipps und Tricks, wie sie vielleicht ein bisschen mehr Taschengeld bekommen können?
Felix: Ja, einer von meinen Freunden, der trägt jetzt zwei-

mal in der Woche Zeitungen aus, zusammen mit seinem Bruder, und da kriegt dann jeder 35 Euro dafür in der Woche.
Interviewer: Gibt es andere Ideen vielleicht noch?
Felix: Einer aus meiner Klasse, der hat da auch noch einen ganz tollen Trick gebracht. Der hat einen Hund gehabt und den hat er jetzt an eine Oma aus seiner Nachbarschaft verkauft, und weil der auf ihn total gut hört, kann er den auch total einfach Gassi führen und da kriegt der – ich weiß nicht, wie viel – so um die fünfzig Euro im Monat, dafür, dass der ihn achtmal Gassi führt in einem Monat.
Interviewer: Also, er hat den Hund erst an die Oma verkauft und jetzt geht er mit dem Hund spazieren und …
Felix: … und kriegt Geld dafür.
Interviewer: Musst du für dein Taschengeld auch Schulhefte oder Bücher kaufen?
Felix: Ne, es gibt eigentlich nichts, was ich mir dafür kaufen muss. Also, einer in meiner Klasse, der kriegt siebzig Euro, aber dafür muss er sich … also, Klamotten kaufen.
Interviewer: Udo, ist Taschengeld bei euch manchmal ein Diskussionsthema in der Familie?
Udo: Ja, sicher. Also, die Kinder reden ja auch untereinander dadrüber und vergleichen. Felix kommt dann nach Hause und erzählt, wie viel die anderen kriegen und … äh, er kriegt fünfzehn Euro, andere kriegen dreißig und da ist er natürlich unzufrieden.
Interviewer: Er wird ja jetzt bald vierzehn – gibt es dann mehr?
Udo: Also, da er mit den fünfzehn Euro ziemlich weit unten liegt, ja, glaub ich schon, dass wir dann demnächst erhöhen.

Einheit 14

2b Zu Besuch in Deutschland

Anna-Maria aus Italien: Alle können in meiner Gastfamilie essen, wann sie wollen. Aber manche essen auch zusammen. Zum Frühstück gibt es viele leckere Sachen, aber abends essen die Deutschen nur kalt. Und alle essen Brot. Ach so, und beim Essen kommt alles auf einen Teller. Ich finde das komisch. In der Wohnung ist mir aufgefallen, dass es sehr dicke Bettdecken gibt. Wenn es kalt ist, ist das sehr gemütlich, aber im Sommer ist das zu warm. Und in vielen Zimmern gibt es Teppichboden. Ich liebe Teppich! Die Schule ist ganz okay. Die Lehrer sind sehr nett und es gibt auch zwei Mädchen aus Italien in meiner Klasse. Das finde ich – cool. Interessant finde ich, dass alle Leute bei Rot an der Ampel warten. Manchmal kommt kein Auto, trotzdem warten alle. Keiner geht.

Iwan, Weißrussland: Die Stadt ist sehr sauber und es gibt viel Grün, viele Parks. Viele Deutsche mögen die Natur. Das gefällt mir sehr. Auf der Straße sind viele Leute nicht so freundlich, nur manche lachen oder lächeln. Aber privat und zu Hause sind alle sehr nett. Kein Problem. Ich finde es interessant, dass in Deutschland so viele Ausländer leben. Das habe ich nicht gedacht. Manche können zwei oder drei Sprachen sehr gut sprechen. Ich finde das toll. Was ich komisch finde, sind die Partys. Alle stehen in Gruppen zusammen und reden. Bei unseren Partys singen wir gerne. In Deutschland singt niemand.

Ösgün aus der Türkei: Ich lebe schon seit fünf Jahren in Deutschland. Aber mir fallen immer noch viele Dinge auf. Niemand trägt eine Schuluniform, alle ziehen an, was sie mögen. Und auf dem Schulhof gehen die Schüler Arm in Arm. Das ist ganz normal. Ich finde es gut, dass viele Lehrer hier nicht so streng sind. Die Eltern sind auch nicht so streng. Zum Beispiel gehen viele Jugendliche abends aus. Ich gehe auch mit. Aber ich muss früher nach Hause. Ich finde das aber okay. Leider ist das Wetter hier nicht so schön. Es regnet oft und der Sommer ist ziemlich kalt, finde ich. Darum fahren viele Deutsche auch so gerne in den Süden.

7b Dialoge

1
Frau: Na, Xiao Lin, wie war's?
Xiao Lin: Schrecklich. Ich habe Riesenhunger.
Frau: Aber du warst doch essen.
Xiao Lin: Ja. Aber mein Freund hat gefragt: „Willst du noch etwas essen?" Und ich habe Nein gesagt. Das ist doch höflicher. Aber er hat nicht noch einmal gefragt. Weißt du, warum er nicht gefragt hat?
Frau: Na ja, bei euch fragt man noch einmal, aber hier …

2
Xiao Lin: Ich habe keine Ahnung, was los ist. Alle Leute warten und warten. Niemand geht. Aber es kommt kein Auto. Die Straße ist leer.

3
Boris: Hallo, Biene. Bist du schon wieder zurück?
Biene: Ja. Xiao Lin war komisch.
Boris: Komisch?
Biene: Ja. Sie sagte immer: „Deine Schuhe, deine Schuhe …" Aber ich habe meine Schuhe kontrolliert. Es war alles okay. Ich weiß nicht, warum sie das immer gesagt hat …

4
Xiao Lin: Hallo, da bin ich.
Rudi: Selber hallo. Ich warte schon fünfzehn Minuten auf dich.
Xiao Lin: Wieso bist du so sauer?
Rudi: Wieso? Wir waren um drei verabredet, nicht um Viertel nach drei.

11 Über das Wetter sprechen

Ösgün: Leider ist das Wetter hier nicht so schön. Es regnet oft und der Sommer ist ziemlich kalt, finde ich.

Xiao Lin: Letztes Jahr war ein toller Sommer. Der ganze August war warm und sonnig. Ich war jeden Tag im Schwimmbad. Und im September war es auch noch schön. Aber dieses Jahr war es …

15b Drei Austauschschüler

Julian: Ich war letztes Jahr zum Schüleraustausch in Japan. Das war super. Und viele Sachen waren ganz anders als hier. In Japan ist Fußball nicht so bekannt wie hier. Aber Baseball ist sehr populär. Mir ist aufgefallen, dass viele Leute richtige Technik-Fans sind. Viele kaufen das Neueste aus der Technik. Hightech gibt es überall: zu Hause, im Supermarkt, sogar auf Toiletten. Der Hit waren damals gerade Handys mit integrierten Digitalkameras. Das war schon sehr interessant. Und in der Schule gibt es viele Unterschiede: Alle tragen eine Uniform und haben sehr viel

Respekt vor den Lehrern. Ach so, und wir mussten immer unsere Straßenschuhe ausziehen. Für die Schule gab es extra Schuhe.

Paul: Meine Reise nach Finnland war eine sehr gute Erfahrung. Ich habe viel über das Land und die Leute gelernt. Und über die Unterschiede zu Deutschland. Das Wetter ist hier ganz anders als bei uns. In manchen Jahreszeiten scheint die Sonne nur von elf bis drei und es wird sehr kalt. Trotzdem ist das Wetter nicht schlecht, man kann zum Beispiel in die Sauna gehen und auch das Baden im See macht im Winter Spaß. Viele Familien fahren am Wochenende zu ihrem Ferienhaus, ihrer „möki". Das ist immer eine lustige Zeit. In der Schule ist auch vieles anders. Die schlechteste Note ist Vier, die beste Zehn. Die Schüler können die Lehrer mit Vornamen anreden. Das ist komisch, aber nicht schlecht. Und man muss in der Schule die Schuhe ausziehen. Das ist noch komischer!

Rahel: Ich war Austauschschülerin in Neuseeland. Es hat mir sehr gut gefallen. Als ich ankam, war ich total fertig. Über 24 Stunden hat meine Reise gedauert, und als ich dort war, wollte ich nur noch schlafen. Aber dann wurde alles besser. Die Schule finde ich gut, weil man viele Kurse wählen kann. Ich hatte zum Beispiel „outdoor education" und habe dann Kajakfahren gelernt. Das war super. Ich finde auch gut, dass man so viel Natur sehen kann. Es gibt viel weniger Städte als bei uns. Aber viel mehr Schafe. Die gibt es überall. Was ich ganz lustig finde – dass die Autos alle falsch fahren, also auf der linken Seite.

Einheit 15

1b Josef Reding: Meine Stadt

Meine Stadt ist oft schmutzig;
aber mein kleiner Bruder ist es auch,
und ich mag ihn.
Meine Stadt ist oft laut;
aber meine große Schwester ist es auch,
und ich mag sie.
Meine Stadt ist dunkel
wie die Stimme meines Vaters
und hell
wie die Augen meiner Mutter.
Meine Stadt und ich:
Wir sind Freunde, die sich kennen;
nicht flüchtig kennen wie die von fern her,
die der Bürgermeister manchmal über die
Hauptstraße führt.
Er zeigt ihnen nicht die Schutthalden.

Zu Hause führen wir auch unseren Besuch
in das Wohnzimmer und lassen ihn
mit unserem Mülleimer in Ruhe.
Aber manchmal,
bevor ich zur Schule gehe,
klopfe ich dem braven grauen Müllkasten
auf den Deckel,
dass er fröhlich klappert.
Und am Schuttfeld werfe ich grüßend
einen Stein
auf die blitzende Konservendose dahinten,
dass sie tanzt.

11 Weihnachtslieder

O du fröhliche, o du selige,
gnadenbringende Weihnachtszeit!

Stille Nacht, heilige Nacht!
Alles schläft, einsam wacht
nur das traute hochheilige Paar.
Holder Knabe im lockigen Haar,
schlaf in himmlischer Ruh,
schlaf in himmlischer Ruh!

17 Interview – Wie feierst du Weihnachten?

Interviewerin: Hallo, Ágota.
Ágota: Hallo, Ute.
Interviewerin: Ágota, du kommst aus Ungarn ...
Ágota: Richtig.
Interviewerin: Und ich möchte dich gern fragen: Was ist eigentlich typisch für die Adventszeit in Ungarn?
Ágota: Ja, die Adventszeit ist in Ungarn besonders wichtig, denn in dieser Zeit bereiten wir uns auf das größte Fest des Jahres vor, nämlich auf Weihnachten. Wir verschicken an die engsten Verwandten die Postkarten und Weihnachtsgrüße, und das wird in Ungarn auch wirklich besonders stark erwartet. Wenn man nämlich so was vergisst, werden die Verwandten ganz schön sauer.
Interviewerin: Das ist also sehr wichtig.
Ágota: Ganz, ganz wichtig. Wir räumen auch die Wohnung zusammen auf. Alle machen mit. Und wir bemühen uns, die Wohnung sehr schön sauber zu machen, damit wir sie auch sehr schön dekorieren können. Wir dekorieren die Wohnung mit kleinen Gegenständen, Kerzen oder Engelchen, die der Wohnung eine ganz schöne adventliche Stimmung verleihen. Und in der Adventszeit kochen wir und backen wir sehr gerne und sehr oft, sodass es in der Wohnung in der ganzen Zeit nach Weihnachtskuchen riecht.
Interviewerin: Und wie feiert ihr das Weihnachtsfest?
Ágota: Das Weihnachtsfest feiern wir in Ungarn gewöhnlich zu Hause im engen Familienkreis. Am 24. Dezember, also am Heiligen Abend, stellen wir einen Christbaum auf und schmücken ihn alle zusammen. Danach gehen wir in die Kirche. Und an diesem Abend, nach der Kirche, erfolgt die Bescherung. Das ist für die Kinder natürlich besonders spannend, weil sie sehr viele Geschenke bekommen ... oder Geschenke, die sie gut gebrauchen können.
Interviewerin: Das ist zum Beispiel?
Ágota: Das sind so praktische Geschenke, wie Kleidungsstücke oder Sachen, die sie in der Schule brauchen.
Interviewerin: Und die Eltern? Bekommen die auch was?
Ágota: Die Eltern bekommen auch Geschenke. Die Kinder basteln selber aus Papier oder aus verschiedenen Materialien Figuren oder schreiben Gedichte, manchmal Briefe an die Eltern.

20 Ostern international

Interviewer: Persa, feiert man in deinem Land auch Ostern?
Persa: Ja, natürlich. Bei uns in Griechenland feiert man Ostern auch im Frühling. Es ist ein wichtigeres Fest als Weihnachten und die Leute fasten in der Karwoche. Das heißt, sie essen kein Fleisch, keinen Fisch, kein Öl, keine Eier und keine Milch, sondern nur Obst, Gemüse und Brot. Die Leute gehen auch fast jeden Tag in die Kirche, aber die Kinder und die Jugendlichen, die gehen nur am Samstagabend, spät am Abend, so gegen elf Uhr in die Kirche. Und

es gibt dort auch so um zwölf Uhr ein Feuerwerk, ein großes Feuerwerk. Und die Kinder freuen sich sehr drauf.
Interviewer: Gibt es irgendetwas Spezielles zu essen an Ostern?
Persa: Ja, wir haben auch rote Eier. Man färbt sie heutzutage auch grün, blau oder bunt. Früher gab es nur rote. Es gibt noch spezielle Kekse. Und man backt auch Kuchen mit einem roten Ei in der Mitte. Und am Ostersonntag grillt man ein ganzes Lamm und man feiert den ganzen Tag. Die Leute essen, trinken Wein und tanzen.
Interviewer: Gibt es etwas an Aktivitäten auch an Ostern für die Jugendlichen?
Persa: Ja, es gibt das so genannte Eierstoßen. Die Kinder wählen sich ein rotes Ei aus und die schlagen die Eier gegeneinander. Und die machen das mit mehreren Kindern und das Kind, das am Schluss ein ganzes Ei in der Hand hat, das ist der Gewinner.
Interviewer: Danke!

Hörtexte im Arbeitsbuch

Einheit 1

2 Interview mit Daniela

Interviewerin: Daniela, wer ist deine beste Freundin?
Daniela: Manuela.
Interviewerin: Und was gefällt dir besonders an ihr?
Daniela: Sie ist offen und zuverlässig. Sie ist immer da, wenn ich sie brauche. Sie ist sehr, sehr hilfsbereit.
Interviewerin: Wie sieht Manuela denn aus? Kannst du sie kurz beschreiben?
Daniela: Also, sie ist vierzehn, sie hat kurze braune Haare und braune Augen. Und sie ist ungefähr ein Meter sechzig groß.
Interviewerin: Geht ihr in dieselbe Schule?
Daniela: Ja, in dieselbe Klasse. Wir lernen auch immer zusammen und helfen uns bei den Hausaufgaben.
Interviewerin: Und was macht ihr in der Freizeit?
Daniela: Wir treffen uns mit Freunden, skaten, hören Musik, tanzen …
Interviewerin: Ihr macht also alles zusammen?
Daniela: Ja, wir haben dieselben Hobbys und dieselben Freunde. Wir gehen zusammen auf Partys, wir feiern sogar am 17. Oktober zusammen Geburtstag.
Interviewerin: Was? Gleich alt, gleich groß, gleiche … Moment mal – hast du ein Foto von Manuela?
Daniela: Ja, hier ist ein Foto von uns beiden.
Interviewerin: Na also!

4 Anzeigen

Biene: Alle sagen, dass ich schön und cool bin. Außerdem spiele ich viele Musikinstrumente. Sportliche Typen mag ich nicht, aber nette und süße Boys, die gerne auf Partys gehen. Für mich kommt nur einer infrage.
Rudi: Ihr kennt mich ja: Ohne Computer kann ich nicht leben. Ich schlafe und esse aber auch gerne. Junge oder Mädchen ist mir egal. Aber wer hat die gleichen Hobbys?
Boris: Sportlich und lustig? Das bin ich doch. Partys finde ich super und Musik ist mein Leben. Englisch? – „I'm the boss!" Ist doch Englisch, oder? Alles okay, ich bin genau der Boy, den sie sucht.
Cora: Ich möchte gerne Kochrezepte aus anderen Ländern kennen lernen. Meine neue Freundin muss aber auch Sport und Musik mögen, sonst wird es langweilig.
Turbo: Für mich ist alles klar: Wer Tiere mag, mag auch Ratten!

Einheit 2

8 Wegbeschreibungen

1
Du gehst geradeaus bis zum Fußballstadion und dann rechts bis zum Parkplatz.

2
Du gehst geradeaus, dann rechts und gleich wieder rechts bis zum Restaurant.

3
Du gehst am Golfplatz vorbei bis zur großen Kreuzung und dann rechts durch den Park.

Einheit 4

1 Dialog

Christian: Wo ist die Fernsehzeitung?
Mutter: Sie liegt auf dem Tisch unter der Zeitung.
Christian: Ah ja! In zehn Minuten fängt „Tatort" an.
Betty: Schon wieder ein Krimi, das ist so langweilig! Immer das Gleiche.
Christian: Was? Die „Tatort"-Krimis sind doch spannend. Ich find sie super!
Betty: Mir gefällt „Traumschiff" oder „Klinik unter Palmen" viel besser als „Tatort".
Mutter: Hört doch endlich auf, ihr zwei! Ich schlage vor, dass wir den Fernseher auslassen und zusammen Karten spielen. Papa spielt bestimmt auch mit.
Betty: Okay, aber erst muss ich noch eine SMS verschicken.
Christian: Und ich muss noch mal kurz was im Internet checken.

8 Radios

Ich sammle Radios und habe viele Modelle, aber die vier auf dem Foto finde ich besonders interessant. Schon mein Urgroßvater hatte ein Radio. Es war groß und sehr schwer. Eine Person alleine konnte es fast nicht tragen und so musste es immer am selben Ort im Wohnzimmer stehen bleiben. Das Modell von Opa war schon ein bisschen kleiner und leichter. Er und sein Bruder durften es sogar manchmal mit in ihr Zimmer nehmen. Meistens wollten sie aber zwei verschiedene Programme hören und hatten dann Streit. Die Mutter wollte das natürlich nicht und so musste das Radio wieder zurück ins Wohnzimmer. Auch Oma hatte ein Radio. Es war viel kleiner und moderner und hatte Transistoren. Diese Modelle waren damals ein Hit: Man konnte Batterien einsetzen und konnte sie überall mitnehmen. Mein Vater hatte auch ein Transistorradio: Es war nicht größer als ein Buch. Er wollte sein Radio nie zu Hause lassen. Er hatte es immer dabei, sogar in der Schule, aber er musste es natürlich in der Schultasche lassen und durfte erst nach dem Unterricht Radio hören.

Einheit 5

6 Minidialoge

1
- Was kann ich dir bringen?
- ○ Einen Hamburger mit Pommes und eine Cola.

2
- Wie viel kostet eine Briefmarke für eine Postkarte nach Portugal?
- ○ 45 Cent.

3
- Wo sind die Bilder von Picasso?
- ○ Oben, im ersten Stock.

4
- Ich brauche dreihundert Euro von meinem Konto.
- ○ Und wie ist die Kontonummer, bitte?

5
- Wann fährt unser Zug?
- ○ Da drüben sind die Fahrpläne. Ich sehe mal nach.

6
- Haben Sie noch Zimmer frei?
- ○ Nur noch ein Doppelzimmer, aber leider ohne Bad.

Testtraining 1–5

2 Hörverstehen – Teil A

11
Es ist ganz einfach. Du gehst hier über den Platz, dann über die Brücke und nach der Brücke gehst du rechts und dann immer geradeaus.

12
Es ist nicht weit und gut zu laufen. Du brauchst zehn Minuten, eine Viertelstunde höchstens!

13
Während der Woche haben wir immer bis um halb acht abends auf.

14
Einzeln vier Euro, und in Gruppen zwei.

3 Hörverstehen – Teil B

15
- Du hast ja einen neuen Computer!
- ○ Ja, und er war echt billig, nur 869 Euro.
- 869 – so viel? Meiner war viel billiger.

16
- Entschuldigung, wie lange brauche ich von hier zum Zentrum?
- ○ Es ist ziemlich weit, mit dem Bus eine Viertelstunde.

17
- Ist Inge immer noch in den Ferien?
- ○ Ja, sie kommt erst nächsten Samstag zurück.
- Wann?
- ○ Ich glaube, am Abend.

18
- Gehen wir heute zusammen in die Stadt?
- ○ Wann?
- Ich kann ab halb vier.
- ○ Okay, ich komme mit.

19
- Du, in einer halben Stunde fährt der letzte Bus. Dauert der Film noch lange?
- ○ Ich glaube, noch zwanzig Minuten, aber ich bin mir nicht sicher.

4 Minidialoge

20
Ja, sehr gern. Aber das ist mir manchmal zu teuer.

21
Na gut, dann nehme ich mein Handy mit.

22
Danke!

Einheit 6

10 Fünf Dialoge

Dialog 1
- Hallo, Bernd! Wie geht's?
- ○ Nicht so gut.
- Was hast du denn?
- ○ Ich habe die ganze Nacht nicht geschlafen. Ich hatte Zahnschmerzen.
- Oh, das tut mir Leid.

Dialog 2
- Tag, Sabine! Warum bist du gestern nicht gekommen?
- ○ Ich konnte nicht. Ich hatte Kopfweh.
- Und jetzt?
- ○ Es geht besser, danke.

Dialog 3
- Tag, Frau Berger! Haben Sie immer noch Rückenschmerzen?
- ○ Nein, zum Glück nicht mehr. Aber jetzt treibe ich regelmäßig Sport.

Dialog 4
- Herr Roth, darf ich bitte nach Hause? Ich habe starke Bauchschmerzen.
- ○ Aber Mario! Schon wieder zu viel Schokolade gegessen?

Dialog 5
- Kommst du auch mit?
- ○ Ich weiß nicht. Meine Beine tun mir so weh.
- Was hast du denn gemacht?
- ○ Gestern hatten wir den Sporttest. Du weißt ja, dass ich nicht so für Sport bin.

8 Auf dem Pausenhof

1
Guck mal, wie sie mit ihrem engen Kleid aussieht!

2
Siehst du den mit dem gelben Hemd? Er heißt Thomas.

3
Sie sieht gar nicht gut aus: Ihr Mantel ist viel zu lang und ihre Stiefel sind altmodisch.

4
Die schwarze Brille steht ihm nicht. Sie ist viel zu groß.

5
Guck mal, unsere neue Biolehrerin. Der elegante Hut und die modische Jacke sehen gut an ihr aus.

6
Guck mal, da kommt Peter! Sein neuer Pullover ist ja ganz schön, aber viel zu kurz!

9 Wer ist wer?

1
Siri: Ich heiße Siri und bin vierzehn. Im Sommer, wenn ich keine Schule habe, trage ich fast immer ein leichtes Top und dunkle Shorts oder einen blauen Minirock. Ich finde Shorts sehr praktisch. Auf dem Foto habe ich leider meine neue und moderne Brille nicht an. Sie gefällt mir sehr. Ich habe Sandalen an. Die trage ich im Sommer fast immer.

2
Jan: Im Sommer trage ich gern Sandalen und meistens kurze Hosen. Auf dem Foto habe ich eine weiße, halblange Hose und ein schwarzes T-Shirt an. Schwarz ist nämlich meine Lieblingsfarbe.

3
Francesca: Ich bin Francesca und habe immer lange Hosen an. Das kurze Top habe ich von meiner Freundin zum Geburtstag bekommen.

4
Alexia: Und ich bin Alexia. Miniröcke und Tops trage ich gern, aber ich mag auch lange Röcke und Jeans. Im Haus gehe ich auch oft ohne Schuhe. Meine schwarzen, langen Haare sind im Sommer manchmal ein Problem. Ich will sie aber nicht abschneiden!

Einheit 8

2 Was muss Silvia einkaufen?

Mutter: Silvia!
Silvia: Ja!
Mutter: Geh doch bitte schnell in den Supermarkt. Ich brauche noch ein paar Sachen.
Silvia: Aber ich wollte doch jetzt …
Mutter: Hier – notier mal!
Silvia: Na gut. Wenn es sein muss.
Mutter: Hast du was zum Schreiben?
Silvia: Ja.
Mutter: Also: Brot, Zucker, Chips …
Silvia: Nicht so schnell!
Mutter: Chips, Margarine, Bananen, Kekse, Cornflakes …
Silvia: Nur ein paar Sachen, hast du gesagt.
Mutter: Das ist ja auch schon alles. – Ach, nein, kaufe noch ein Glas Marmelade und ein Stück Wurst, am besten Salami.
Silvia: Uff! Ist das nun wirklich alles?
Mutter: Selbstverständlich.

8 Interview mit Zsofia, Dario und Gabriele

Interviewerin: Zsofia, wir haben gehört, dass du gerne und oft kochst. Stimmt das?
Zsofia: Ja, das stimmt. Ich koche mindestens zwei- oder dreimal in der Woche für mich und meine Schwester.
Interviewerin: Und was kannst du kochen?
Zsofia: Reis, Nudeln, Fisch, Gemüse … Meine Spezialität sind Spaghetti mit Tomatensoße. Die schmecken auch meinen Freunden total gut.
Interviewerin: Und wie sieht es bei dir aus, Dario?
Dario: Ja, ich esse sehr gern. Aber ich kann selber nicht gut kochen. Höchstens Eier, Rühreier. Ich hoffe, dass ich nach dem Kochkurs etwas besser werde.
Interviewerin: Du bist also nicht oft in der Küche?

Dario: Doch. Ich helfe schon: Tisch decken, Spülmaschine leeren und so.
Interviewerin: Gabriele, du bist ja so still. Kannst du auch kochen?
Gabriele: Nein, ich koche nicht gern. Hier im Kochkurs geht es, weil wir alle zusammen sind. Meine Oma hat mir zu Weihnachten ein Kinderkochbuch geschenkt. Aber es hat nicht viel geholfen. Sie meint auch, dass ich zu viel Hamburger und Pommes frites mit Ketschup esse. Das stimmt. Ich esse fast nie Gemüse, weil mir Gemüse nicht schmeckt.

Einheit 9

3 Launen

1
Ich bin ganz happy!

2
- Was ist los, Sabrina?
- ○ Mir geht es heute gar nicht gut.

3
Ich finde Xavier Naidoo echt spitze. Der macht mich echt an.

4
- Und – geht's dir wieder besser?
- ○ Ja, ich bin ganz okay.

5
Gestern war mir total schlecht!

6
Das ist ganz in Ordnung.

7
Ich finde den neuen James Bond super.

8
Die Ferien waren dieses Jahr ätzend: Es war kalt und es hat die ganze Zeit geregnet.

11 Reaktionen

a
Stimmt nicht, gestern habe ich überhaupt nicht ferngesehen.

b
Nein, da kann ich nicht. Können wir nicht übermorgen ins Kino gehen?

c
Aber Gelb ist doch in!

d
Aber wir sprechen doch gar nicht. Und hören zu.

e
Tut mir Leid, aber ich muss bis zwei Uhr babysitten.

f
Das stimmt nicht. Ich war Punkt zehn Uhr da!

Einheit 10

3 Minidialoge

1
Ich hab mir am Bein wehgetan.

2
Warum konntest du gestern nicht kommen?

3
Magst du keine Bratwürste?

5 Die Ausstellung von Igor Mitoraj

Die Ausstellung führt durch die Stadt. Sie besteht aus neunzehn Skulpturen, die Igor Mitoraj in der Zeit von 1980 bis heute gemacht hat. Mitoraj, der 1944 in Deutschland geboren ist, aber polnische Eltern hat, liebt vor allem Figuren aus dem alten Griechenland. Die Ausstellung beginnt im Stadtpark mit der ältesten Skulptur. Sie zeigt eine Männerbrust, die verbunden ist. Nicht weit weg liegt ein riesiger Kopf. Das Werk heißt „Eros". Der Kopf des griechischen Gottes der Liebe ist aus dem Jahre 1999. Die Skulptur auf dem Hauptplatz trägt den Titel „Torso des Ikarus". Den starken Oberkörper mit den breiten Schultern und ohne Arme hat Mitoraj 2002 gemacht. Auf dem Foto sieht man den Rücken und den Po, mit einem Flügel und einem Auge auf der rechten Seite. „Ikaria" heißt die Statue von 1996. Sie ist über drei Meter hoch und zeigt zwei schöne Beine. Eine Hand hält den rechten Fuß fest. Auf dem Platz vor dem Kaufhaus steht „Thsuki-No-Hikari", ein Gesicht, das über drei Meter hoch und breit ist, mit entsprechend großen Augen, Nase und Mund. Dieses Werk mit dem komplizierten Titel hat Mitoraj 1991 geschaffen. Weiter geht es mit …

7 Anprobieren

- Mist! Die Hose ist mir viel zu eng! Und die grüne Bluse, die passt nicht zu der roten Jacke.
- ○ Schau mal, die dunkelblaue Hose, die ist größer.
- Zeig mal. Stimmt, die passt mir! Und was passt dazu?
- ○ Hm … Schau dir mal den weißen Pullover an!
- Der gefällt mir auch, aber er ist zu kurz.
- ○ Und wie findest du den? Der ist auch länger.
- Ja, der gefällt mir gut!
- ○ Der steht dir auch gut und er ist wirklich todschick.
- Hoffentlich ist er nicht zu teuer.

8 Die Clique schaut alte Fotos an

Cora: Mensch, sind das alte Fotos! Fast hundert Jahre alt. Zum Glück muss ich keine Kleider wie das Mädchen hier tragen. Viel zu elegant und unpraktisch. Nichts für so sportliche Typen wie mich!
Boris: He, schaut mal dieses Foto an! Sind die nicht süß? Die tragen ein T-Shirt, genau wie ich. Aber die Hosen … Komisch. Sind das kurze lange Hosen oder lange kurze Hosen?
Biene: Und wie findet ihr den da? Die Jacke geht noch, aber das Hemd und die Krawatte … Mein Vater Woody ist ja auch alt, aber der ist doch nicht so altmodisch angezogen!
Rudi: Aber guck mal her, Biene! Genau die richtige Kleidung für dich – eine superelegante Bluse und ein ganz toller Hut. Du magst doch immer noch Hüte, oder?

Testtraining 6–10

2 Hörverstehen

- Hilla Koenig.
- ○ Hallo, Hilla. Ich gehe morgen Abend zu einem Geburtstag. Aber ich weiß nicht, was ich anziehen soll. Hast du eine Idee?
- Hm … Zieh doch deine schwarze Jeans an und die schwarze Bluse dazu.
- ○ Immer Schwarz.
- Aber Schwarz ist doch topmodern!
- ○ Ja, schon. Aber ich habe immer schwarze Klamotten an und ich möchte mal was anderes anziehen.
- Dann zieh doch den dunkelblauen Minirock und die hellblaue Bluse an.
- ○ Aber die Bluse ist so altmodisch!
- Das sagst du. Ich finde, sie steht dir ganz gut.
- ○ Na ja, wenn du meinst …
- Und wann treffen wir uns mal wieder? Geht Samstag bei dir?
- ○ Ja, gern! Ich habe etwas Geld gespart und möchte mir was Neues kaufen.
- Dann gehen wir Samstag in die Stadt, okay?
- ○ Ja, aber ich rufe dich Freitag noch mal an. Tschüs, Hilla.
- Okay. Tschüs bis Freitag.

3 Minidialoge

20
Welche Sportart findet Rudi am elegantesten?

21
Ich weiß nicht, ich finde, Rot passt gar nicht so gut zu dir.

22
Ich finde, weiße T-Shirts passen gut zu blauen Jeans.

Einheit 11

4 Höre zu und ergänze die Geschichte von Romina

Die Sonne schien sehr heiß. Zwei Kinder, Achim und Schenil, spielten im Sand. Plötzlich sahen sie Spuren, ganz große Spuren. Sie waren sehr komisch. Achim und Schenil folgten den Spuren und auf einmal hatten sie ein großes, mysteriöses, rundes Ding vor ihren Augen. Das Ding war verdächtig und hatte viele Haare auf dem ganzen Körper. Achim und Schenil erschraken sehr: Sie hatten keine Ahnung, was es sein konnte. Könnt ihr das Rätsel lösen?

Einheit 12

3 XY-Quiz

Ich bin Michele. X ist in meinem Wohnzimmer. X ist nicht auf dem Teppich. X ist in einer Ecke. X ist neben dem Fernseher. X ist alt. X ist …

Und ich bin Simone. Y ist in meinem Zimmer. Y liegt auf dem Boden. Y ist in der Zimmermitte. Y ist dunkel. Y ist rund. Y ist …

9 Wohnen wie im Märchen

Erinnerst du dich an das Märchen „Hänsel und Gretel"? An das süße Häuschen der bösen Hexe, die die zwei Kinder kochen und essen wollte? Sieht das Häuschen von Miranda nicht fast genauso aus? Vergleiche doch mal die beiden Bilder, die du hier oben siehst. Links das Hexenhaus im Wald, und rechts ein Foto von Mirandas Häuschen, das sie selbst gemacht hat. Sind sie nicht fast gleich? Gleiche Form, gleiches Dach usw. Nur, dass es Mirandas Häuschen und viele andere, die genauso aussehen, tatsächlich gibt, und zwar im Städtchen Santana, das im Norden der Insel Madeira liegt. Dieser typische, traditionsreiche Ort, der zu Portugal gehört, liegt mitten im Atlantischen Ozean, rund 900 km von Lissabon entfernt!

Einheit 13

3 Interview mit Perin, Zenobia und Freddy

Interviewerin: Perin, wir machen Interviews zum Thema Taschengeld. Könnt ihr ein paar Fragen beantworten?
Perin: Ja, klar.
Interviewerin: Du bist die Älteste von euch dreien, oder?
Perin: Richtig.
Interviewerin: Und wie alt bist du?
Perin: Fünfzehn.
Interviewerin: Wie sieht's denn bei dir mit dem Taschengeld aus?
Perin: Na ja, es geht. Ich bekomme jeden Monat am Ersten 25 Euro, und da meine Eltern Bus, Handykarte und Schulsachen bezahlen, reicht es gerade so. Sparen kann ich aber nichts, weil ich sehr viel lese und gerne ins Kino gehe. Da ist mein Taschengeld am Ende vom Monat immer weg.
Interviewerin: Zenobia, du bist die Jüngste, nicht wahr?
Zenobia: Ich bin schon elf!
Interviewerin: Oh, Entschuldigung! Und was kauft sich denn ein elfjähriges Mädchen von seinem Taschengeld?
Zenobia: Eis, Schokolade, Popcorn …
Interviewerin: Und wie viel Taschengeld kriegst du?
Zenobia: Vier Euro.
Interviewerin: Im Monat?
Zenobia: Ach was! In der Woche. Ich bekomme jede Woche vier Euro.
Interviewerin: Und du kaufst dir nur Süßigkeiten?
Zenobia: Nein! Manchmal kaufe ich mir auch etwas zum Spielen oder einen lustigen Radiergummi oder ich gehe ins Schwimmbad. Aber das Schwimmbad bezahlt meine Mama.
Interviewerin: Und die Fahrkarte für den Schulbus bezahlt sie auch, oder?
Zenobia: Wieso denn? Ich gehe doch zu Fuß! Meine Schule ist ja gleich um die Ecke.
Interviewerin: Freddy, wie viel Taschengeld bekommst du?
Freddy: Genau das Gleiche wie Perin. 25 Euro im Monat. Ich muss aber meine Handykarte selbst bezahlen.
Interviewerin: Warum?
Freddy: Meine Eltern meinen, dass wir erst ab fünfzehn ein Handy brauchen. Ich hab mir eins zu meinem vierzehnten Geburtstag gewünscht und auch bekommen. Aber die Telefongespräche muss ich jetzt ein Jahr lang selbst bezahlen.
Interviewerin: Dann bleibt dir aber bestimmt nicht mehr viel Geld für andere Sachen.
Freddy: Ja, das stimmt, aber ich kaufe sonst auch fast nichts. Ab und zu eine CD, so alle drei bis vier Monate vielleicht. Musik ist mein Hobby. Ich spiel auch Saxophon.

Ich hab einmal in der Woche auch Unterricht. Aber das bezahlen meine Eltern.
Interviewerin: Bezahlen sie dir sonst noch was?
Freddy: Ja, wie bei Perin, die Schulsachen und die Straßenbahn.

5 Interview mit Zsofia und Nikola

Interviewerin: Zsofia, wie viel Taschengeld bekommst du?
Zsofia: Zu wenig! Nur fünfzehn Euro im Monat.
Interviewerin: Bist du unzufrieden damit?
Zsofia: Ich möchte schon mehr haben, aber wir sind zu viert und meine Eltern können uns nicht mehr geben.
Interviewerin: Aha.
Zsofia: Dafür arbeite ich am Samstagmorgen bei einem Bäcker. Ich helfe Brot austragen und verdiene etwas.
Interviewerin: Verdienst du gut?
Zsofia: Es geht. Sieben Euro die Stunde.
Interviewerin: Und wofür gibst du dein Geld aus?
Zsofia: Ich lese sehr gerne und kaufe mir oft Zeitschriften. Die sind sehr teuer. Ich kaufe aber auch kleine Geburtstagsgeschenke für meine Freundinnen und meine Geschwister.
Interviewerin: Nikola, bist du in derselben Klasse wie Zsofia?
Nikola: Nein, aber in derselben Schule.
Interviewerin: Wie viel Taschengeld geben dir deine Eltern?
Nikola: Mir geht es besser. Ich bekomme fünfzig Euro im Monat.
Interviewerin: So viel?
Nikola: Vielleicht ist es so, weil ich ein Einzelkind bin.
Interviewerin: Wofür gibst du dein Geld aus?
Nikola: Mal so, mal so. Und manchmal spare ich sogar etwas. Ich möchte mir nämlich ein neues Fahrrad kaufen. Sonst brauche ich am meisten Geld für CDs und fürs Kino. – Ah, das habe ich fast vergessen: Ich bezahle den Schulbus und die Handykarte selber.

8 Präpositionen

1
- • Warum bist du gestern Abend so spät nach Hause gekommen?
- ○ Ich war doch fünf Minuten nach zehn da!
- • Das stimmt nicht! Es war schon fünf vor halb elf.

2
- • Wartest du schon lange?
- ○ Seit einer Viertelstunde.
- • Tut mir Leid, ich habe den Bus verpasst.

3
- • Können wir uns am Samstag um halb zehn treffen?
- ○ Da kann ich nicht. Ich muss Zeitungen austragen.
- • Und um elf?
- ○ Das geht auch nicht. Ich arbeite von acht bis eins.
- • Und am Nachmittag kann ich nicht.
- ○ Schade.

4
- • Weißt du, wo Max ist?
- ○ Nein. Ich habe ihn nach der Schule nicht mehr gesehen.

5
- • Wann haben wir dieses Jahr Osterferien?
- ○ Vom dreizehnten April bis zum achten Mai.
- • So lange? Das ist aber schön.

Einheit 14

1 Austausch-Überraschungen

Mein Name ist Marek und ich bin Österreicher. Ich erinnere mich noch gut an meinen ersten Tag in Spanien. Ich bin kurz nach elf in Wien abgeflogen und war so nervös, dass ich im Flugzeug überhaupt nichts essen konnte. Meine Gastfamilie hat mich dann am Flughafen abgeholt und mir die Stadt gezeigt, bevor wir zu ihnen nach Hause fuhren. Am Abend hatte ich dann richtig Hunger. Ich hatte ja noch gar nichts gegessen! Es wurde sieben Uhr, acht Uhr, neun Uhr – nichts. Dann, endlich, um halb zehn kam das Essen. Halb zehn ist in Spanien ganz normal, manche Familien essen sogar erst um zehn. Jetzt, zwei Monate später, habe ich mich daran gewöhnt. Aber ich esse natürlich zu Mittag!

Hallo, ich heiße Damian und bin seit drei Wochen in Norwegen. Es gefällt mir ausgezeichnet. Die Leute sind alle sehr nett und tolerant und die Natur ist hier einfach fantastisch, besonders die Fjorde und die vielen Berge. Nur etwas stört mich und hat mich überrascht: Bei uns in Deutschland beginnt der Unterricht um acht, also schon ziemlich früh, aber hier an meiner Schule beginnt er noch früher. Und außerdem ist die Schule weit weg. Ich muss immer früh aufstehen: Mein Wecker klingelt schon um sechs!

Ich bin Micol und komme aus der Schweiz. Ich bin jetzt seit einem halben Jahr in England. Das Land ist wirklich interessant, aber voller Gegensätze. In den großen Städten trifft man viele ausgeflippte Leute auf der Straße. Punks und Raver, mit blauen oder grünen Haaren, Tattoos und Piercing. Ich mag das, denn ich bin auch ein wenig unkonventionell. Könnt ihr euch aber vorstellen, wie überrascht ich war, als ich an meinem ersten Schultag gesehen habe, dass man eine Schuluniform tragen muss?

3 In Deutschland ist vieles anders

1
Am Nachmittag gibt es keine Schule, da kann man gut Sport oder andere Aktivitäten machen.

2
Fast alle Leute gehen nur bei Grün über die Straße.

3
Die Wege sind kurz: Man kommt von einem Ort zum anderen.

4
Das Wetter wechselt oft dreimal am Tag.

5
Die Schüler bleiben sitzen, wenn der Lehrer in die Klasse kommt.

6
Die Jugendlichen müssen nicht ihre Eltern fragen, wenn sie etwas kaufen möchten.

7
Wenn man aus dem Haus geht, darf man Pullover oder Jacke nicht vergessen.

8
Am Samstag organisieren die Schüler oft Feste bis neun oder zehn Uhr abends.

9
Hier ist es sehr international und man trifft Menschen aus der ganzen Welt.

10
Alle essen zu Mittag das Gleiche und sie essen fast immer kalt.

11
Der Unterricht beginnt am Morgen viel früher als bei uns.

12
Wenn man zum Beispiel ein Pausenbrot möchte, kann man es haben, aber man muss es bezahlen.

Einheit 15

Testtraining 11–15

Hörverstehen Teil 1

Sechs Uhr, es ist Freitag, der 28. August, Hitradio FFM. Sie hören Nachrichten. Zunächst der Überblick: Millionenraub im Museum für moderne Kunst. CDU verliert Landtagswahl, Wochenstunden für Schüler werden drastisch erhöht. Frankfurt: Gestern Abend wurde im Museum für moderne Kunst Picassos „Mann mit Gitarre" gestohlen. Das etwa fünfzehn Millionen Euro teure Bild soll kurz vor der Schließung des Museums verschwunden sein. Kurz nach der Schließung entdeckte eine Aufsicht den Diebstahl. Den Tätern ist es offensichtlich gelungen, das Alarmsystem auszuschalten. Die Polizei bittet die Personen, die gestern Nachmittag kurz vor Schließung im Museum waren, sich zu melden. Die Telefonnummer lautet: 0 21 / 7 27 50 50. Wiesbaden: Die hessischen Landtagswahlen …

Hörverstehen Teil 2

1
- • Hallo, Katja, wo warst du denn? Ich hab dich die ganzen Osterferien nicht gesehen!
- ○ Ich bin erst seit gestern Abend wieder zurück.
- • Wo warst du denn?
- ○ Du weißt doch, dass ich seit zwei Jahren eine Brieffreundin in Österreich hab. Sie hat mich eingeladen und ich habe sie in Wien besucht.
- • Ganz schön teuer, oder?
- ○ Stimmt, aber ich habe den ganzen Winter am Samstagmorgen in einer Bäckerei gearbeitet und so konnte ich ganz schön viel Geld verdienen und selber die Reise bezahlen.

2
- • Und – wie war's?
- ○ Einfach super! Samira, meine Briefpartnerin, ist toll. Sie hat so viele Interessen. Sie macht sogar Mode selber. Sie zeichnet ihre Modelle selbst, und wenn sie Taschengeld braucht, verkauft sie sie auch an Freunde.
- • Hast du auch mitgeholfen?
- ○ Nein, nein. Wir hatten doch keine Zeit dazu. Wir haben die Stadt besichtigt, Freunde getroffen, sind ins Kino gegangen, und da ich in ihrem Zimmer geschlafen habe, haben wir in der Nacht lange gesprochen. Wir haben uns super verstanden.
- • Ich möchte sie auch kennen lernen. Wann besucht sie dich?
- ○ Ich weiß noch nicht genau, wann sie kommt. Vielleicht in den nächsten Sommerferien.
- • Du, es hat schon geläutet. Wir müssen rein, sonst motzt uns der …

Tipps und Tricks für neue Freunde

1 Hilfen geben – um Hilfe bitten

Eine Schülerin hat Probleme mit den Hausaufgaben.

- Kann ich dir helfen?
- Ist alles o.k.?

Selbst um Hilfe bitten.

- Kannst du mir helfen?
- Ich habe ein Problem.
- Kannst du mir das erklären?

2 An andere denken

Kennst du die Geburtstage von deinen Klassenkameradinnen?

- Heute hast du doch Geburtstag, oder? Herzlichen Glückwunsch!
- Gefällt dir der Kuli? Ich schenk ihn dir. Ich hab zwei davon.

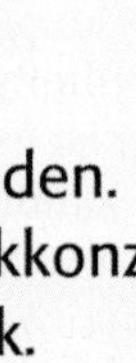

Gute Wünsche finden alle gut.

- Viel Glück beim Mathetest!
- Alles Gute!

3 Komplimente machen

Ein Mitschüler hat etwas Neues.

- Die Jeans steht dir gut!
- Das T-Shirt sieht gut aus. Ist das neu?
- Dein Füller ist echt cool.

(Tipp: Ein Lächeln hilft immer!)

4 Kreativ sein

Einen Mitschüler mit einem „Trick" einladen.

- Ich habe noch eine Karte für das Rockkonzert am Samstag. Meine Freundin ist krank. Hast du Lust? Kommst du mit?

5 Andere einladen

- Ich mache am Samstag eine Party. Habt ihr Lust? Zeit?

6 Nett zu Lehrern sein – Interesse zeigen

- Wie geht es Ihnen?
- Waren Sie beim Frisör?
- Schönes Auto, Herr Schmidt!

Sandra, Chrissi und Petra unterhalten sich auf dem Schulhof.

Sandra: Hey. Wie findet ihr die Neue?
Chrissi: Anna? Ich weiß nicht. Die ist komisch.
Petra: Genau. Ich finde, die passt nicht zu uns.
Sandra: Frau Johnen sagt, dass sie aus Jena kommt.
Petra: Ist mir doch egal. Sie erzählt uns nichts. Sitzt immer nur da und beobachtet uns.
Chrissi: Findet ihr sie nicht auch arrogant?
Petra: Genau! Zu mir hat sie gesagt, dass ihre alte Schule viel besser war und dass sie da viel mehr Freunde hatte.
Chrissi: Und die Klamotten!
Sandra: Aber sie ist ziemlich gut in der Schule, überall Einsen und Zweien.
Petra: Streberin.
Sandra: Ich glaube, sie findet uns blöd.
Chrissi: Wir sind wohl nicht gut genug für sie, oder was?
Petra: Also ich finde, dass sie ziemlich blöd ist.
Sandra: Stimmt. Sie gibt uns nie ihre Hausaufgaben und sie hilft uns nie.
Petra: Streberin! Sag ich doch!
Sandra: Achtung, da kommt sie.
Alle: Hallo, Annaaaa, wie geeeeht's?

1
2
3
4
5
!
Zeugnis
6
!?
7
!
8
!?
9

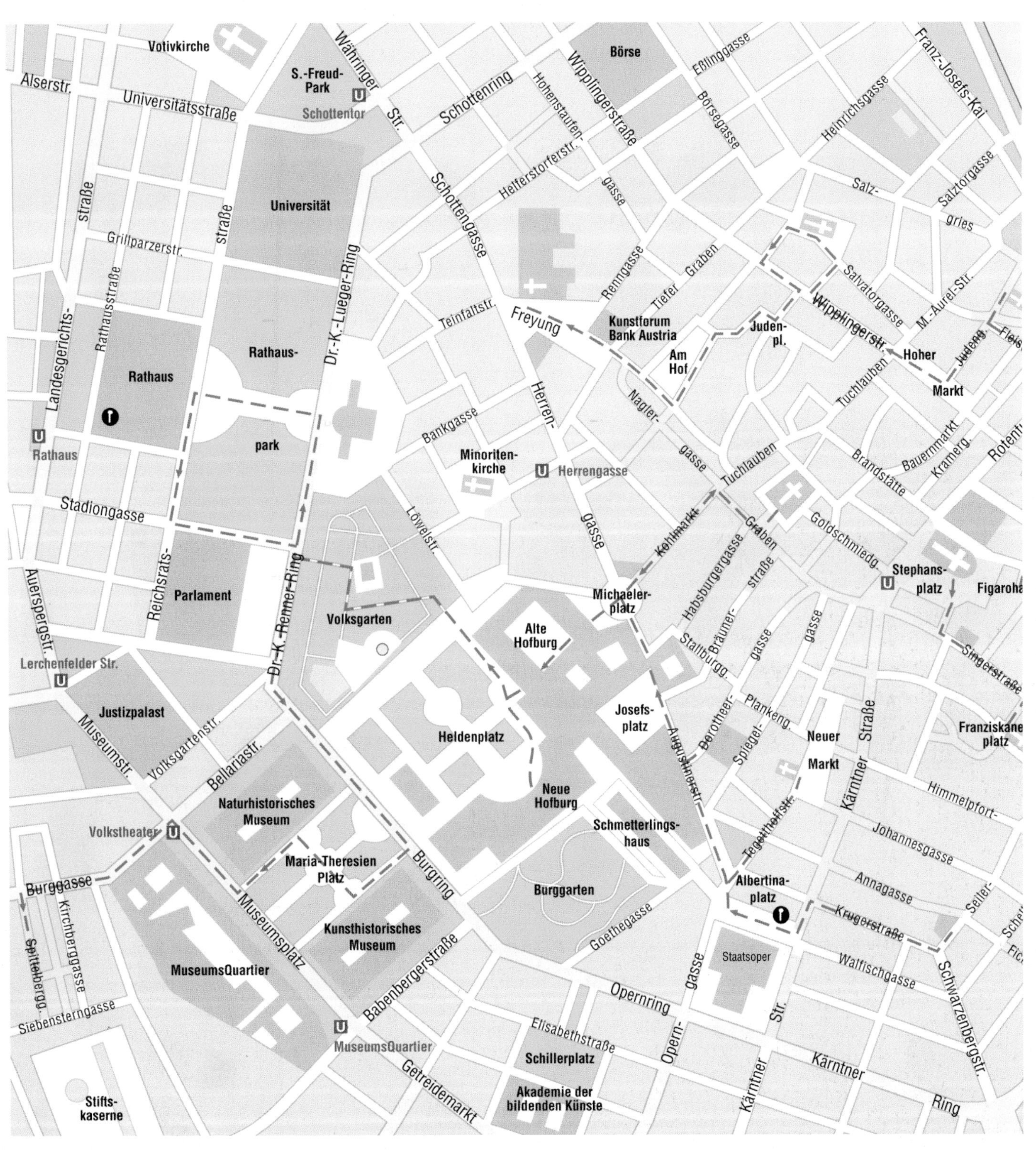
Votivkirche
Alserstr.
Universitätsstraße
S.-Freud-Park
Schottentor
Währinger Str.
Schottenring
Börse
Wipplingerstraße
Eßlinggasse
Börsegasse
Franz-Josefs-Kai
Heinrichsgasse
Hohenstaufengasse
Helferstorferstr.
Schottengasse
Universität
Grillparzerstr.
Landesgerichtsstraße
Rathausstraße
Rathaus
Rathauspark
Dr.-K.-Lueger-Ring
Teinfaltstr.
Freyung
Renngasse
Tiefer Graben
Kunstforum Bank Austria
Am Hof
Judenpl.
Wipplingerstr.
Salvatorgasse
Salz-gries
Salztorgasse
M.-Aurel-Str.
Hoher Markt
Tuchlauben
Bauernmarkt
Kramerg.
Brandstätte
Rotenturmstr.
Bankgasse
Minoritenkirche
Herrengasse
Naglergasse
Stadiongasse
Reichsratsstr.
Parlament
Auerspergstr.
Lerchenfelder Str.
Dr.-K.-Renner-Ring
Volksgarten
Löwelstr.
Kohlmarkt
Graben
Goldschmiedg.
Stephansplatz
Figaroha
Michaelerplatz
Alte Hofburg
Habsburgergasse
Bräunerstraße
Stallburgg.
Dorotheergasse
Singerstraße
Justizpalast
Museumstr.
Volksgartenstr.
Bellariastr.
Heldenplatz
Josefsplatz
Augustinerstr.
Plankeng.
Spiegelgasse
Neuer Markt
Kärntner Straße
Franziskanerplatz
Himmelpfortgasse
Naturhistorisches Museum
Volkstheater
Maria-Theresien Platz
Burgring
Neue Hofburg
Schmetterlingshaus
Tegetthoffstr.
Johannesgasse
Albertinaplatz
Annagasse
Seilerstätte
Burggasse
Kirchberggasse
Spittelberg.
Museumsplatz
Kunsthistorisches Museum
Burggarten
Goethegasse
Krugerstraße
Staatsoper
Walfischgasse
Schwarzenbergstr.
MuseumsQuartier
Babenbergerstraße
Opernring
Operngasse
Siebensterngasse
Elisabethstraße
Schillerplatz
Kärntner Str.
Kärntner Ring
Getreidemarkt
Akademie der bildenden Künste
Stiftskaserne

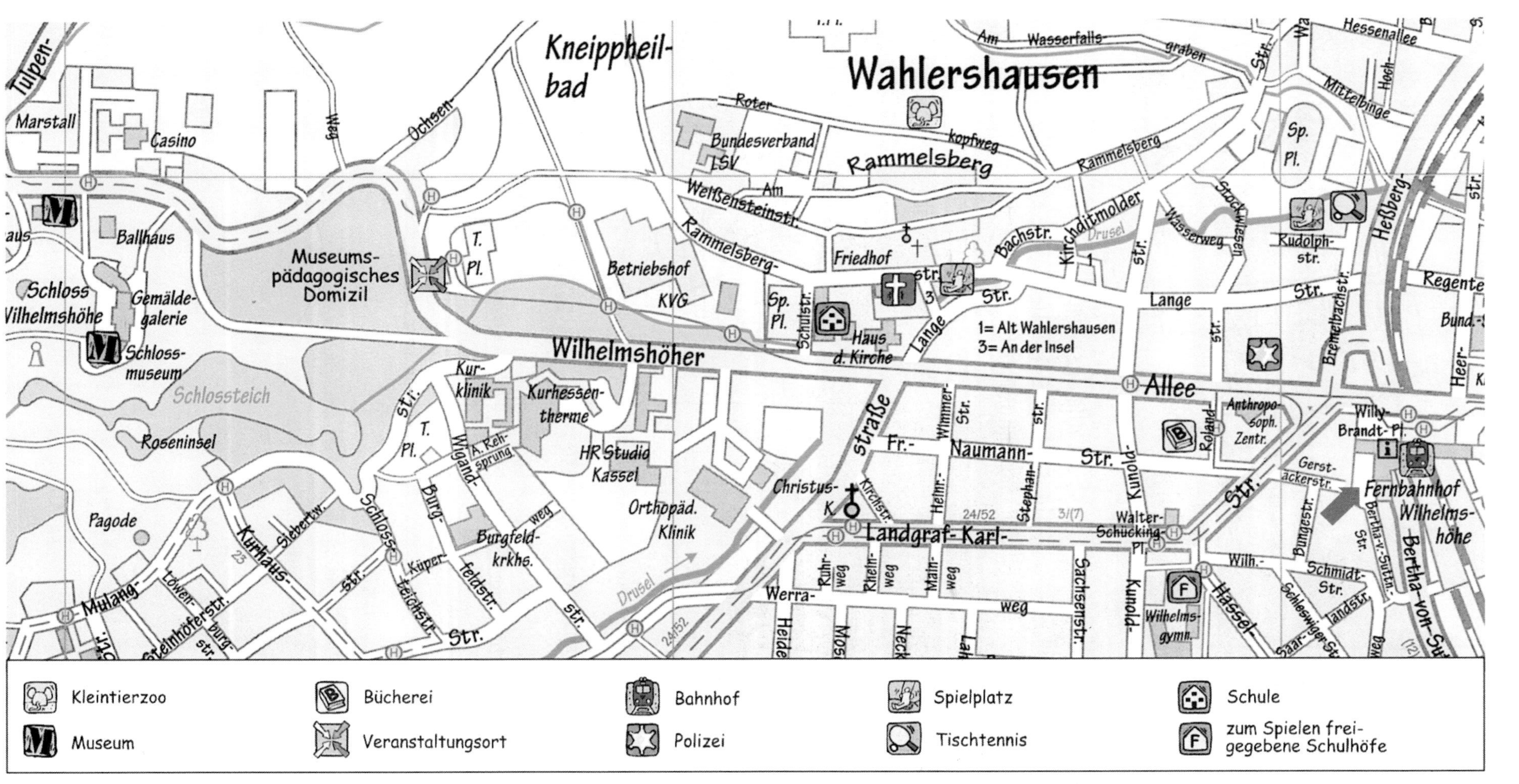
Wahlershausen
Kneippheil-bad
Wilhelmshöher Allee
Rammelsberg
Friedhof
Haus d. Kirche
1= Alt Wahlershausen
3= An der Insel
Betriebshof KVG
Museums-pädagogisches Domizil
Schloss Wilhelmshöhe
Schloss-museum
Gemälde-galerie
Ballhaus
Casino
Marstall
Roseninsel
Schlossteich
Pagode
Kurhessen-therme
HR Studio Kassel
Orthopäd. Klinik
Fernbahnhof Wilhelmshöhe
Bertha-von-Su
Landgraf-Karl-
Christus-K.
Kleintierzoo
Museum
Bücherei
Veranstaltungsort
Bahnhof
Polizei
Spielplatz
Tischtennis
Schule
zum Spielen frei-gegebene Schulhöfe

1
Hast du den Fahrplan eingepackt? Hast du den Walkman eingepackt?
2
Hast du alle Taschen? Hast du das Handy mitgenommen?
3
Hast du die Kamera?
Ja, ja, ja, du nervst.
4
Die Fahrkarten bitte!
5
6
○ He, Boris, hast du die Fahrkarten eingesteckt?
● Ich? Nein, ich hab gedacht, du hast sie.
○ Warum hast du das nicht gesagt?
● Du hast mich ja nicht gefragt.
7

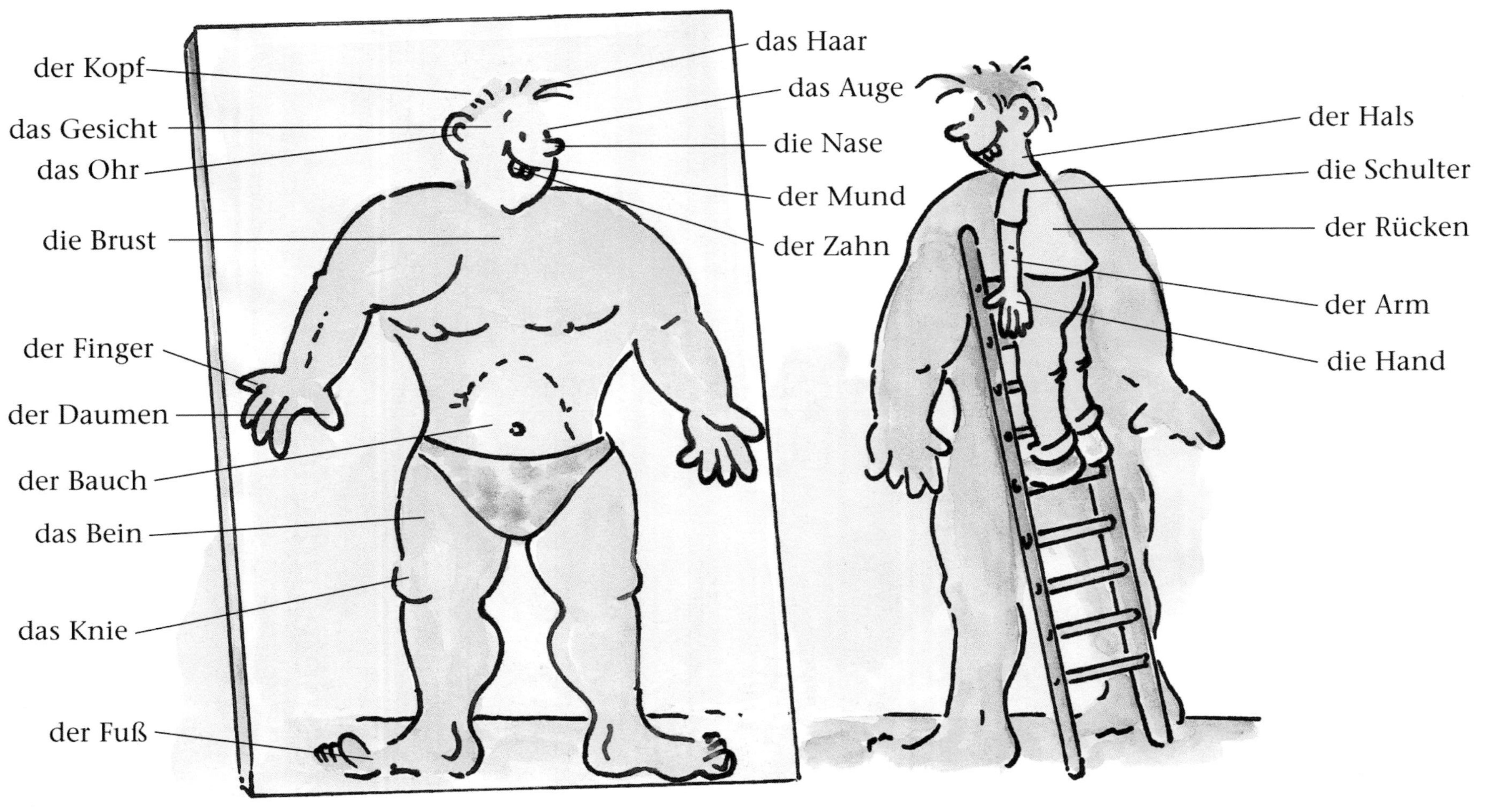
der Kopf
das Gesicht
das Ohr
die Brust
der Finger
der Daumen
der Bauch
das Bein
das Knie
der Fuß
das Haar
das Auge
die Nase
der Mund
der Zahn
der Hals
die Schulter
der Rücken
der Arm
die Hand

Bitte notiert aus Übung 3 in Einheit 7 drei Kleidungsstücke mit Farben, die ihr mögt, links in die Tabelle, und drei, die ihr nicht mögt, rechts in die Tabelle. Lest vor! Sprecht darüber im Kurs.

… mag ich.	… mag ich nicht.
Schwarze Stiefel	Einen dunklen Pullover
1) ___________________	1) ___________________
___________________	___________________
2) ___________________	2) ___________________
___________________	___________________
3) ___________________	3) ___________________
___________________	___________________

„Schwarze Stiefel mag ich.“

Die Rache

Das Pop-Mac ist ein .... Hamburger-Restaurant am Rathausplatz. Ingo und Carla sitzen dort gerne. Ingo erzählt: „Manchmal essen wir einen .... Hamburger. Manchmal haben wir wenig Geld und wollen nur eine .... Cola trinken und nichts essen. Das war kein Problem, bis der .... Manager gekommen ist. Der hat gesagt, dass wir nicht hier sitzen können und nur Cola trinken. Wir haben überlegt, wie wir den .... Typ ärgern können. Ich hatte eine .... Idee. Ich habe eine tote Maus besorgt. Die .... Maus habe ich neben die Küchentür gelegt. Nach ein paar Minuten ist Carla reingekommen und hat die .... Maus „gefunden". Sie hat laut geschrien. Der .... Manager ist sofort gekommen. Sie hat gesagt, dass das ein .... Skandal ist und dass ihr Vater bei der Zeitung arbeitet. Der Manager war schockiert, aber sehr freundlich. Er hat sich sofort entschuldigt und ihr eine .... Cola gebracht. Jetzt können wir sitzen bleiben, solange wir wollen."

✂--

Die Rache

Das Pop-Mac ist ein ....**-es** Hamburger-Restaurant am Rathausplatz. Ingo und Carla sitzen dort gerne. Ingo erzählt: „Manchmal essen wir einen ....**-en** Hamburger. Manchmal haben wir wenig Geld und wollen nur eine ....**-e** Cola trinken und nichts essen. Das war kein Problem, bis der ....**-e** Manager gekommen ist. Der hat gesagt, dass wir nicht hier sitzen können und nur Cola trinken. Wir haben überlegt, wie wir den ....**-en** Typ ärgern können. Ich hatte eine ....**-e** Idee. Ich habe eine tote Maus besorgt. Die ....**-e** Maus habe ich neben die Küchentür gelegt. Nach ein paar Minuten ist Carla reingekommen und hat die ....**-e** Maus „gefunden". Sie hat laut geschrien. Der ....**-e** Manager ist sofort gekommen. Sie hat gesagt, dass das ein ....**-er** Skandal ist und dass ihr Vater bei der Zeitung arbeitet. Der Manager war schockiert, aber sehr freundlich. Er hat sich sofort entschuldigt und ihr eine ....**-e** Cola gebracht. Jetzt können wir sitzen bleiben, solange wir wollen."

Meiner Mutter schmecken Krabben.
Meinem Vater schmeckt Salat.
Meiner Freundin schmeckt nur Pizza,
wenn sie richtig Hunger hat.
Unserem Opa schmeckt nur Fisch,
aber auch nur sehr, sehr frisch.
Seiner Frau schmeckt nur Kaffee.
Ihrer Tochter nur noch Tee.
Ihren Hunden schmeckt das Eis,
ist der Sommer mal sehr heiß.
Einem Pferd schmeckt Heu, und „muh“,
so ist's auch bei einer Kuh.
Unserer Katze schmeckt nur Maus.
Wie ist das in eurem Haus?

Meiner Freundin Turbo schmecken
Katzenchips am besten.

c

b

a

d

e

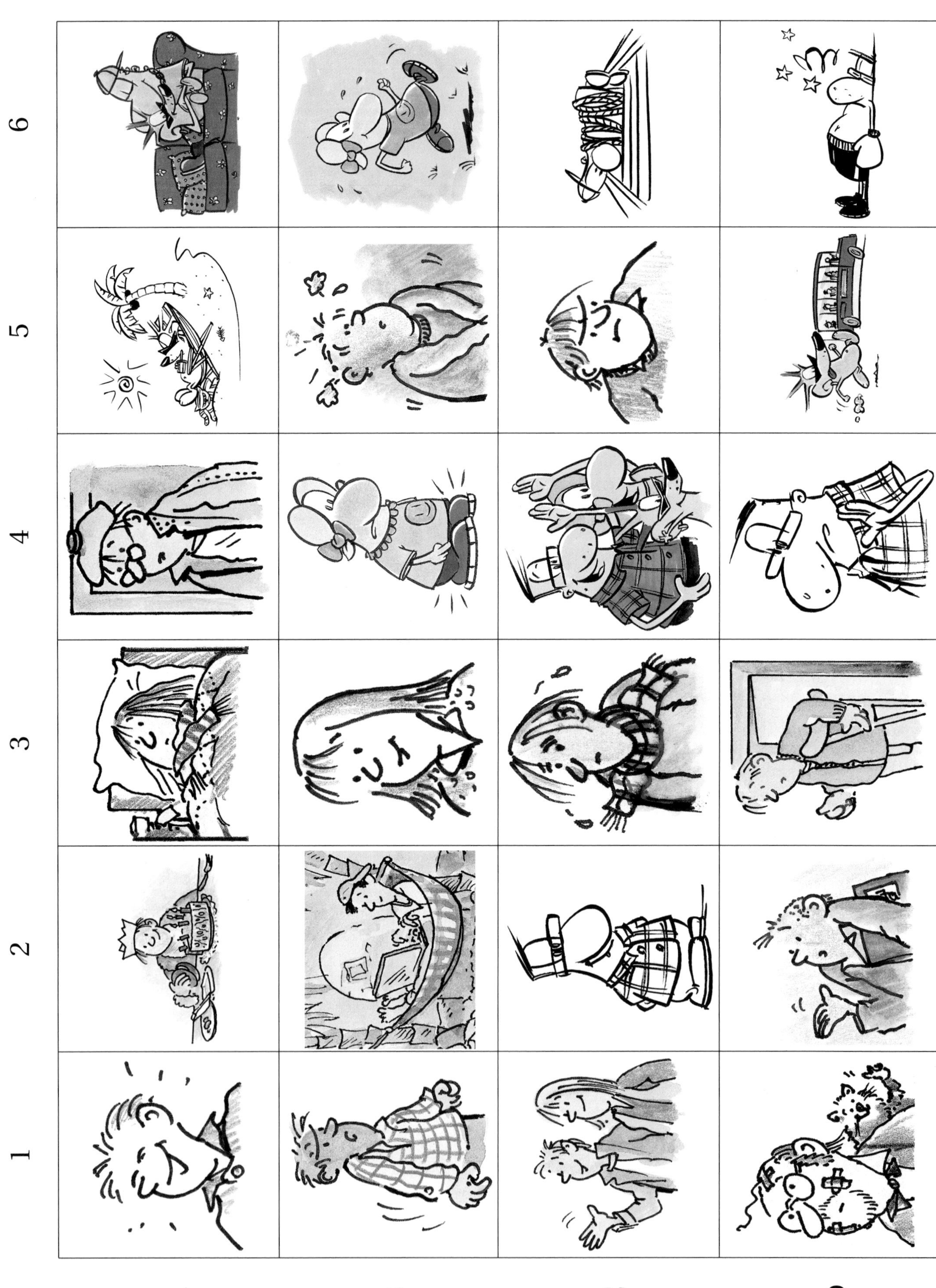
1
2
3
4
5
6
A
B
C
D

1. Dort steht: Diebstahl im Museum.

2. Er erzählt, dass er mit Olli im Mediamarkt war.

3. Dann erzählt Einstein noch über Ollis teures Geschenk für Jessica.

4. Dr. Schmidt versteht das Problem nicht, dann zeigt ihm Einstein die Zeitung.

5. Danach wollten sie in das Internetcafé.

6. Einstein wartete vergeblich auf Olli.

7. Zum Schluss haben beide einen Verdacht.

8. Einstein will etwas über Olli erzählen.

9. In der Pause bleiben Dr. Schmidt und Einstein allein in der Klasse.

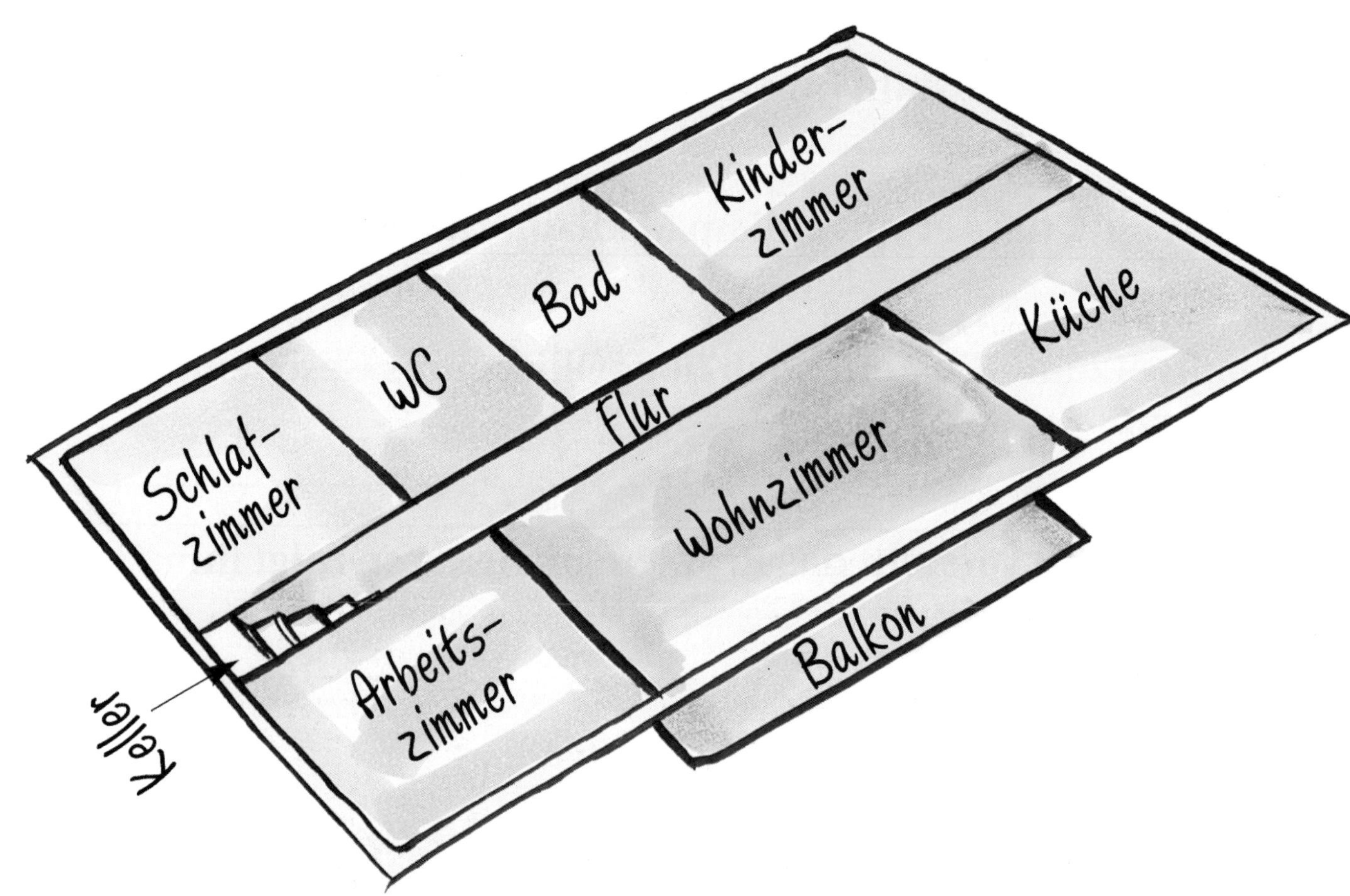

im -zimmer/Keller/Bad/Flur
in der Küche/Toilette
auf dem Balkon

Wahre Aussage (W) oder Lüge (L)?

Frage		W oder L
Wofür gibst du zu viel Geld aus?		
Für wen kaufst du gern Geschenke?		
Wofür hättest du gern mehr Geld?		
Für wen hast du immer Zeit?		
Wofür gibst du nie Geld aus?		
Für wen arbeitest du gern?		
Wofür hast du nie Geld?		
Für wen gehst du durchs Feuer?		

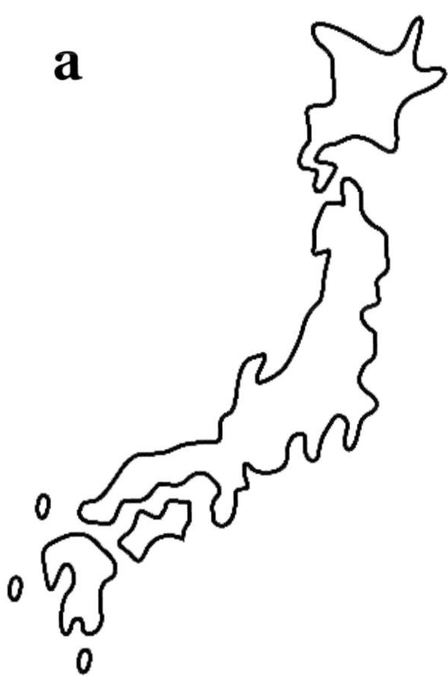
a

b

c

Arbeitsblatt zur Recherche „Informationen über ein Land / eine Region / eine Stadt“

Checkliste

Gruppe / Namen: ____________________

Unser Thema: ____________________

1. Material:
   - x Wo suchen wir? (Bibliothek, Internet, Reisebüros, zu Hause ...)
   - x Wen fragen wir? (Eltern, Freunde, Lehrer ...)

2. Präsentation:
   - x Wie präsentieren wir? (Mit Plakat, Buch/Heft, Prospekt ...)
   - x Was präsentieren wir? (Material auswählen)
   - x Wer macht das? Wer kann das? (Texte schreiben, malen, korrigieren ...)
   - x Wer kann uns helfen?

3. Planung:
   - x Wie viel Zeit haben wir? ____________________
   - x Wie wollen wir arbeiten?
     - Schritt 1 ____________________
     - Schritt 2 ____________________
     - Schritt 3 ____________________
     - Schritt ... ____________________
   - x Wer macht was? Wann? (Z. B. Material suchen, Leute fragen, Fotos machen, Bilder malen ...)

Wer?	Was?	Bis wann?

Toni Bien!	Toni Bien?	Toni Bünn!	Toni Bünn?	Toni Bühn!	Toni Bühn?
Sonja Bien!	Sonja Bien?	Sonja Bünn!	Sonja Bünn?	Sonja Bühn!	Sonja Bühn?
Oma Bien!	Oma Bien?	Oma Bünn!	Oma Bünn?	Oma Bühn!	Oma Bühn?
Opa Bien!	Opa Bien?	Opa Bünn!	Opa Bünn?	Opa Bühn!	Opa Bühn?
Mutter Bien!	Mutter Bien?	Mutter Bünn!	Mutter Bünn?	Mutter Bühn!	Mutter Bühn?
Vater Bien!	Vater Bien?	Vater Bünn!	Vater Bünn?	Vater Bühn!	Vater Bühn?

Arbeitsblatt zur Internet-Recherche „O du fröhliche, o du selige“ (Weihnachten)

1. Öffnet diese Adressen. Welche Seite gefällt euch am besten? Warum?

http://www.weihnachtsstadt.de
http://www.christkindlesmarkt.de
http://www.gzg.fn.bw.schule.de/lexikon/referate/weihnach.htm#bretzobrez
http://www.weihnachten-info.de
http://www.weihnachtsseiten.de

2. Nennt drei Städte, in denen es einen Weihnachtsmarkt in diesem Jahr gibt. Wann finden die Weihnachtsmärkte statt?

____

____

____

3. Was sind typische Spezialitäten auf einem Weihnachtsmarkt?

____

____

____

4. Worum geht es auf der Seite http://www.derweg.org/mwbrauch/wheilidr.htm?

____

5. Sucht ein Stück aus und übt zu zweit.

„Unser Stück heißt: ____“

6. Sucht im Internet nach Antworten:

a) Was sind „Plätzchen“? ________________________________

b) Wer bringt am Heiligen Abend die Geschenke? __________________

c) Wer ist „Knecht Ruprecht“? ______________________________

d) Was ist „Lametta“? ____________________________________

e) Was ist ein „Krippenspiel“? ______________________________

7. Unter den Adressen http://www.weihnachtsstadt.de oder http://www.grusskarten.de (Weihnachten) könnt ihr Weihnachtskarten schreiben und verschicken. Wählt ein Motiv aus und sendet einem Mitschüler / einer Mitschülerin einen Weihnachtsgruß.

Zwei Gedichte. Sucht euch ein Gedicht aus, übt zu zweit und lest es zu zweit vor.

Zur Osterfeier,
da freun wir uns sehr,
da suchen wir Eier,
die Kreuz und Quer.
Husch, husch,
im Dornenbusch,
flugs, flugs,
im grünen Buchs.
Husch, husch, husch, husch!
Flugs, flugs, flugs, flugs!

August Heinrich Hoffmann von Fallersleben

Osterhäschen, groß und klein,
tummeln sich am Wiesenrain,
müssen tanzen, hopsen, lachen
und mitunter Männchen machen.
Heute wollen wir noch springen
und den Kindern Eier bringen:
rote, gelbe, braune, graue,
bunte, grüne, himmelblaue.
Keiner kriegt was, der uns sieht:
Das ist unser Hasenlied

Volksgut

Weitere Gedichte und Informationen zu „Ostern“ unter:
http://www.gedichtepool.de/ostern.htm
http://www.german-easter-holiday.com

Lest die Texte. Was gibt es auch bei euch?

Die Fastenzeit

Vor Ostern ist Fastenzeit. Die Menschen essen kein Fleisch, sie trinken keinen Alkohol. Ein typisches Essen ist Fisch. Für viele ist die Fastenzeit eine Zeit für das Nachdenken, ohne Luxus und ohne Konsum. Am Karfreitag, dem Freitag vor Ostern, ist das Fasten zu Ende.

Das Osterfeuer

In vielen Regionen gibt es in der Osterzeit ein großes Feuer. Ein Dorf sammelt Holz und bringt es auf einen Platz. Am Abend gibt es ein großes Feuer und das ganze Dorf trifft sich zu einem kleinen Fest.

Das Essen

Was essen die Leute zu Ostern? Traditionell braten sie ein Osterlamm oder backen einen Osterkranz. Natürlich essen viele auch Eier und die Kinder finden viele Süßigkeiten.

Das Osterwasser

Früher haben sich viele Frauen mit Osterwasser gewaschen. Sie haben geglaubt, dass das Wasser aus Quellen und Brunnen sie fruchtbar macht. Sie mussten das Wasser am Ostersonntag aus dem Brunnen holen und nach Hause bringen. Sie durften aber nicht sprechen.

Einheit 1

1 a4: Natascha – b1: Anna – c3: Manuel – d2: Siri

2 Manuela ist meine beste Freundin. Sie ist hilfsbereit, offen und zuverlässig. Sie ist 1,60 m, genauso groß wie ich. Ihre Haare und ihre Augen sind braun, so wie meine. Sie ist 14 und hat am 17. Oktober Geburtstag, wie ich. Wir machen alles zusammen. Wir besuchen die gleiche Schule, gehen in die gleiche Klasse und haben die gleichen Hobbys: Wir hören gern Musik und skaten oft. Wir haben auch die gleichen Freunde und gehen so auf die gleichen Partys.

3 Sehen, dass du traurig bist. Hören, dass du feige bist. Verstehen, dass du dumm bist. Denken, dass du uninteressant bist.

4 Biene: 2 – Rudi: 8 – Boris: 4 – Cora: 2 – Turbo: 3

5 2. interessant – uninteressant 3. aufmerksam – unaufmerksam 4. zuverlässig – unzuverlässig 5. freundlich – unfreundlich 6. sportlich – unsportlich 7. treu – untreu 8. ehrlich – unehrlich

6 Falsch: sehen – finden – fragen

7 2. du 3. euch 4. Ihnen 5. mir 6. dir 7. ihm 8. ihr

8a 2. dass Pizza gut schmeckt. 3. dass die Aufgabe schwer ist. 4. dass der neue Computer teuer ist. 5. dass der Deutschlehrer ganz o. k. ist. 6. dass der Kuli Frank gehört. 7. dass die Musik langweilig war. 8. dass Anna schöne Klamotten hat.

8b Im Nebensatz mit *dass* steht das Verb immer am Satzende.

9 1. liegt 2. habe 3. war 4. anfängt 5. kann 6. haben

10 Beispiel:
Sie erzählt, dass Manuela kurze braune Haare und braune Augen hat. Sie sagt, dass sie 1,60 m groß ist. Sie erzählt, dass sie in die gleiche Klasse geht. Sie sagt, dass sie in der Freizeit skatet und Musik hört. Sie erzählt, dass sie am 17. Oktober Geburtstag hat.

11 Lieber Peter,
es tut mir Leid, aber ich vertraue dir nicht mehr. Ich möchte dir auch sagen, dass ich meinen Freund liebe und dass du mir ruhig glauben kannst. Er ist nicht mit Eva zusammen, sondern mit mir: Er und ich passen gut zusammen. Schreibe mir bitte nicht mehr.
Anna

Einheit 2

1/2 Um elf war die ganze Gruppe am Bahnhof. Alle waren pünktlich. Herr Marquart, ihr Gruppenleiter, hat ihre Ausweise kontrolliert. Plötzlich war Stefans Ausweis weg! Nach zehn Minuten hatte er ihn wieder: Er war unten im Koffer zwischen den Strümpfen. Stefan ist ein Vollchaot. Die Zugfahrt war super. Niemand hat geschlafen, nur Herr Marquart. Morgens waren sie in Wien. Alle waren fix und fertig. Nachmittags haben sie einen Spaziergang gemacht. Die Donau liegt nicht weit von ihrem Jugendgästehaus. An der Donauinsel gibt es einen sehr schönen Badestrand. Eine Welle hat plötzlich Stefans Schuhe und Strümpfe total nass gemacht. Stefan war kalt und er musste nach Hause zurück.

2 sein: ich war – du warst – er/es/sie war – wir waren – ihr wart – sie/Sie waren
haben: ich hatte – du hattest – er/es/sie hatte – wir hatten – ihr hattet – sie/Sie hatten

3 Die Reise war lang, aber super! Heute hatten wir einen ruhigen Tag, denn wir waren alle fix und fertig. Zuerst waren wir im Jugendgästehaus und dann auf der Donauinsel.

4 Stephansdom – Prater – Hofburg – Donau – Kärntnerstraße – Donauinsel

5 die Donau / zur Donau? – der Stephansdom / ich zum Stephansdom? – das Jugendgästehaus / komme ich zum Jugendgästehaus? – die Kärntnerstraße / Entschuldigung, wie komme ich zur Kärntnerstraße? – der Prater / Entschuldigung, wie komme ich zum Prater?

6 6: Geh geradeaus. 3: Geh den Fluss entlang. 4: Geh durch den Park. 5: Geh nach der Brücke links. 2: Geh am Kino vorbei. 1: Geh an der Kreuzung links.

7

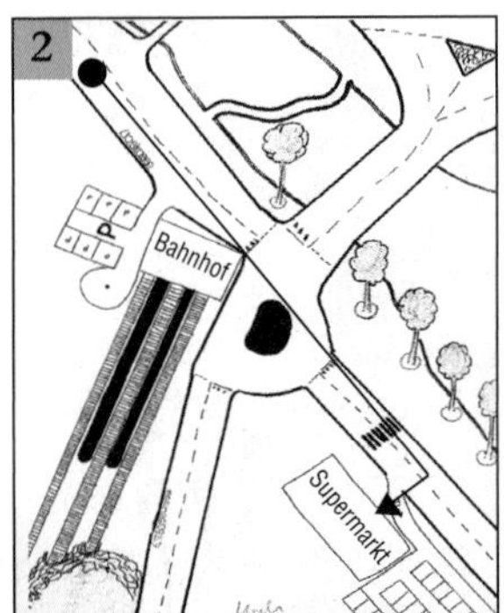

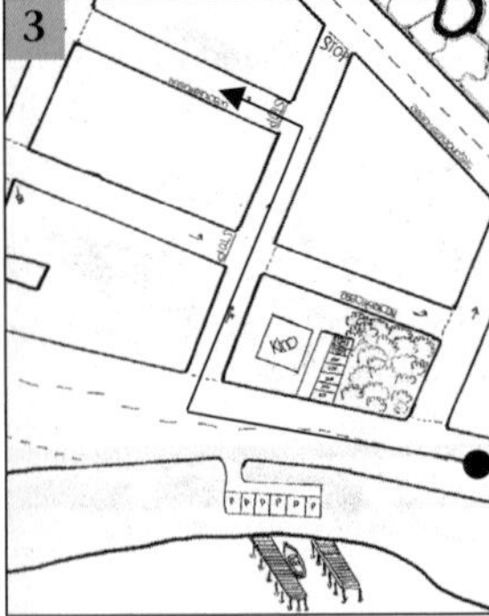

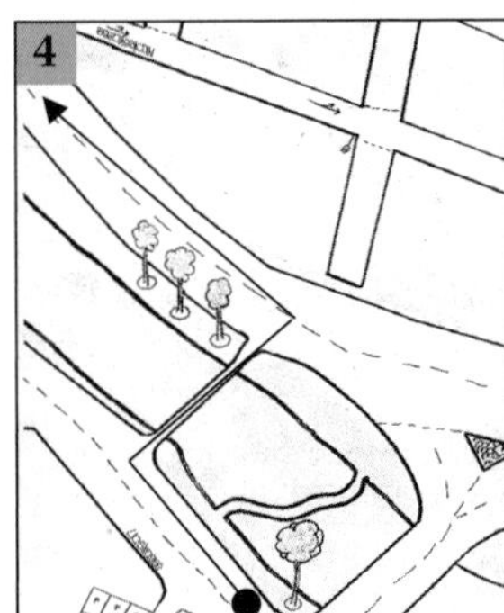

8 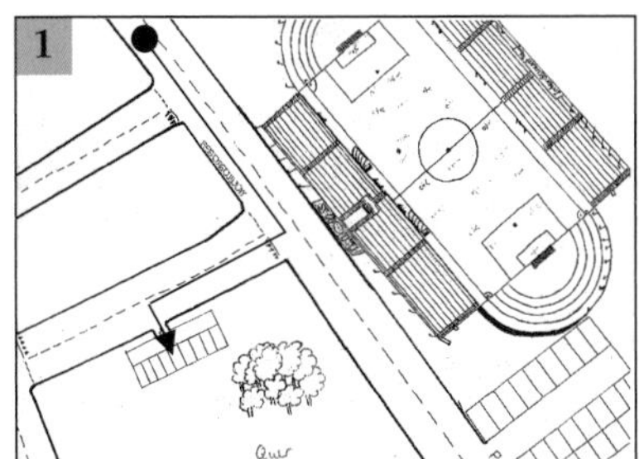

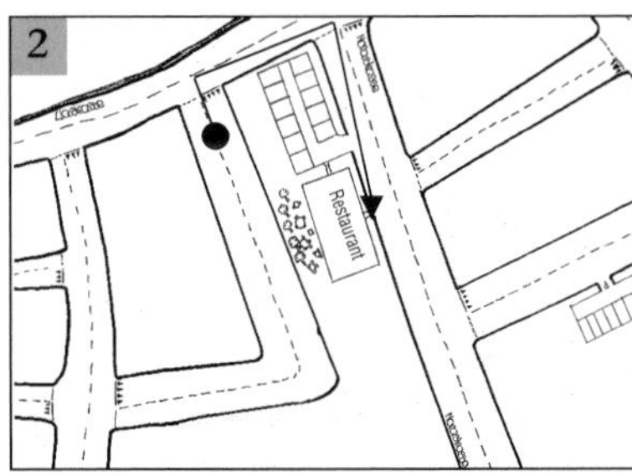

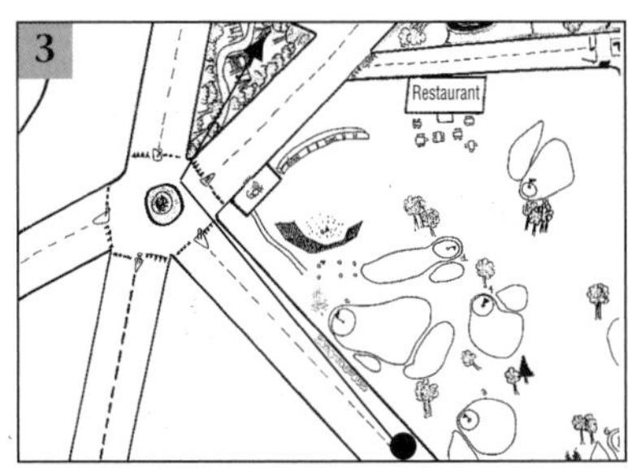

9 Wir sind hier vor der Fabrik. Gehen Sie zuerst rechts am Fluss entlang und dann die erste Brücke links. Gehen Sie nach der Brücke zuerst kurz links und dann gleich rechts. Gehen Sie dann geradeaus am Museum vorbei. Nach der dritten Straße links sehen Sie die Kirche.

10 Kino

11 1b: zum 2e: zu 4f: zum 5d: zur 6c: zur

12 1b – 2f – 3a – 4e – 5c – 6d

Einheit 3

1 1. Lissabon 2. Athen 3. London 4. Paris 5. Rom 6. Wien

2 1d – 2e – 3c – 4b – 5a – 6f

3 ge…t: gewandert / wandern – gebadet / baden – gedauert / dauern – geregnet / regnen – gehabt / haben – gehört / hören – gelacht / lachen – getanzt / tanzen – gefrühstückt / frühstücken – gefüttert / füttern – gemacht / machen – gekocht / kochen – gespielt / spielen
…ge…t: abgeholt / abholen – angeschaut / anschauen – aufgewacht / aufwachen – eingekauft / einkaufen – aufgepasst / aufpassen
…t: fotografiert / fotografieren – besichtigt / besichtigen – besucht / besuchen

4 1. habe 2. habe 3. haben 4. ist 5. ist 6. sind 7. haben 8. hat

5 1. sind … gefahren 2. haben … gesucht – sind … gegangen 3. haben … gemacht 4. haben … besucht 5. sind … gegangen 6. ist … gewesen – haben … gelacht – gehabt 7. ist … gewesen – ist weggelaufen

6 2. habe ich mein Zimmer aufgeräumt. 3. haben wir lange Musik gehört. 4. hat 3 Stunden gedauert. 5. hat gestern ein bisschen eingekauft.

7 Beispiel:
Reihenfolge: h – j – i – d – b – f – g – c – a – e
Dann hat sie geduscht, gefrühstückt und Zähne geputzt. Um 7.20 Uhr ist sie zur Schule gefahren. Nach der Schule hat sie zu Mittag gegessen und von 14.00 bis 16.00 Uhr Musik gehört. Von 17.00 bis 18.00 Uhr hat sie Gitarre gespielt. Am Abend hat sie zuerst ferngesehen und dann im Bett noch etwas gelesen.

8a Richtig: 2, 3, 4, 7

8b geschlafen / schlafen (haben, unreg., ge/…/t/en)
geübt / üben (haben, regelm., ge/…/t/en)
besucht / besuchen (haben, regelm., …/t/en)
gefallen / gefallen (haben, unreg., …/t/en)
gefahren / fahren (sind, unreg., ge/…/t/en)
gelaufen / laufen (sind, unreg., ge/…/t/en)
gegangen / gehen (sind, unreg., ge/…/t/en)
weggefahren / wegfahren (sind, unreg., …/ge/…/t/en)
geblieben / bleiben (sind, unreg., ge/…/t/en)
aufgestanden / aufstehen (sind, unreg., …/ge/…/t/en)
gefrühstückt / frühstücken (haben, regelm., ge/…/t/en)
gelesen / lesen (haben, unreg., ge/…/t/en)
geholfen / helfen (haben, unreg., ge/…/t/en)
gelernt / lernen (haben, regelm., ge/…/t/en)
aufgeräumt / aufräumen (haben, regelm., …/ge/…/t/en)
bekommen/bekommen (haben, unreg., …/t/en)
repariert / reparieren (haben, regelm., …/t/en)

Einheit 4

1a Richtig: –

1b Richtig: 2, 5

2 2. Fernseher 3. Computer 4. Handy 5. Zeitung 6. Radio

4a Amanda: 3 – Patrizia: 4 – Phil: 2 – Gaia: 1

4b 1. Phil 2. Patrizia 3. Gaia 4. Patrizia 5. Amanda

4c 2. wenig / weniger 3. gern / lieber 4. spät / später 5. schnell / schneller 6. alt / älter

5 kurz ↔ lang, groß ↔ klein, billig ↔ teuer, froh ↔ traurig, neu ↔ alt, viel ↔ wenig, leicht ↔ schwer, praktisch ↔ unpraktisch, sauer ↔ süß, intelligent ↔ blöd, regelmäßig ↔ unregelmäßig, langsam ↔ schnell, früh ↔ spät, beliebt ↔ unbeliebt, glücklich ↔ unglücklich, echt ↔ unecht, gut ↔ schlecht

6 kürzer – größer – jünger – billiger – intelligenter – glücklicher – langsamer – mehr – besser – lieber

7 2. genauso 3. genauso 4. als 5. als 6. als 7. als

8 Es war groß und sehr schwer. Eine Person allein konnte es fast nicht tragen und so musste es immer am gleichen Ort im Wohnzimmer stehen bleiben. Das Modell von Opa war schon ein bisschen kleiner und leichter. Er und sein Bruder durften es sogar manchmal mit in ihr Zimmer nehmen. Meistens wollten sie aber zwei verschiede-

ne Programme hören und hatten dann Streit. Die Mutter wollte das natürlich nicht und so musste das Radio wieder zurück ins Wohnzimmer. Auch Oma hatte ein Radio. Es war viel kleiner und moderner und hatte Transistoren. Diese Modelle waren damals ein Hit: Man konnte Batterien einsetzen und konnte sie überall mitnehmen. Mein Vater hatte auch ein Transistorradio: Es war nicht größer als ein Buch. Er wollte sein Radio nie zu Hause lassen. Er hatte es immer dabei, sogar in der Schule, aber er musste es natürlich in der Schultasche lassen und durfte erst nach dem Unterricht Radio hören.

Einheit 5

1 2. die Mutter 3. Susi 4. Susi 5. die Katze 6. Paul (die Mutter) 7. Susi 8. die Mutter 9. die Katze 10. die Katze 11. Paul 12. Paul

2 gefaucht – herausgeschaut – gesteckt – gestreut – gezeigt – eingeladen – gefallen – geschnitten – geworden – zurückgekommen

3 Lieber Paul,
zum Geburtstag alles Liebe und Gute
und ganz, ganz viel Glück im Leben!
Deine Freundin
Susanna

Paul Meier
Mozartstraße 25
9999 Mödlberg

4 2. Paul hat seine Freunde eingeladen. 3. Paul hat Würstchen gegrillt. 4. Die Kinder haben Torten gegessen. 5. Paul hat Susis Foto gezeigt. 6. Paul hat aus Wien geschrieben. 7. Susi ist krank gewesen. 8. Susi hat viel Glück gewünscht.

5 ein Videospiel von Mama – einen Discman von Georg – ein Buch von Hubert – ein T-Shirt von Peter – eine CD von Paula – eine Uhr von Frieda

6 1. 2 – 2. 5 – 3. 6 – 4. 1 – 5. 3 – 6. 4

7 wo: an der Kreuzung – im Theater – an der Bushaltestelle – in Wien – auf dem Platz – vor der Oper – im Park – zu Hause
wohin: an die Nordsee – zum Bahnhof – durch den Park – über die Brücke – zur Haltestelle – über den Platz – nach Hamburg – nach links – nach Hause – die zweite Straße rechts

8 1. In Göttingen am 25.9. um 23.25 Uhr. 2. In Wien am Westbahnhof. 3. Neuneinhalb Stunden. 4. Im Jugendgästehaus „Brigittenau“. 5. Das Kunsthistorische oder das Naturhistorische Museum. 6. Am 27.9., vormittags. 7. Am 29.9. nachmittags. 8. Um 19.10 Uhr (laut Programm – tatsächlich fahren sie um 20.21 Uhr).

9 1. wollte – durfte 2. musste 3. konnte 4. musste

10 2. mir 3. Ihnen 4. ihnen 5. ihm 6. uns 7. euch 8. Ihr

Einheit 6

1 1. Basketball 2. Karate 3. Rugby 4. Handball 5. Tischtennis 6. Radfahren 7. Tennis 8. Skilaufen 9. Eislaufen 10. Skaten 11. Badminton 12. Boxen 13. Fußball 14. Turnen 15. Reiten 16. Schwimmen

2 2. spielen 3. laufen 4. treiben 5. fahren 6. tanzen 7. werfen

3 2. er schon lange fliegt. 3. sie erst mit Gleitschirmfliegen angefangen hat. 4. man in der Natur ist. 5. man leicht und frei ist. 6. man sie von weit oben sieht. 7. man sonst auf die Nase fällt.

4 Beispiele:
Ich treibe Sport, weil ich gerne gewinne, weil ich mich danach besser fühle und weil ich dabei Freunde treffe. Ich treibe Sport, weil ich fit sein will und abnehmen muss. Ich treibe keinen Sport, weil ich keine Zeit habe und weil ich lieber ein gutes Buch lese. Ich treibe wenig Sport, weil ich danach immer kaputt bin. Ich treibe wenig Sport, weil ich immer nur Fußball spiele und weil ich mich immer verletze.

5 Peter Hunt aus Sudbury in England baut am liebsten Schachspiele. Er macht die kleinsten Schachspiele der Welt. Sie sind so klein, dass alle Figuren auf einem Streichholz Platz haben. Am kleinsten ist der Bauer, nur 3,5 Millimeter hoch, und am größten ist natürlich der König, 6 Millimeter. Die Minifiguren sind so perfekt gemacht, dass zum Beispiel das Pferd noch Augen mit Pupillen hat. Die Figuren bewegt man am besten mit einer Pinzette, weil sie für die Finger viel zu klein sind!

6 weit / weiter / am weitesten – hoch / höher / am höchsten – gefährlich / gefährlicher / am gefährlichsten – gut / besser / am besten – leicht / leichter / am leichtesten – teuer / teurer / am teuersten – elegant / eleganter / am elegantesten – populär / populärer / am populärsten

7 Theo ist die 2000 Meter schneller als Urs gelaufen, aber Alex war am schnellsten. Alex ist die 100 Meter schneller als Urs geschwommen, aber Theo war am schnellsten. Theo ist höher als Alex gesprungen, aber Urs ist am höchsten gesprungen. Theo ist weiter als Alex gesprungen, aber Urs ist am weitesten gesprungen.

8 2. das Haar / die Haare 3. das Auge 4. das Gesicht 5. die Nase 6. der Mund 7. die Schulter 8. der Arm 9. die Brust 10. der Daumen 11. der Bauch 12. die Hand 13. der Fuß 14. der Finger 15. das Bein 16. das Knie

9 Beispiele:
1: ein Gesicht, eine Nase, einen Kopf, eine Brust, einen Bauch, einen Rücken
2: zwei Ohren, zwei Schultern, zwei Arme, zwei Daumen, zwei Hände, zwei Beine, zwei Knie, zwei Füße
mehr als 2: zehn Finger, zehn Zehen, 32 Zähne

10a 2d – 3c – 4a – 5e

10b 2. hatte Kopfweh. 3. hatte Rückenschmerzen. 4. hatte Bauchschmerzen. 5. Beine taten mir weh.

11 2. gespielt hat 3. hatten 4. besucht hat 5. war

Einheit 7

1

der Schal
das T-Shirt, die Krawatte, die Bluse, das Hemd, die Jacke, der Pullover, das Sweatshirt, das Top
der Rock, der Hosenanzug, die Leggins, die Strumpfhose, der Minirock, die Strümpfe, der Gürtel, die Jeans, die Shorts
die Schuhe, die Stiefel

2 Strophe 1: a – Strophe 2: b – Strophe 3: c

3 1. hellblau – dunkelblau 2. eng – weit 3. sportlich – elegant/schick 4. billig – teuer 5. alt – neu 6. bequem – unbequem 7. dunkel – hell 8. schlecht – gut 9. lang – kurz 10. altmodisch – (top)modern

4 Farbadjektive: weiß, beige, orange, braun
andere Adjektive: cool, weit, eng, kariert, toll, schick
Kleidung: Unterhemd, Mütze, Gürtel, Strümpfe, Sweatshirt, Shorts
anderes: Brille

5 1. Zeile 8/9 2. Zeile 6 3. Zeile 10/11 4. Zeile 9

6 1. Sabrina 2. Lucienne 3. Dominik 4. Linda 5. Saskia 6. Lisa

7 Beispiele:
2.
• Findest du die weiße Jacke auch toll?
○ Ja, aber den braunen Mantel finde ich eleganter.
3.
• Schau mal, die graue Mütze ist topmodern.
○ Ja, aber der gelbe Hut ist total altmodisch.
4.
• Findest du die braunen Stiefel auch toll?
○ Es geht. Ich finde die schwarzen Schuhe noch besser.

8 Beispiele:
2. Er trägt ein gelbes Hemd. 3. Sie hat einen langen Mantel und altmodische Stiefel an. 4. Er trägt eine große, schwarze Brille. 5. Sie trägt einen eleganten Hut und eine modische Jacke. 6. Er hat einen zu kurzen Pullover an.

9a von links nach rechts: Alexia – Jan – Francesca – Siri

9b Beispiele:
1. Siri ist 14, sie trägt im Sommer ein leichtes Top und dunkle Shorts oder einen blauen Minirock. Sie findet Shorts sehr praktisch. Auf dem Foto hat sie ihre moderne Brille nicht auf, sie gefällt ihr sehr. Sie hat Sandalen an, sie trägt sie fast immer im Sommer.
2. Jan trägt gern Sandalen und meistens kurze Hosen, auf dem Foto hat er eine weiße, halblange Hose und ein schwarzes T-Shirt an. Schwarz ist seine Lieblingsfarbe.
3. Sie heißt Francesca und hat immer lange Hosen an, das kurze Top hat sie von ihrer Freundin zum Geburtstag bekommen.
4. Alexia trägt gerne Miniröcke und Tops. Sie mag auch lange Röcke und Jeans. Im Haus geht sie oft ohne Schuhe. Sie hat schwarze, lange Haare. Im Sommer sind sie manchmal ein Problem. Sie will sie aber nicht abschneiden.

10 1. Hat Rudi eine kleine Nase, eine helle Brille, einen sympathischen Freund? 2. Ist Turbo eine geniale Ratte, ein teures Auto, eine lustige Katze? 3. Ist Biene eine coole Sportlerin, eine gute Köchin, eine tolle Ratte? 4. Fährt Schumacher ein blaues Auto, einen roten Rennwagen, einen alten VW? 5. Wünscht man zum Geburtstag: frohe Weihnachten, guten Appetit, herzlichen Glückwunsch? 6. Gibt Olli Herrn Schmidt eine schmutzige Arbeit, ein schmutziges Arbeitsblatt, schmutzige Arbeitsblätter ab? 7. Hat Hamburg einen kleinen Hafen, einen berühmten Fischmarkt, hohe Berge? 8. Gibt es in Wien einen großen Hafen, einen guten Badestrand, süße Mozartkugeln?

Einheit 8

1 einen Liter Orangensaft – ein Stück Kuchen – eine Schüssel Salat – eine Tasse Tee – eine Flasche Mineralwasser – eine Dose Cola – drei Äpfel – einen Teller Pommes frites – sechs Eier – ein Kilo Spaghetti – ein Glas Milch – zwei Tomaten
Turbo sagt: Guten Appetit!

2

nicht auf dem Zettel: Zucker, Chips, Cornflakes

3a 1. Pizza 2. Döner 3. Hamburger 7. Bratwurst oder Currywurst

3b

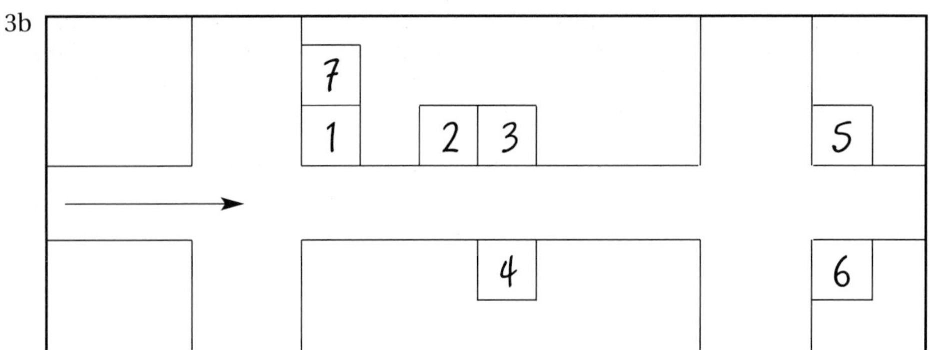

4 2. weil die mir zu süß ist. 3. weil die mir zu sauer sind. 4. weil die mir zu fett sind. 5. weil mir das zu scharf ist.

5 Sie trinken alle Tee und essen zuerst etwas Obst und dann Brot mit Käse, manchmal gibt es Müsli oder Cornflakes mit Milch. Um Viertel vor acht gehen alle zur Arbeit oder in die Schule. Herr Schäfer hat sein Büro im Haus. Frau Schäfer ist Deutschlehrerin. Am Wochenende hat die Familie mehr Zeit und da gibt es auch ein Ei und oft auch den tollen Marmorkuchen von Oma. Um halb zwei trifft sich die ganze Familie zu Hause wieder und sie essen zusammen. Meistens gibt es Kartoffeln, Gemüse und etwas Fleisch oder Fisch. Um halb drei geht Herr Schäfer wieder in sein Büro, Frau Schäfer korrigiert Hefte und die Kinder machen die Hausaufgaben.

6 1. meinem 2. deinem 3. ihren – ihrer – ihren 4. seiner 5. unseren 6. ihren 7. eurem

7 1. den 2. meinen – den – seiner 3. einer – die – einer 4. meinen – eine 5. der – ihrer – die 6. keinen 7. ein

8 1. A 2. A + B + C 3. A 4. B 5. B 6. A 7. C 8. B

9 Siehe Arbeitsbuch, Seite 46.

Einheit 9

1 Sie ist sein Traumgirl. Brenda fragt Lisa, wie ihr Traumboy denn aussehen soll. Lisa antwortet, dass er intelligent, sportlich und blond sein muss. Tommy meint, dass das kein Problem ist, weil er der Beste in der Klasse ist, weil er Fußball, Tennis und Volleyball spielt und weil er auch noch blond ist. Er ist sicher, dass er genau ihr Typ ist. Aber leider ist das nicht so, denn ihr Traumboy muss auch einen halben Kopf größer sein als sie, und das ist Tommy nicht!

2 sauer – schlechte – wütend – nett – gut drauf – blöd

3 ☺ 3, 7 😐 4, 6 ☹ 2, 5, 8

4 2g, i – 3b – 4d, f, h – 5a, c, e – 6a, c, g, i – 7a, c, d, e, f, h – 8f, h

5 Die Mama ist zufrieden mit mir, wenn ich im Haushalt helfe. Der Papa ist zufrieden mit mir, wenn ich gute Noten habe. Der große Bruder ist zufrieden mit mir, wenn ich ihm etwas von meinem Taschengeld abgebe. Die kleine Schwester ist zufrieden mit mir, wenn ich ihre Rechenhausübung mache. Die Oma ist zufrieden mit mir, wenn ich nicht fernschaue und nicht Radio höre. Wahrscheinlich ist es sehr ungerecht von mir, wenn ich mit ihnen allen nicht zufrieden bin.

6 2. Wenn Biene zu viel Schokolade isst, dann geht es ihr schlecht. 3. Wenn ich zu laute Musik höre, dann sind meine Eltern sauer. 4. Wenn Carsten nicht oft auf seine kleine Schwester aufpassen muss, dann freut er sich. 5. Wenn ich heute mein Zimmer nicht aufräume, dann darf ich nicht mit meinen Freunden ausgehen.

7 1. Rudi ist traurig, wenn Turbo nicht dabei ist. 2. Turbo ist sauer, wenn sie ihre tolle Brille nicht findet. 3. Biene ist sauer, wenn sie Sport machen muss. 4. Rudi findet es ätzend, wenn er lange laufen muss. 5. Cora ist glücklich, wenn sie sich mit ihrem Freund lange unterhalten kann. 6. Boris ist wütend, wenn er keine Musik hören darf.

8 1. kann 2. muss 3. konnte 4. wollte – konnte 5. kann 6. soll 7. soll 8. darf – will

9 Richtig: 6, 7, 8, 9, 10

10 Personen: süß, hilfsbereit, sportlich, cool, blöd, arrogant, gesund, freundlich, zuverlässig, lustig, schwach, altmodisch, langweilig, ehrlich, treu, fit
Kleider: eng, süß, weit, sportlich, cool, blöd, topmodern, billig, gestreift, lustig, altmodisch, dunkel, langweilig, warm
Essen: süß, billig, gesund, salzig, scharf, warm

11 1e – 2f – 3d – 4c – 5b – 6a

Einheit 10

2 1. Ich bin sauer, wenn ich viele Hausaufgaben habe / wenn ich die Hausaufgaben vergesse / wenn mein Freund nicht anruft / wenn meine Mannschaft verliert. 2. Wenn ich traurig bin, dann esse ich Süßes / dann gehe ich in mein Zimmer / dann rufe ich meine Freundin an / dann spiele ich mit meinem Hund / dann lege ich mich auf das Bett und lese.

3 1c – 2a – 3b

4 b5 – c4 – d1 – e3

5 2/1999 – 3/2002 – 4/2000 – 5/1996 – 6/1991

6 1. Noah trägt heute ein weites T-Shirt, eine alte Jeans und braune Sandalen. 2. Betty trägt heute eine bunte

Bluse, einen langen Rock und schwarze Stiefel. 3. Ines trägt heute ein modernes Top, eine gepunktete Leggins und neue Schuhe. 4. Otto trägt heute einen dunklen Pullover, eine gestreifte Hose und weiße Schuhe.

7 eng – grüne – roten – dunkelblaue – größer – weißen – kurz – länger – gut – gut – todschick – teuer

8 1. Biene 2. Boris 3. Rudi 4. Cora

Einheit 11

2 Nomen: Sand, Spuren, Augen, Rätsel
Adjektive: rund, komisch, verdächtig, mysteriös

3 a4 – b3 – c2 – d1

5 1. schien 2. kam/kamen 3. spazierte 4. war/waren 5. sahen 6. wussten 7. liefen ... nach 8. konnte/konnten 9. hörte/hörten 10. schrie/schrien 11. hatte 12. dachte 13. verstanden 14. suchten 15. fanden

6 springen / springt / sprang / ist gesprungen – liegen / liegt / lag / hat gelegen – bleiben / bleibt / blieb / ist geblieben – sehen / sieht / sah / hat gesehen – finden / findet / fand / hat gefunden – wissen / weiß / wusste / hat gewusst – kommen / kommt / kam / ist gekommen – schreiben / schreibt / schrieb / hat geschrieben

8 gestohlen hat – gekommen sind – kontrolliert hat – hat ... entdeckt – hat gesagt

9a verband / hat verbunden – begann / hat begonnen – gewann / hat gewonnen – sang / hat gesungen – sprang / ist gesprungen – ging / ist gegangen – hing / hat gehangen – stritt / hat gestritten – schnitt / hat geschnitten – nannte / hat genannt – kannte / hat gekannt

Einheit 12

1 Beispiele:
stehen: das Sofa, der Sessel, der Glastisch, das Fernsehmöbel, die Essecke, der Tisch, die Kommode, der Schreibtisch
liegen: der Teppich
hängen: die Lampe, das Regal, das Bild, das Poster

2 2. in der 3. neben dem 4. steht auf dem 5. steht an der 6. hängt über der 7. steht vor dem 8. steht im

3 X ist die Kommode. Y ist der Teppich.

4 1. S 2. S 3. S 4. M 5. S/M 6. S 7. M 8. M 9. S 10. M

5 1. Häng die Jacke in den Schrank! 2. Leg den Pullover in die Schublade! 3. Stell die Schultasche auf den Boden! 4. Stell die Bücher ins Regal! 5. Stell den Fernseher auf die Kommode! 6. Häng die Fotos an die Wand neben das Fenster! 7. Bring die Schuhe in den Flur. 8. Bring den Teller in die Küche.

6 1d – 2g – 3b – 4e – 5a – 6c – 7f

7 2. die Kinder Lärm machten. 3. niemand sie kannte. 4. sie Lärm nicht aushalten konnte. 5. sie seit vier Tagen krank war. 6. er im Haus gegenüber wohnte. 7. sie schwer krank war.

8 1. die 2. die 3. den 4. die 5. das 6. der

9 b5 – c3 – d1 – e6 – f2

Einheit 13

1 2. Einkaufen 3. Babysitten 4. Autowaschen 5. Blumengießen 6. Tellerspülen 7. Zeitungenaustragen 8. Hundeausführen

2 2. + (Z. 11/12) 3. – (Z. 11) 4. – (Z. 15/16) 5. + (Z. 21) 6. + (Z. 18–20) 7. + (Z. 25/26) 8. – (Z. 22–25) 9. + (Z. 28–31) 10. – (Z. 32/33)

3 Perin: 15 – 25 Euro – 1x im Monat – Lesen, Kino – Bus, Handykarte, Schulsachen
Zenobia: 11 – 4 Euro – 1x in der Woche – Eis, Schokolade, Popcorn, Spielzeug, Radiergummi – Schwimmbad
Freddy: 14 – 25 Euro – 1x im Monat – Handykarte, CDs – Saxophonunterricht, Schulsachen, Straßenbahn

5a Richtig: 1, 2

5b 4. N 5. Z 6. N 7. Z 8. N 9. N

6 1. Für Zeitschriften. 2. Für ihre Freundinnen und Geschwister. 3. Für ein neues Fahrrad 4. Für CDs und Kino.

7a 2. Zsofia arbeitet beim Bäcker, weil sie mehr Taschengeld braucht. 3. Zsofia kauft Zeitschriften, weil sie sehr gern liest. 4. Nikola spart auch, weil er ein neues Fahrrad kaufen möchte. 5. Nikola kauft viele CDs, weil er gerne Musik hört.

7b 2. Zsofia arbeitet beim Bäcker, deshalb hat sie genug Geld. 3. Nikola sieht gerne Filme, deshalb geht er oft ins Kino. 4. Nikola hat ein Handy, deshalb braucht er eine Handykarte. 5. Nikola fährt mit dem Bus zur Schule, deshalb muss er eine Monatskarte kaufen.

8 1. nach 2. Seit 3. am – um – um – von – bis – am 4. nach 5. Vom – bis

9 2. Wie lange wartest du schon auf mich? 3. Seit zwei Jahren. 4. Wann musst du ins Bett? 5. Wie oft bekommst du Taschengeld? 6. Wann arbeitest du? 7. Um 13 Uhr, nach der Schule. 8. Seit fast drei Jahren.

Einheit 14

1 oben: Damian – aus Deutschland – in Norwegen – seit drei Wochen
in der Mitte: Micol – aus der Schweiz – in England – seit einem halben Jahr
unten: Marek – aus Österreich – in Spanien – seit zwei Monaten

2 Niemand isst in Spanien vor neun Uhr zu Abend, manche essen sogar erst um zehn oder noch später.
Viele sehen in der Stadt ganz ausgeflippt aus, aber in meiner Schule tragen alle eine Schuluniform!
Alle sind hier in Norwegen sehr nett, und was die anderen machen, stört niemanden.
Fast alle gehen in der Pause in die Cafeteria und trinken dort etwas.
Taschengeld? In meinem Land bekommen die Jugendlichen normalerweise nichts, aber hier in Deutschland bekomme ich auch etwas.

3 1. Brian 2. Kuniaki 3. Cecilia 4. Cecilia 5. Soo-Jung 6. Brian 7. Cecilia 8. Brian 9. Kuniaki 10. Soo-Jung 11. Soo-Jung 12. Brian

4 2. Wir stiegen in Flüelen aus 3. dauerte nicht lange. 4. in die Stadt runter. 5. wir hatten alles richtig. 6. Das Essen war eigentlich lecker 7. Da warteten wir etwa eine halbe Stunde 9. liefen wir zum Schulhaus. 10. Wir hatten eine Menge zu lachen

5 2. Ankunft in Lugano und Treffen mit der Tessiner Klasse 3. Spaziergang vom Bahnhof ins Zentrum 4. Landeskundliche Aufgaben, die in 5er-Gruppen gelöst wurden 5. Preisverteilung und Siegerfoto 6. Mittagessen 7. Spaziergang zum Fischerdorf 8. Schifffahrt und Besuch im Museum 9. Besichtigung der Schule in Viganello 10. Rückfahrt in den Kanton Uri 11. Ankunft in Altdorf

6 b23 – c10 – d6 – e11 – f21 – g13 – h19 – i14 – j19 – k5 – l14 – m2

7 2. Camembert 3. Für Schokolade. 4. Rap 5. Aus der Türkei. 6. In Frankreich 7. Kaffee

8 2. Asterix und Obelix sind? 3. was Weihnachtsobst ist? 4. was eine Frühlingsrolle ist und woher sie kommt? 5. was Apfelsinen sind? 6. wie Rosinen sind und woher sie kommen?

9 2. Erinnerst du dich, wo der Prater steht? In Wien. 3. Kannst du erklären, was das Ruhrgebiet ist? Ein Industrie- und Gewerbezentrum in Deutschland. 4. Hast du eine Idee, woher die Toblerone kommt? Aus der Schweiz. 5. Kannst du sagen, wo die Elbe fließt? In Deutschland (von Dresden nach Hamburg und dann in die Nordsee). 6. Weißt du, was Rügen ist? Eine Insel (im Norden von Deutschland).

10 Verben: schneien, scheinen, regnen
Nomen: die Sonne, der Schnee, die Wolke(n)
Adjektive: bewölkt, windig, bedeckt

Einheit 15

1 2. die Eltern 3. der Lebkuchen 4. die Früchte 5. die Kinder 6. der Nikolaus 7. die Schuhe 8. die Schokolade 9. der Weihnachtsmarkt 10. das Weihnachtsgedicht 11. die Plätzchen 12. das Christkind 13. der Christstollen 14. die Großeltern 15. die Geschenke 16. der Adventskranz 17. die Kerzen 18. die Kirche 19. der Winter 20. das Weihnachtslied 21. die Familie 22. der Weihnachtsbaum 23. die Weihnachtsgans 24. der Heiligabend

2 Sie singen Weihnachtslieder, zünden Kerzen an, stellen Schuhe vor die Tür, lernen Gedichte, besuchen Verwandte, packen Geschenke aus, finden Bilder im Adventskalender, machen Türchen im Adventskalender auf, feiern Heiligabend mit Eltern und Großeltern, backen Plätzchen.

3 1. ja 2. ja 3. ja 4. nein 5. nein 6. ja 7. ja 8. nein 9. ja 10. nein

5 1b – 2a – 3c – 4b – 5a – 6b – 7c – 8b

6 Heute ist Ostersonntag, da kommt der Osterhase, die Clique sucht im Garten: Wer hat die beste Nase? Zuerst sucht Cora ein Ei: „Hier gibt es doch gar keins!" Dann ist Rudi an der Reihe: „Doch, ich sehe eins!" Danach sucht Boris weiter: „Ich sehe dort gleich zwei!" Bei Biene sind es dann noch mehr: „Es sind sogar drei!" „Nein, es sind dreizehn!", schreit Turbo, die Ratte. Kannst du herausfinden, wer am Ende Recht hatte?
Turbo hat Recht: Es sind dreizehn Eier.